# 农村驻守人口与外出人口发展及增能

孙奎立 ◎ 著

西南交通大学出版社

·成 都·

图书在版编目（ＣＩＰ）数据

农村驻守人口与外出人口的发展及增能 / 孙奎立著
. 一成都：西南交通大学出版社，2020.12
ISBN 978-7-5643-7909-4

Ⅰ.①农…　Ⅱ.①孙…　Ⅲ.①农村人口 – 人口流动 –
研究 – 中国　Ⅳ.①C924.24

中国版本图书馆 CIP 数据核字（2020）第 255567 号

Nongcun Zhushou Renkou yu Waichu Renkou de Fazhan ji Zengneng
农村驻守人口与外出人口的发展及增能

孙奎立　著

| 责 任 编 辑 | 孟秀芝 |
| --- | --- |
| 封 面 设 计 | 原创动力 |

| 出 版 发 行 | 西南交通大学出版社<br>（四川省成都市金牛区二环路北一段 111 号<br>西南交通大学创新大厦 21 楼） |
| --- | --- |
| 发行部电话 | 028-87600564　028-87600533 |
| 邮 政 编 码 | 610031 |
| 网 址 | http://www.xnjdcbs.com |
| 印 刷 | 成都蜀通印务有限责任公司 |
| 成 品 尺 寸 | 170 mm×230 mm |
| 印 张 | 16.75 |
| 字 数 | 302 千 |
| 版 次 | 2020 年 12 月第 1 版 |
| 印 次 | 2020 年 12 月第 1 次 |
| 书 号 | ISBN 978-7-5643-7909-4 |
| 定 价 | 78.00 元 |

课件咨询电话：028–81435775
图书如有印装质量问题　本社负责退换
版权所有　盗版必究　举报电话：028-87600562

　　本书是关于劳动力流动所引致的农村人口社会学后果的研究。自改革开放以来，我国经济建设取得了举世瞩目的伟大成就，其中，作为劳动力要素进行乡城流动的农村人口成为经济建设的生力军。农村外出务工人口为各个产业提供了丰富劳动力的同时，也推动着城市的不断扩张，而他们最终也将成为城市劳动力的一部分，作为城市化的重要内容对经济建设和社会建设提供动力。

　　作为社会变迁的重要组成部分，农村人口迁移不可避免会带来一些值得分析的社会学后果，主要包括以下几个方面：家庭成员在农村的驻守；农村劳动力在城市生活中的适应及融入；作为整体的农村社会发展。

　　根据全国妇联的统计数据，举家迁移到城市的农村务工人口大约为四分之一。因此，在农村劳动力进城后，会产生大量农村驻守人口。在以往的研究中，通常将这些人口称为"留守人口"，包括留守老人、留守儿童和留守妇女等。

　　驻守人口的产生是文化、制度以及个人选择互动的产物。传统迁移理论将农民作为经济理性驱动的决策主体。由于城乡部门间收入差额的存在，进城务工是农民追求经济收益最大化的过程。因此，迁移的动力主要来源于城乡之间的"推拉作用"（Lewis，1954；Fei and Rains，1961；Harris and Todaro，1970）。这也是 20 世纪 80 年代初开始的我国农村劳动力进城务工的动力来源。但是举家迁移还是部分家庭成员迁移，则取决于能否使家庭的经济收益最大化。有学者构建了包括家庭收入和迁移成本的理论模型。利用这一模型，可以理性地计算家庭成员是全部迁移还是部分迁移。而斯加斯塔德（Sjaastad）将移民视为人力资本决策，当投资未来回报超过成本时，个人会发生迁移。

不难看出，只要有城乡两个部门的产生，农村人口的城市流动就不可避免，驻守人员也不会仅仅是历史性的存在，而是会持续存在。当然，驻守人员因家庭主要成员的外出以及城乡之间发展的不平衡会面临一些生产生活上的不利环境。比如学术界对于留守人员的研究，普遍认为留守会影响儿童的学习、个性心理发展、社会交往等，也会影响老人的经济供养、生活照料和精神慰藉。因此，党和国家领导人在多个场合提出全社会要高度关注留守人员，党的十八届三中全会通过的《中共中央关于全面深化改革若干重大问题的决定》明确提出："健全农村留守儿童、妇女、老年人关爱服务体系。"2015 年 10 月，党的十八届五中全会又将"建立健全农村留守儿童和妇女、老人关爱服务体系"写入《中共中央关于制定国民经济和社会发展第十三个五年规划的建议》。随着国家关爱政策的不断实施，相信农村留守人员的生活处境会逐步得到根本改善。更为重要的是，随着农村基础设施、城乡交通设施的完善以及乡村振兴的开展，城乡之间会只具备生活空间的不同，而生活质量不再存在差异。

在前期调查中，笔者发现，并非所有驻守人员都是被迫"留守"，很大程度上，是他们的主动性选择，比如，老人可能更习惯于农村传统的生活方式，女性则能够从事农业生产或就近更利于找到适合自己的工作等。而原有研究中的"留守"，在某种程度上带有被动选择之意。因此，本书倾向将上述人员称为驻守人员。

外出人口，作为家庭中的迁移"先行者"，在城市的工作和生活中通常也面临适应和融入问题。由于固有生活方式以及个人人力资本特点的影响，在城市中的农村务工人口会面临与城市社会的经济融入（侯慧丽、李春华，2010）、制度融入（李斌，2002；张展新等，2007；李强，2013）、社会融入（杨菊华，2010）等多重挑战，而心理层面的融入（覃国慈，2007；徐祖荣，2008）尤为重要。当然，20世纪80年代迄今，农村外出劳动力也历经了不同代别，他们在城市生活和工作中会表现出较大差异。总体上看，年轻一代农村人口进城务工的经济动机逐渐变淡，对生活方式的追求动机越来越强烈。而这些都会影响他们与城市的融合状态和留城意愿。

改革开放之后，农村社会结构和社会关系发生了很大变化，作为农民的农村人口也出现了阶层上的分化。由于个体所拥有的资本类型存在差异，农民在社会分化中表现出不同特征。

无论是农村人口中外出务工人口还是驻守人口，都会对农村社会的发展产生重要影响，比如农村人口外出可以为农村贡献更多的经济资本。但总体上看，年轻一代的外出会造成农业生产和农村社会的"空心化"。这与国家城乡一体化发展的基本思路不符。习近平总书记在党的十九大报告中，提出要坚定实施乡村振兴战略，这不仅是对农村发展短板的补齐，对国家整体发展也具有战略意义。可以说，在当前发展阶段，对农村社会进行增能与赋权，是乡村振兴的题中应有之义。

综上所述，本书内容由三篇组成，各篇之间是层层递进的逻辑关系。第一篇从农村驻守人员的发展与增能研究入手，分析了作为主体妇女驻守的社会结构原因，以及隔代家庭以及家庭成员的社会生态系统，探索社会工作对农村现有人员的增能途径。农村外出务工人员是农村人口的有机组成部分，也是城市建设不可或缺的重要力量。基于此，本书第二篇探讨分析了农村外出劳动人员在城市生活的发展状况以及社会融入状况。本书的第三篇，则主要研究了农村社会的发展与增能途径。首先从职业教育角度探讨精准扶贫与乡村振兴实施途径，然后研究农民收入的空间特征及影响因素。

　　在此，感谢我的学生杨晓楠、霍靖靖、郑乔乔、王亚恒对本书第二章、第七章、第八章和第九章所付出的劳动。感谢具有十年合作关系的王国友博士、谭灵芝博士，正是有了他们的帮助，才使本书得以完成。

著　者

2020 年 8 月

# 目录
## Contents

# 第二篇

## 外出人口的发展与增能

# 第三篇

## 农村社会发展与增能

# 导　论

　　农村劳动力外出务工的人口学后果主要包括农村驻守人员与劳动力的发展及适应。前者主要表现为家庭重要成员缺失会对驻守在农村的家庭成员产生影响。后者则表现为劳动力进城后，由于生活空间和工作性质发生变化，他们会表现出城市适应问题及其与城市的融入问题。在此基础上，劳动力的外流会使农业生产出现"空心化"特征，农村经济发展和社会治理亟须形成与现代化相一致的结构状态。为此，习近平同志于 2017 年 10 月 18 日在党的十九大报告中提出乡村振兴战略。党的十九大报告指出，"三农"问题是关系国计民生的根本性问题，必须始终把解决好"三农"问题作为全党工作的重中之重，实施乡村振兴战略。乡村振兴战略需要对农村社会赋权增能，但更要把握好乡村振兴战略和城市化战略的逻辑关系。通过乡村振兴战略解决我国城乡发展不平衡问题，意味着乡村振兴战略需置于城乡融合、城乡一体的架构中推进。这也意味着，农村劳动力在城市中的适应和发展问题与农村驻守人员的适应和发展问题同样重要。从人口流动和空间集聚的角度讲，乡村振兴的过程，是城市化充分发展的过程，是人口在城乡优化配置、城乡互动和融合发展的过程。究其原因，是城市化离不开乡村人口的融入，乡村振兴也离不开城市人口对乡村的向往。而乡村的发展，离不开教育尤其是职业教育对乡村社会的增能。

　　对农村驻守人员的研究是从留守儿童开始的。2004 年以前，我国农村留守儿童只是受到新闻媒体与学界的零星关注，直至 2004 年 5 月教育部"中国农村留守儿童问题研究"座谈会的召开，作为社会问题的留守儿童现象逐渐引起学界的高度关注。伊始，学者们主要对留守儿童的定义、规模与类型进行全景式的描绘（丁杰、吴霓；2004；罗国芬，2005；段成荣、周福林，2005），2007 年后，出现了一些更加细致的成果（谭深，2011），主要表现为将留守儿童和监护人类型进一步细分，比如有学者认为，母亲外出对儿童的影响更大（范丽恒等，2009；李庆海等，2014），留守时间越长，对儿童越不利（郝振、崔丽娟，2007），不同留守儿童群体内部因照料缺失类型的不同而其教育发展存在差异性（姚嘉等，2016）。

总体来看，当前对留守儿童的研究几乎涉及他们的各个方面，也取得了丰硕的成果。但值得注意的是，留守儿童的研究大都以父母一方外出务工的儿童作为研究对象，事实上，有更多的留守儿童是父母双方都外出务工，本书将这种家庭称为农村隔代留守家庭。所谓农村隔代留守家庭，指因中间一代外出务工，由祖代（祖父母、外祖父母）和孙代（孙子女、外孙子女）共同生活在一起的农村家庭。此类家庭的主要特征在于祖辈在生活中代替子代承担起了孙代日常的监护和抚养责任。其特殊性表现为因中间一代在家庭空间中的"缺席"而面临更多的赡养、抚育问题，导致祖代与孙代容易因抗逆力中保护性因素不足而产生一系列消极连锁反应，因而比其他类型留守家庭更加需要社会关注。因此，本书第一篇在分析农村妇女驻守的影响因素基础上，主要围绕这类家庭展开。

第一章"农村妇女留守原因的社会学分析"。分析了已婚农村妇女驻守的影响因素，传统的社会价值观使得留守妇女认为"养老育小"是她们义不容辞的义务，家庭权力结构使得她们听从了丈夫的决策，妇女对自己个人条件的评价和来自自身和他人的外出经验可能使她们自愿选择了留守，丈夫外出后社会网络的变化也是妇女留守的一个重要原因。

第二章"隔代教育对儿童的影响与社会工作增能"。通过问卷调查法、访谈法、个案分析法等研究了隔代教育对驻守儿童的影响，主要从隔代教育的利与弊两个方面来反映隔代教育的影响。设计了小组工作的增能方案，通过小组活动改变祖辈的教育观念，促进儿童与祖辈的交流沟通。帮助更多的家长解决孩子在成长过程的问题，促使孩子健康茁壮地成长。

第三章"农村隔代留守家庭社会生态系统与社会工作介入探析"。研究指出，社会生态系统理论强调个人与社会环境的互动关系，为农村隔代留守家庭的社会工作介入提供了良好视角。根据对农村隔代留守家庭的实际调查，分析了社会生态系统各个组成部分的独特性，提出了如何利用社会生态系统理论对此类家庭进行社会工作增能。

第四章"农村隔代抚养驻守儿童社会生态系统特征研究"。了解农村隔代抚养留守儿童的社会生态统特征是针对性开展社会工作进行增能的前提。作者认为，隔代抚养留守儿童社会生态系统由个人系统、家庭系统、实践操作系统、外部环境系统、文化系统与历史系统等六个部分组成。由于家庭形态的特殊性，这些社会生态系统蕴含着对农村隔代抚养留守儿童的社会工作产生不同作用的具体特征。在对农村隔代抚养留守儿童进行帮扶时，应考虑其社会生态系统的不同特征及其相互关系对农村隔代抚养留守儿童的影响。

第五章"从调节到适应：农村隔代留守家庭儿童生存策略研究——基于山东农村的田野调查"。根据在山东农村的田野调查资料，对隔代留守家庭儿童的生存策略进行了分析。研究发现，隔代留守家庭儿童在父母离开后能做到心理上的自我调节，在家庭与学校生活中能与祖父母、老师以及同龄群体进行策略性的互动，甚至利用自己的身份主动性获得利益。

第六章"农村隔代留守家庭儿童社会适应：基于优势视角的实证研究"。基于优势视角理论，对影响隔代留守家庭儿童社会适应的因素进行了分析。结果显示：祖父母对儿童的关心与照顾、同龄群体是隔代留守儿童不可或缺的社会适应资源，朋友数量、朋友间的情感表达以及班级内同学与他们的非"标签化"相处对他们的社会适应也起到了较大的作用。在此基础上，提出了优势视角下社会工作介入隔代留守家庭儿童时应该注意的问题。

第一篇中第一章对农村妇女驻守原因的研究，没有单纯从妇女在社会结构中的服从性这一角度进行分析，注重妇女在社会空间中的主体性选择。而后面各章，跳出多数研究建立在"问题化"语境的窠臼，即将驻守作为负性事件进行考察，忽略驻守人口的能动性和创造性，这并不利于他们对困难境遇的克服。本书对这种问题模式进行了反思，采用社会生态系统理论优势视角理论，探求提升或抑制驻守人口生活机会的动力环境，强调他们自身对生活能力的建构。

外出务工人口是本研究中的"触发者"。他们既连接了乡村和城市的社会关系，同时又在生活和工作中游离于乡村和城市之外，这也造成了他们与乡村空间距离、与城市生活距离的产生。推进城市化，必须要使这些务工者能够在生活、工作、心理等各个层面融入城市，使他们成为城市的一员。因此，第二篇着力对农村外出人口的城市适应和融入进行了研究，并利用专业社会工作方法分析了对其增能的案例。

第七章"农村外出务工人口文化适应状况影响因素研究"。研究认为，文化适应的最终结果是良好的社会融入，了解流动人口自身的适应情况，用以评估他们在新环境下的社会融入情况。本章从文化接受、适应行为、适应心理、适应途径等方面研究该类群体在变化了的环境中的适应情况。

第八章"新生代农民工文化适应状况研究"。进一步研究农民工的文化适应状况，由于近几年来，伴随着老一辈农民工返乡浪潮的到来，新一代农民工在社会发展中的作用日益重要。他们城市生活中的适应问题也日益突出。本章从务工动机、适应行为、适应途径、适应心理四个方面分析其文化适应的状况及存在的问题。研究发现，他们普遍存在文化适应不良的问题。其中，生活方式、社会交往、社会认同、自卑心理是文化不适应的主要方面。这一问题的解决对其本身和社会发展都有非常重要的意义。

第九章"新生代农民工的社会心态分析"。通过实地调查，从社会情绪、社会认知、社会感受和社会行为倾向四个方面分析了新生代农民工的社会心态。研究发现，社会情绪方面调查对象存在积极的社会情绪和消极的社会情绪，社会认知方面存在相对剥夺感、外部归因心态、底层认同心态以及低水平自我效能感的心态问题，社会感受方面存在较弱的归属感、较高的风险认知、较弱的社会公正感，社会行为倾向方面公共参与程度低，矛盾和冲突的应对措施以及人际沟通模式存在问题。在此基础上，重点分析了问题出现的原因以及社会心态问题的应对措施。

第十章"迁出地家庭压力对农民工留城意愿的影响研究"。利用国家卫生和计划生育委员会（现为国家卫生健康委员会）"流动人口社会融合专题调查"数据，研究迁出地家庭压力对农民工留城意愿的影响。研究结果表明：迁出地家庭负担中，配偶情感与子女照看等因素显著影响农民工的留城意愿。控制变量中，年龄、收入、流动时间、教育水平、流动范围是影响农民工留城意愿的重要因素，其中教育水平的影响最大。通过进一步的组间比较，发现老生代农民工与新生代农民工留城意愿影响因素存在差异，主要表现为：配偶生活孤独与子女照看对新生代农民工影响更大；迁出地土地耕种只对老生代农民工留城意愿有显著影响；教育水平对新生代农民工留城意愿影响更大。此外，年龄、子女数量等因素对不同组别农民工留城意愿的影响也存在差异。

第十一章"社区参与对农民工城市融入的影响研究"。研究发现，社区参与对农村流动人口城市融入具有重要作用。社区文化参与、公益参与以及表达参与对农民工城市融入影响显著，流动时间、教育水平、流动范围也是影响农民工城市融入的重要因素。通过对不同年龄组别的进一步分析发现，农民工城市融入的影响因素存在以下差异：社区文化参与对新生代尤其是"90后"农民工的影响较大；社区公益参与对所有组别农民工城市融入影响显著但在新生代农民工中作用更加明显；社区表达参与对两代农民工城市融入都有显著影响，但在"80后"农民工中发生比最高，而对"90后"农民工的城市融入没有显著影响。

第十二章"农民工城市融入的社会工作增能——基于 A 机构的案例"。主要探讨如何利用社会工作推动农民工更好地融入城市。提出的具体方法有：以社会工作的价值观认识农民工的社会融入；尊重作为案主的农民工，排除农民工的"标签化"；尊重农民工和城市居民的差异；致力于发展农民工自助能力。同时以 A 机构为例，对农民工社会工作的个案、小组和社区干预进行了总结，并在此基础上提出了开展农民工融入的社会工作思路，即要认识到农民工融入社会工作的独特性，动员整体社会资源，重点在于提高农民工的城市融入能力。

以上各章遵循"适应—融入"逻辑，分别从文化适应、社会心态、社会融入等方面对农村进城务工人口进行研究，并结合社会工作实践的案例指出了社会工作促进进城务工人口中的增能途径。

无论是驻守人口还是进城务工人口的适应与增能研究，都是从人口视角来对这些目标群体进行发展性人文关怀。但只有乡村真正振兴起来，才能保证驻守人口享受到现代化发展的成果，才能解决外出务工人员的后顾之忧。所谓"无农不稳"，不仅仅是指农业生产在国民经济体系中的基础作用和粮食在满足人们生活需求中的基础作用，还意味着农村发展繁荣后农村人口以及转化为城市人口的原农村劳动力对社会稳定和发展的重要作用。因此，本书第三篇为农民和农村整体发展的赋权部分，由于职业教育在培养职业农民和培养乡村振兴人才中的重要作用，安排了两章内容论述职业教育在乡村振兴中的作用。此外，还研究了农户收入的空间影响特征。第三篇的具体安排如下。

第十三章"广义资本与农民社会分化"。借助布迪厄的广义资本理论，分析了作为农民社会分化基础条件的经济资本、文化资本和社会资本状况，认为目前农民拥有资本匮乏成为农民社会分化的障碍。政府应该着重培植农民的各种资本，为农民社会分化提供更大的制度空间。

第十四章"职业教育对精准扶贫的意义——基于能力理论视角"。基于阿马蒂亚·森的能力理论视角，论述了职业教育是我国精准扶贫战略实施的重要路径。发展人们的可行性能力与精准扶贫战略在价值意蕴和最终目的上高度一致。职业教育对发展能力的意义主要表现为：职业教育的对象正是能力亟待发展的弱势群体，技能培养为他们的生存能力发展提供了重要保障，教育方式的多样化提升了他们的信息获得能力。推动职业教育对能力发展的作用，要发挥职业教育的教育功能，以完整的能力观对待教育对象；尊重教育对象差异，精准发展教育对象的能力；提供良好的职业教育政策环境，保障教育对象权利。

第十五章"乡村振兴人才的职业教育培养"。研究认为，职业教育应当为乡村振兴培养以新型职业农民为主的第一产业人才，符合三产融合要求的二、三产业人才以及服务乡村的治理人才和文化教育人才，培养的人才应具有乡村情怀。而当前职业教育人才培养的重心不在乡村，以上人才的培养较为缺乏，人文教育的不足也难以培养人才的乡村情。发挥职业教育在乡村振兴人才培养中的作用，要认识到职业教育对乡村振兴人才培养的优势，树立服务乡村意识。根据乡村振兴对人才需求的特点，应培养各类人才并加强人文教育。

第十六章"农户收入增长空间关联及影响因素研究——以重庆市为例"。利用 SNA 方法识别农户收入增长的空间依赖关系，借助指数随机图模型（ERGM）分析影响农户收入增长空间关系的因素及作用机制。结果表明，农户收入增长存在空间依赖关系，该关联紧密程度上升速度较快；农户增收空间关联网络日益紧密，仍存在不平衡发展态势；农户增收网络体现互惠性特征，但非均衡的非互惠关系在整个农户增收网络中仍存在；较高农业 GDP 占比、人均经济作物商品产值和农业商品产值等对农户增收空间网络形成具有促进作用；协变量网络中，经济空间网络对农户增收影响最强，种植结构空间网络、地理空间网络影响逐渐式微。建议从优化整体空间网络结构、强化关键节点对其他节点收入增长影响等方面入手，加强政策干预、打破区域行政藩篱，促进农户增收。

# 01 第一篇

## 驻守人口的发展与增能

# 第一章　农村妇女驻守原因的社会学分析

## 一、问题的提出

随着农村劳动力向城市的不断流动，"留守"问题成为近些年来学术界研究的焦点问题之一，这些问题的研究对象主要包括了三类留守人员："留守老人""留守儿童"和"留守妇女"，其中"留守妇女"，学界对其研究尚显不足[1]，某种程度上成为被忽视的群体。为数不多的研究成果主要指向了农村劳动力转移背景下留守妇女的生活状态，比较一致的看法是：留守妇女的婚姻稳定性受到冲击，生活上表现为劳动强度增大、精神压力加大、安全感缺乏，等等[2]-[5]。诚然，男性劳动力的外出使留守妇女付出更多的精力和体力来应对家庭中的养老抚小以及农业生产，从而带来了更大的生活压力，但一个更值得注意的问题是：为什么这些妇女不和丈夫一起外出务工而选择了留守呢？目前学界对此问题给出的解释主要有：传统性别分工模式的影响[6]、妇女人力资本特点的原因[7]等。这些解释为我们了解妇女留守原因提供了一定的资料，但是总体看来，这些解释大多关注经济层面上的原因，即妇女留守是家庭对留守与否的成本与收益进行衡量做出理性的决策。显然，妇女之所以选择留守不仅仅只是对于经济收入的考虑，尤其是在我国农村当前社会观念与社会关系仍然具有传统农业社会特点的宏观背景下。根据埃弗雷特·李的人口迁移中间障碍理论，人口迁移包括三个因素：原居住地、目的地以及二者中间的障碍。毫无疑问，城市的"拉力"以及农村的"推力"足以激发农村劳动力人口的迁移意愿，但相当部分作为劳动力人口的已婚妇女，为什么仍然选择了留守呢？"中间障碍"因素有哪些？基于此，笔者在主持教育部及山东省教育人文社科课题时，深入到农村地区，对这一群体进行了半结构式访谈，对她们留守的个人、家庭以及社会原因进行了分析。

## 二、研究方法与研究对象基本情况

上述研究中，"留守妇女"这一称谓暗含了女性对男性劳动力外出后生活后果承担的被动状态。从研究者对这一群体的访谈及对她们的自我认知来看，这一称谓其实并不十分恰当，因为她们没有离开农村，很大程度上并不是一种被动选择，而是一种家庭或个人社会效益、经济效益最优化的理性选择。因此，本研究不用"留守妇女"这一名词，而将其称为农村驻守妇女。研究中的驻守妇女，是指丈夫外出打工半年以上年龄为 25～40 岁的农村妇女。

本书采取质性研究中的多重个案研究方法，通过田野调查的方式采集资料，调查时间为 2013 年 9 月—12 月，调查地点为山东省中部某自然村，该村属于传统农业类型村庄，村子中大部分土地被租用，被用来发展大棚，每小亩地每年给予农户 1000 元赔偿，村中 2/3 的男性青壮年劳动力外出打工。笔者对村中已婚驻守妇女进行了半结构式访谈，访谈样本 12 名，样本的基本情况如表 1-1 所示。

表 1-1　驻守妇女基本情况

| 代号 | 年龄 | 文化水平 | 丈夫外出时间 | 代号 | 年龄 | 文化水平 | 丈夫外出时间 |
|------|------|---------|------------|------|------|---------|------------|
| ZHL | 36 | 初中 | 3 年 | LXH | 27 | 高中 | 1 年 |
| FDX | 29 | 高中 | 1 年 | SY | 30 | 初中 | 2 年 |
| ZXY | 31 | 初中 | 3 年 | XEJ | 39 | 高中 | 10 年 |
| LM | 26 | 初中 | 1 年 | XYY | 35 | 初中 | 5 年 |
| YSH | 31 | 初中 | 4 年 | TXY | 30 | 初中 | 3 年 |
| YFP | 29 | 高中 | 2 年 | ZCX | 35 | 初中 | 7 年 |

为验证访谈资料质量，应对个案研究的效度和信度进行检验。在资料整理完毕后，笔者对个案访谈对象进行了回访，对资料内容进行核实，此外，针对文章所得出的分析结果，对访谈外其他驻守妇女进行核对，以最大限度地保证资料信度与效度的可靠性。

## 三、访谈结果分析

### （一）社会价值规范：妇女驻守的结构性背景

社会学对规范的注意是由对角色的研究引起的，角色是对群体或社会中具有某一特定身份的人的行为期待[8]，作为连接个人与社会结构的社会学概念，它体现了两个人以上的活动与关系，这种关系与活动当需要协调时就会借助于规范[8]。社会价值规范反映着行动者的共同价值标准，是社会文化和社会心理在社会行为上的表现形式，它一经产生，往往对社会成员有着普遍的约束力量。科塞曾经提出过特殊规范和一般规范的概念。特殊规范是将家庭成员每个人当作特殊的个人来看待的，比如她是我的妻子，他是我的丈夫，他是我的儿子，她是我的母亲，等等。家庭规范是基于对成员的爱和忠心而建立的，所以是特殊规范[9]。由此，特殊规范是一般规范在特定社会角色上的作用表现。

中国的传统社会，"慈""孝"可以说是其价值理论体系中的核心部分，"父母抚养子女，子女成人后赡养父母""父慈子孝"被认为是理所当然的。在访谈中，村民们虽然表达不同，或指责村里的"不肖之子"，或褒扬村里的"孝子贤孙"，但基本上表达了同样的观点。在这种结构性价值规范的约束下，许多家里有老人的妇女选择了驻守。

个案 ZHL

其公公婆婆都年近七旬，公公瘫痪卧床。

"本来也想出去（外出打工）的，但是看看家里的情况，就不能出去了，公公有病，虽然婆婆也可以伺候，但是婆婆年纪也大了，留她一个人在家忙活，会让村里和邻居笑话的，再说万一出点什么事（指公公突然病重或病危），更没法交代了。"

个案 FDX

FDX 相比 ZHL 年轻得多，但是也面临着差不多的家庭情况：公公去世，婆婆 65 岁，患有关节炎。

"没法出去，没人在家里照顾老人，人不孝顺不行，怎么在村里站住脚？娘家也不让出去，说把老人照顾好就行，什么钱不钱的啊？家里又不是吃不上饭，有他一个人（丈夫）挣点也够花了。"

通过访谈发现，她们也有出去的愿望，但问到为什么没有和丈夫一起出去这一问题时，她们首先给出了这样的叙述，而且这种话语背后所隐含的价值观，几乎被村内所有人认同。不同的是，有的是担心村内舆论的压力，有的则是发自内心想照顾老人，无论属于哪种类型，都是传统社会价值规范的作用结果。社会价值规范对社会角色行为的控制是通过两种途径实现的：其一是通过社会其他成员对某一社会角色的期待，当违反特定期待时，将会受到相应的"惩罚"；其二是通过社会角色的自我认知，这种角色认知使得他们的日常行为能够符合角色的要求。而驻守妇女扮演的一个主要社会角色就是"儿媳妇"。在赡养老人的家庭义务中，农村社会对"儿媳妇"这一角色有着特殊的要求，有着"好儿不如好媳妇，好闺女不如好女婿"的说法。如果媳妇不孝顺老人，往往成为村内批评的重点，而闺女所承担的，主要表现为每隔一段时间，到娘家去看看的情感义务。

驻守妇女承担的另一个重要的家庭任务是抚育孩子，与此相对的社会角色是"母亲"，无论在社会评判还是个人角色认知中，都倾向她们在抚育孩子上应当承担更多的责任。

个案 ZXY，孩子四岁。

"孩子太小了，吃喝都需要照顾，爷爷奶奶虽然也可以帮忙，但是还是不如自己看着放心，孩子很小他爸爸就出去打工了，几乎没怎么看过孩子，抱都抱得很少，男人指望不上的，他也没有那个耐心。"

个案 LM，刚刚怀孕。

"本来可以一起出去的，可是年龄不小了，该要孩子了，我自己觉得再晚两年要也没问题，自己也出去挣点钱，他（丈夫）不愿意，村子里和他大的差不多的都有孩子了，老是不生，别人也说闲话。"

由以上案例可以看出，社会价值规范对驻守妇女在家庭中所承担的两个重要角色"媳妇"和"母亲"有着特殊的期待，即使那些自愿在家照顾老人的妇女，也是因为她们对社会价值规范的内化。因此，可以把这种社会价值规范的社会环境看作是农村人口生活的一种"场域"，代代相承的价值观念和熟人社会的聚居方式，影响着已婚妇女的选择，成为一种结构性因素。

## （二）家庭权威结构：妇女驻守的中观因素

当丈夫选择了外出，妇女驻守与否就是家庭决策的一个重要内容，尤其是非农收入要大大高于纯农业收入的情况下，家庭决策是一个动态的过程，涉及家庭各个成员之间的互动。最终的决定不仅来自家庭成员之间价值观和生活目标的相互协调，还取决于决定者在家庭中的地位。在追求新生活、新思想、新文化的现代社会中，老年人的经验、技术和价值取向的现实效用不断下降，已经丧失了在社会和家庭中的主导作用。老年人家庭地位边缘化，使得老年人被排挤在家庭生活重大决策和管理范畴之外。家庭生活的选择与发展，完全由年轻一代决定[10]。因此，家庭权力往往就落在了年轻夫妻之间，而夫妻之间在家庭中的决策权力，在农村表现得相当微妙。在访谈的家庭中，几乎所有的留守妻子都有家庭经济事务的决定权，如买什么家具、孩子上学、邻居或亲戚借钱等，但在外出与否的决策上，驻守妇女大多听从了丈夫的意见。

个案 YSH，孩子四岁。

其实孩子也长大了，在村里的幼儿园上学离家很近，爷爷奶奶都能帮忙照看，但是我没法出去打工，孩子他爸不同意，给他商量（外出打工这件事）时，他就说："家里缺钱花吗？""别说有孩子了，就是没有孩子，你出去显得我多丢人啊。""其他都听我的，就是这个，不知道怎么回事，我觉得他说得对，所以就没有出去（打工）。"

个案 YFP

"和他（丈夫）说过，一起出去（打工）多好啊，两个人也好有个照应，但他说什么也不同意，还是没有拗过他，只好留在家里了。可能他有他的担心，但从来没有给我说过为什么，反正就是不同意。"

访谈发现，在外出与否的决策上，公公婆婆一般不会主动提出意见，但丈夫大都表现得很坚决，就是宁可自己多吃点苦，也不让妻子出去。值得寻味的是，妻子对家庭中的其他事务有决策权，但自己是否外出打工的决定，往往听从丈夫的意见。其中可能的解释就是丈夫和妻子都对"男主外、女主内"的传统家庭分工模式是认同的，即使妻子有着外出的打算，但在丈夫的坚持下，自己觉得即使不让出去，也是合情合理的。

## （三）自我评价与经验：妇女驻守的个人原因

访谈对象均具有初中以上文化水平，其中三分之一是高中毕业，但长期的农村生活，使她们习惯了当前的生活方式，而城市生活对她们而言则变得陌生且充满了神秘感。对她们来说，一个共同承认的事实是，丈夫出去打工可以依靠身体条件（绝大部分在从事建筑业、快递业等体力劳动），女性自身对城市能够提供工作类型认知有限，认为靠身体条件很难适应于丈夫所从事的工种，而依靠知识或技术打工，驻守妇女普遍感觉到缺乏信心。

个案 LXH

"说是高中毕业，但高中能学到什么东西啊？他（丈夫）在桓台（山东的一个县）干建筑，一天要工作十个小时以上，我可没有这么大的本事。做其他工作？你说我能干什么啊？做买卖从来没干过，也没有什么手艺，去了只有出力，还不如老老实实把家里的地种好，好歹有粮食吃，再说现在也是白种，又不用交公粮。"

个案 SY

"出不去了，年龄太大了，又没有什么本事，就是去做建筑工，你说谁能用我啊？像我这个年纪，城里的人都没有工作可干，我能找着工作？"

此外，已有的经验事实也成为妇女留守的一个原因，这种经验要么来自自己曾经外出打工，要么来自周围打工不顺利返回乡下的亲戚、邻居或朋友。

个案 XEJ，曾经外出打工一年。

"别提了，你以为城里的钱这么好挣啊，出去待了一年，换了三个工作，一开始在一家电器厂做，又累又苦，晚上九点才让下班，天天赶订单，后来去做装修（刷漆工），脏得更是让人受不了，老板就没满意过，最后到丈夫工地去做饭，好歹挣了点钱，算是对家里有个交代，现在让我出去，打死都不了。"

个案 ZXY

"倒是想过（外出打工），可是听听别人说的，就不敢出去了。我娘家表姐在外面干了好几年了，就没见她挣钱回来，还受了不少的苦，风里来雨里去的。有一年连春节都没回来，说是买不上票，其实是没有钱，舍不得买票回家。"

从访谈中可以看出，农村妇女的个人条件是她们选择留守的重要原因之一，而这些个人条件，包含年龄、其他人力资本等方面，但并没有提到学历这一因素，可能的原因是农村妇女外出所做的工种对学历一般不作要求。对于农村妇女来说，其成长和生活的环境决定了她们缺乏"种地、持家"以外的人力资本。虽然目前我国普及了义务教育且高中教育有了较大发展，但高中及以下教育仍然是以知识接受为主，职业教育的缺乏使她们感觉到自己没有一技之长。自己或身边亲戚、邻居外出打工的不成功遭遇，可能也使得她们对外出打工有着一定的经验性"恐惧"。

### （四）社会互动网络变化：妇女驻守的支持性因素

驻守妇女往往被作为弱势群体进行研究[11]。的确，丈夫的外出使她们承担了更多的家庭劳动和田间劳动，夫妻间的情感交流大大减少，但是我们发现，当丈夫长期在外打工时，驻守妇女的社会支持网络往往有了较大的变化，而这些社会支持网络的变化在一定程度上弥补了丈夫外出给她们带来的种种不利影响。

个案 TXY

"他（丈夫）打工去以后，一开始家里的活基本都是我干，后来公公婆婆发现这样（我）太累了，就经常过来帮忙，看孩子、下地都干的，有时候吃饭也到那边去吃。到农忙的时候，大伯哥也过来帮忙的，地里的活没有落下过。累是累了一些比以前，但总的来看还坚持得住。"

个案 ZCX

"自从他（丈夫）出去以后，家里的经济条件明显变好了，他是大工（建筑上的技术能手），比别人拿的钱多。农忙的时候也不让他回来，要少挣不少钱呢。农忙的时候一般都是娘家人来帮我，我有三个哥哥，只要有活，他们一定来的。……和娘家处的关系很好的我，我二哥盖房子，我就借了他一万多块钱，侄子上学我也借给了大哥六千，平时我也经常带着孩子走娘家。"

个案 XYY

他（丈夫）出去也不要紧，家里收入增加了，别人也瞧得起了，邻居借钱都给他们的。我有好几个好姊妹呢，忙的时候都给我帮忙，娘家也来人，一般问题就解决了。没事的时候就串串门，家长里短的聊聊天，农忙能有几天啊？还是玩的时间多，谁家有事就说说，过得还是挺开心的。

丈夫外出后，这些驻守妇女和婆家、娘家以及周围邻居的关系都发生了变化，主要表现为：娘家和婆家对驻守妇女的工具性支持增加，邻居和驻守妇女的工具性支持和表达性支持均得到了加强。这得益于丈夫离开家之后驻守妇女在社会网络结构中位置的变化。首先，由于和丈夫空间距离的拉大，驻守妇女在日常生活中往往就成了和娘家人、婆家人联系的桥梁（丈夫——驻守妇女——婆家、娘家人），在网络中处于连接点的位置，"个体越靠近网络中的桥梁，他们获取的社会资本越好"[12]。其次，由于丈夫外出打工家庭收入的增加，提高了驻守妇女的社会地位，使得她们在与外人交往的时候可以得到更多的支持，这种支持可能是工具性的，也可能是表达性的。工具性支持的增加缓解了她们繁重的体力劳动，表达性支持的增加使得她们情感表达有了更多的机会。

## 四、小　结

农村劳动力的外出务工，首先是非农收入较高的拉力和农业生产收入较低的推力所致。同样的情境下，丈夫和妻子一起外出是顺理成章的事情，即使妻子收入可能增加不大，但至少夫妻之间的相互支持也极具意义。但大部分妻子选择了驻守，仅从经济上做出解释远远不够。通过对访谈资料的整理，不难发现：

传统的社会价值观使得驻守妇女恪守着"养老育小"的观念，无论是社会还是她们本人都认为这是她们义不容辞的义务；家庭权力结构中大事还是男人作决，使得她们听从了丈夫的决策，对于丈夫来讲，尤其是觉得男人不能挣钱养家是一件很"丢人"的事，使得他们在阻止妻子外出时的态度异常坚决，当然，这也是传统价值观在家庭决策中的一种表现而已；妇女对自己个人条件的评价和来自打工的自身和他人的经验可能使她们自愿选择了留守；丈夫外出后社会网络的变化补偿了驻守妇女在体力上的付出和情感上的表达不足，使得她们对留守生活趋向于较为积极的态度。农村妇女留守的社会性原因可归结为图1-1。

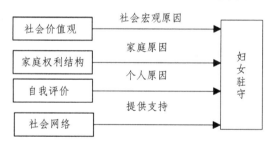

图 1-1　农村妇女驻守的社会性原因

对农村妇女的驻守原因研究，本书注意到在社会背景条件下理解个人行为，并以此为基础寻找家庭原因和个人原因，同时关注到了社会支持的因素，因为对个人行为的研究，必须要考虑到社会结构对个人活动的影响以及个人在社会结构中的能动作用，即在一定社会结构下个人生活如何与之相适应从而符合行为者的理性期待，在这个意义上，农村妇女留守有其历史的和现实的原因。但是，对妇女驻守的原因研究我们还缺乏更加动态的、事件发生历程性的分析，这是我们下一步研究的主要方向。

# 参考文献

[1] 吴惠芳，饶静. 农村留守妇女研究综述[J]. 中国农业大学学报，2009（2）.

[2] 龚维斌. 农村劳动力外出就业与家庭关系变迁[J]. 社会学研究，1999（1）：88-91.

[3] 罗忆源，柴定红. 半流动家庭中留守妇女的家庭和婚姻状况探析[J]. 探索与争鸣，2004（3）：103-104.

[4] [11] 项丽萍. 农村留守女：一个值得关注的弱势群体[J]. 广西社会科学，2006（1）：176-178.

[5] 郑真真，解振明. 人口流动与农村妇女发展[M]. 北京：社会科学文献出版社，2004.

[6] 江洪，李继华，傅兰英. 农村留守妇女健康状况及健康需求调查[J]. 湖南社会科学，2014（2）：112-115.

[7] 郑真真，解振明. 人口流动与农村妇女发展[M]. 北京：社会科学文献出版社，2004.

[8] 孙琼如. 农村留守妻子家庭地位的性别考察[J]. 中华女子学院山东分院学报，2006（2）.

[9] 戴维·波普诺. 社会学[M]. 北京：中国人民大学出版社，1999：97.

[10] 王树新，马金. 人口老龄化过程中的代际关系新走向[J]. 人口与经济，2002（4）：21.

[12] 林南. 社会资本——关于社会结构与行动的理论[M]. 张磊，译. 上海：上海人民出版社，2005.

# 第二章　隔代教育对儿童的影响与社会工作增能

## 一、问题的提出

### （一）研究背景

1. 隔代教育状况

所谓隔代教育，指祖辈对孙辈实施的教育，包括各种类型的指导和抚养形式。隔代教育是相对父辈教育的一种概念。近年来，中国正处于转型时期，在社会快速发展和深刻变革过程中，人们面临的压力也越来越大，许多年轻的父母迫于生活的压力无暇照顾子女，有着空闲时间的祖辈们就自然地承担起照顾孙辈的这一责任。

相关调查显示，我国由父母双方或一方照顾孩子的家庭占50%左右，而由祖辈教育照顾孩子的家庭则高达 47%[1]。由此可以看出，在我国的家庭教育中，隔代教育已成为一种普遍现象。据人民日报刊载，目前，小学及小学以下儿童中，每十人就有五个或六个主要由隔代老人教育[2]。另外，随着中国逐步进入老龄化社会，隔代教育的比例也很有可能会相应增大，一系列问题也随之而来。在隔代教育中，祖辈们虽有很多优点可以潜移默化地影响孩子，但是由于祖辈们已年迈，育儿观念和教育理念大都与社会脱节，必然会给孩子的发展带来各种问题[3]-[6]。所以，隔代教育问题应该引起人们足够的重视，正确引导，积极应对。因此，研究隔代教育存在的问题对改善隔代教育、促进儿童健康成长都具有重要意义。

2. 隔代教育出现的原因

（1）生活节奏加快。

当前中国正处于经济的转型期，在经济飞速发展的转型过程中，给人们的经济压力也与日俱增。紧张的工作和职业的压力，往往使年轻的父母疲于应对。而祖辈们退休在家，有大量的时间照顾孙辈，在这样的情形下，年轻的父母只能求助于祖辈照顾子女。

（2）年轻父母育儿观念的转变。

近年来，我国的经济和教育水平不断提高，年轻的父母的育儿观念也发生了巨大的变化。从前的父母以孩子为中心，他们把自己的全部希望都寄托在孩子身上。把孩子的成就当作自己的成就，把孩子的优秀当作自己的骄傲，他们所做的一切都是为了孩子能够生活得更好，哪怕为孩子牺牲得再多，自己也心甘情愿。现在的年轻父母大都接受过良好的教育，个体独立意识出现，他们意识到孩子不仅仅是自己的孩子，是一个独立的个体，也是社会的一员。父母和孩子都应该有自己独立的生活，父母不能够把孩子当作自己的附属品，把自己的想法强加在孩子身上，父母也应该有自己的生活空间，有自己的生活方式和奋斗目标。这样，年轻父母为子女当牛做马的心态逐渐消退，他们十分希望利用祖辈的力量来解放自己，在工作和育儿的空闲放松自己，做一些自己感兴趣的事，实现自己价值，发扬个性精神。

（3）年轻父母育儿经验不足。

年轻父母出生的时代，一般的家庭经济条件都已得到了较大的改善。此时我国已经实行了计划生育政策。由于每个家庭中孩子的数量较少，父母更是把全部的心血放在自己的孩子身上，对他们进行无微不至的关心和照顾，代劳所有家务。所以他们这一代又被称为"抱大的一代"。现在年轻的父母也有了自己的孩子，但是由于他们没有育儿经验，从小也缺少家务活锻炼，所以当他们照顾新生命时更是手足无措。而祖辈们却在我国长期的宗法制历史里，形成了浓厚的家庭伦理思想，他们认为新生儿是自家的香火，为了能够使自家的香火能够得以延续，对孙辈进行更好的照顾，祖辈们当然地把养育孙代看作自己应承担的责任，欣然接受照顾孙辈这一任务。

### （二）研究意义

儿童是否能够健康成长，不仅关系着一个家庭能否幸福，也关系着祖国能否更好地发展。通过对隔代教育问题的研究，更多的家庭认识到现今隔代教育存在的问题，提高家庭成员对于隔代教育问题的重视，解决好隔代教育问题，从而促进儿童各个方面更好地发展，也促进国家整体教育水平的提高。

本章通过问卷调查法和访谈法进行了大量的数据分析，从事实出发进行科学研究，为其他研究人员提供了数据基础和理论支持，便于他们对该问题做更深入的研究。同时，本书的研究结果也将促使人们正确认识隔代教育的积极影响和消极影响，发扬其积极影响，遏制其消极影响。通过社会工作介入，制订切实可行的小组工作方案，在小组活动中开阔祖辈的教育视野，更新祖辈的育儿观念，给祖辈介绍正确的方法和理论，帮助祖辈使用更合理的方法教育儿童，促使儿童更好地发展。

## 二、研究设计

### （一）研究方法

#### 1. 问卷调查法

问卷调查法是调查者运用统一设计的问卷向被选取的调查对象了解情况或征询建议意见的一种书面调查方法。本研究最先采取的是问卷调查法，选取了 2 所小学的 40 个班级，共发放问卷 200 份。在全面了解研究对象的基础上，后续对典型的研究对象做深入的研究。有些祖辈年龄过大或者文化水平较低，不能够独立完成问卷。对于这种情况，我们利用问答的形式帮助祖辈完成问卷。

2. 案例分析法

案例分析法又称个案研究，个案分析法的过程包括确定个案、确定个案的主要问题、收集资料、分析与诊断、辅导与处理、检讨辅导成效等步骤。通过导师、家长或案主的描述，结合收集到的有关案主的资料，如家庭背景以及个人相关的问题发展史、性别、年龄等资料，分析案主存在的行为偏差的问题，继而通过专业的诊断确定案主的行为偏差问题。最后，通过专业知识的运用结合实际存在的问题，对案主的问题进行辅导，帮助案主调动所有能够利用的资源去解决问题，并检讨辅导的成效，发现问题处理的优点与不足，总结经验，提高自己。

3. 访谈法

访谈就是研究性的沟通，指以口头的形式，根据被询问者的答复搜集客观的、不带偏见的事实材料，以准确地说明样本所要代表的总体的一种方式。本书通过同小学生、小学老师以及学生家长的谈话，收集在隔代教育的家庭中所发生的真实案例，然后整理分析收集到的相关资料，进一步了解 A 区隔代教育的现状，分析隔代教育对儿童的影响。

## （二）研究过程

在研究之初，本书共设计三份问卷，主要涉及儿童的学习成绩、学习兴趣、性格特征以及祖辈的年龄、学历等状况。在研究的过程中，本文利用问卷收集数据，选取临沂 A 区的 2 所小学，50 个班级的中隔代教育家庭中的儿童作为样本。分别给祖辈抚养的儿童和父辈抚养的儿童发放 200 份问卷。祖辈抚养的儿童问卷回收率为 96%，父辈抚养的儿童问卷回收率为 99%。将收集到的问卷数据进行统计分析，分别计算出选择问卷中每个选项的人数，并计算出每个选项所占总人数的比例，并绘制三线表分析。

利用访谈法，选取 10 名隔代教育的儿童作为样本，同儿童的家长、老师详细交流，了解儿童在生活中的一些生活事例和具体的行为表现，详细记录儿童在生活中发生的具有代表性的事例，了解当时祖辈们的想法和他们在处理这件事时的做法，详细做好笔录。同时，通过访谈法了解家长、老师以及儿童对隔代教育的看法和建议。

利用个案分析法，详细分析案例的过程，寻找案例中所存在的问题，选取比较有代表性的案例来说明隔代教育对儿童各个方面的影响。

## 三、研究结果及问题分析

在隔代教育的研究中，我们从 2 所小学中随机选出 200 个隔代教育的儿童和 200 个由父母照顾的非隔代教育的儿童。总共发放 400 份问卷，隔代教育的家庭和父辈教育的家庭各 200 份。其中隔代教育家庭的问卷回收 196 份，回收率为 98%；父辈教育的家庭问卷回收 198 份，回收率为 99%。

### （一）隔代教育的积极影响

#### 1. 注重传统品德教育

通过访谈我们发现，在隔代教育的家庭中，祖辈们十分强调"孝亲"观念，注重培养儿童孝敬的品德。他们经常教导孩子要孝敬老人，尊老爱幼，把我们的传统品德潜移默化地融入孩子的成长。

【案例 1】　乐乐是一名小学 2 年级的男孩，爸妈经营了家水果店，平时早出晚归。由于生意较忙，就由乐乐的爷爷负责乐乐的午饭以及早晚上下学的接送。爷爷平时十分疼爱乐乐，祖孙俩关系亲密。在访谈的过程中，爷爷招呼乐乐拿零食招待客人。乐乐拿完零食以后，坐在沙发上，拿起一个果冻剥开放在爷爷嘴边说"爷爷，新口味的果冻"。爷爷笑眯眯地尝了一口，并夸赞乐乐是个懂孝敬的孩子。

在上述案例中，乐乐看到有新口味的果冻，知道爷爷没有吃过就拿给爷爷吃。在孩子的心目中，他自然偏爱零食，那么他自觉地将自己喜欢的东西与老人分享，说明孩子的思想上已经形成了孝敬这种意识。乐乐爷爷在吃到乐乐的果冻后及时称赞，这对乐乐来说更是一种孝敬意识的强化，也说明了祖辈们重视对孩子孝敬美德的培养。

2. 经验丰富，照顾细致

与年轻的父母相比，祖辈们在生活中积累了更加丰富的生活经验和育儿经验。他们生活的那个时代，并不是像现在大多都是独生子女，一家往往有三四个孩子，因此丰富的生活阅历和育儿经验使得祖辈们在照顾儿童生活的时候更加得心应手。例如在访谈的过程中，一个祖辈曾讲述，有一次孩子腹泻，吃了药觉得稍微好些了。当晚孩子的妈妈做了豆浆，祖辈及时阻止儿童食用，并说明喝豆浆会加重腹泻。由此可以看出，祖辈们比年轻的父母有更加丰富的生活经验，对于一些生活细节和生活常识他们往往了解得更多。而且由于父母工作较忙，生活压力较大，对孩子的饮食起居方面难免疏忽大意，但是祖辈们时间比较充足，一心把精力放在孩子身上，因此祖辈们对孩子的照顾将对于年轻的父母来说更加细致周到。

## （二）隔代教育的消极影响

1. 对儿童心理的影响

（1）性格内向、孤僻。

在访谈的过程中，通过老师和同学的反应以及作者的观察，我们发现，对比隔代教育的儿童与父辈教育的儿童，能够明显地感觉到他们性格的差异。隔代教育的儿童相对来说更加内向、孤僻，说话相对较少，也不愿意主动与同龄的儿童互动玩耍，很难敞开心扉与周围同学交流。

祖辈年龄统计表如表 2-1 所示。

表 2-1　祖辈年龄统计表

| 内容 | 频数 | 百分比值 | 累计频数 | 累计百分比值 |
|---|---|---|---|---|
| 50 岁以下 | 24 | 12.24% | 24 | 12.24% |
| 50～60 岁 | 71 | 36.22% | 95 | 48.46% |
| 60 岁以上 | 101 | 51.53% | 196 | 100% |
| 合计 | 196 | 100% | 196 | 100% |

通过表 2-1 可以看出，隔代教育中的祖辈年龄普遍偏大，在 196 个调查对象中，年龄在 60 岁以上的祖辈有 101 个，占样本总数的 51.53%。祖辈们和儿童年龄差距较大，生活的时代不同，所以祖辈们和儿童的生活习惯也不同。儿童正处在活泼好动的年龄，偏向于热闹的生活环境和较为刺激的运动。而祖辈们已年迈，则更喜欢安静闲适的生活，另外祖辈们精力不济，又害怕儿童在户外活动受到伤害，因此祖辈们大多要求孩子在家里从事危险性较小、较为安静的活动。

一项调查发现，在"您是否支持孩子待在户外尽情玩耍"的问题上，祖辈与父辈的答案明显不同。支持孩子在户外玩耍的祖辈只有 12%，支持孩子在户外玩耍的父辈却有 55%。同时调查还发现，由祖辈教育的孩子主动与其他小朋友交往的只有 9%，由父辈抚养的儿童主动与其他小朋友交往的却有 24%。正是因为祖辈的教育方式多倾向"看管式"教育，隔代教育的孩子主动交往意识才较为薄弱，性格较为内向。

儿童时期是孩子性格发展的关键时期，这个时期的孩子好奇心、求知欲强，体力脑力都较为充沛，因此这个时期的孩子需要合理的与外界交流[7]。一方面应该多与同龄人玩耍，另一方面应该有合理的智力开发和运动量。如果经常把孩子封闭在家里，孩子往往会养成不爱活动、不爱与人交往、内向孤僻的性格。

（2）个人主义明显。

在隔代教育的家庭中，老人溺爱孩子的现象普遍存在。在家庭生活中，祖辈们事事以孩子为中心，对孩子的过分行为无原则迁就，很容易让孩子产生"以自我为中心"的意识，导致孩子的性格过分自私、任性。

【案例 2】 七岁的雯雯是家里的独生女，平时在家是父母的宝贝，更是爷爷奶奶的掌上明珠。平时爷爷奶奶对雯雯呵护备至疼爱有加，几乎到了有求必应的程度。一天雯雯和奶奶逛超市，看到一只老鹰风筝就想买，奶奶劝阻她说家里的类似的风筝已经有三四个了，雯雯不依，在超市哭闹不止。奶奶既生气又心疼，最后借了邻居的钱给雯雯买了风筝，雯雯这才破涕为笑。

在这一案例中，尽管奶奶向雯雯说明家里有类似的玩具，奶奶没有带足钱，但小孙女并不听从奶奶的劝阻，依旧固执己见，坚持要买。奶奶明明知道孩子的要求过分，但仍想尽办法满足孩子的要求，可见类似的事情应该也不只这一件。在祖辈的妥协、顺从中，使孩子误认为只要哭闹、发脾气就可以满足自己任何的要求，长此以往，不仅在与家人的相处过程中孩子会任性、固执，在与其他朋友、伙伴交往的过程中也会如此。

2. 对儿童学习能力的影响

（1）儿童学习成绩分析。

在问卷调查中，我们设计了"儿童的学习情况"这一项，并分别给由祖辈抚养的孩子和由父辈抚养的孩子发放 200 份问卷。希望通过两种问卷的数据对比来说明隔代教育的儿童在学习成绩方面的问题。隔代教育的儿童学习成绩调查表如表 2-2 所示，父辈教育的儿童学习成绩调查表如表 2-3 所示。

表 2-2　隔代教育的儿童学习成绩调查表

| 内容 | 频数 | 百分比值 | 累计频数 | 累计百分比值 |
|---|---|---|---|---|
| 优秀 | 14 | 7.14% | 14 | 7.14% |
| 良好 | 31 | 15.81% | 45 | 22.95% |
| 中等 | 97 | 49.50% | 142 | 72.45% |

续表

| 内容 | 频数 | 百分比值 | 累计频数 | 累计百分比值 |
|---|---|---|---|---|
| 差 等 | 54 | 27.55% | 196 | 100% |
| 合 计 | 196 | 100% | 196 | 100% |

表 2-3  父辈教育的儿童学习成绩调查表

| 内容 | 频数 | 频率 | 累计频数 | 累计频率 |
|---|---|---|---|---|
| 优秀 | 18 | 9.09% | 18 | 9.09% |
| 良好 | 36 | 18.18% | 44 | 27.27% |
| 中等 | 102 | 51.51% | 146 | 78.78% |
| 差 等 | 42 | 21.21% | 198 | 100% |
| 合 计 | 198 | 100% | 198 | 100% |

通过表 2-2 ~ 表 2-3 可以看出，隔代教育的儿童学习成绩在中等和中等以上的为 72.45%，父辈教育的儿童成绩在中等和中等以上的为 78.78%，可见隔代教育会对儿童的学习成绩会产生一定的消极影响。

（2）儿童学习兴趣分析。

一个儿童学习兴趣的高低与一个家庭的教育方式密不可分。家庭的教育方式活泼新颖，儿童的学习兴趣自然也会高涨；教育方式观念老旧、刻板，则儿童的学习兴趣也自然会较低。隔代教育的儿童学习兴趣调查表如表 2-4 所示，父辈教育的儿童学习兴趣调查表如表 2-5 所示。

表 2-4  隔代教育的儿童学习兴趣调查表

| 内容 | 频数 | 频率 | 累计频数 | 累计频率 |
|---|---|---|---|---|
| 浓厚 | 18 | 9.18% | 18 | 9.18% |
| 正常 | 23 | 11.73% | 41 | 20.91% |
| 一般 | 82 | 41.83% | 123 | 62.74% |
| 较差 | 73 | 37.24% | 196 | 99.98% |
| 合 计 | 196 | 99.98% | 196 | 99.98% |

表 2-5　父辈教育的儿童学习兴趣调查表

| 内容 | 频数 | 频率 | 累计频数 | 累计频率 |
|------|------|------|----------|----------|
| 浓厚 | 21 | 10.6% | 21 | 10.6% |
| 正常 | 33 | 16.6% | 54 | 27.2% |
| 一般 | 90 | 45.45% | 144 | 72.65% |
| 较差 | 54 | 27.27% | 198 | 99.92% |
| 合计 | 198 | 99.92% | 198 | 99.92% |

注：由于该选择项回答有缺失，因此总计不是100%。

从表 2-4、表 2-5 我们可以发现，隔代教育的儿童学习兴趣在一般和一般以上的为 62.74%，学习兴趣较差的为 37.24%；父辈教育的儿童学习兴趣在一般和一般以上的为 72.65%，学习兴趣较差的为 27.27%。可以看出，由祖辈教育的儿童学习兴趣较低，且祖辈教育的学习兴趣较差的儿童比父辈教育的高得多。这是因为祖辈们在生活中与社会联系较少，接触新鲜事物的机会也较少，且祖辈们深受传统思想的影响，不容易接受新鲜事物，仍用老观念对待孩子。祖辈们通常对儿童使用较为刻板的教育方式，没有意识到培养孩子的学习兴趣的重要性。当孩子表现出对某种未知事物的好奇并要积极探索时，祖辈们则可能认为这种行为不务正业或存在安全隐患，制止孩子继续进行，这种行为遏制了儿童的好奇心和探索精神的发展，阻碍了儿童浓厚学习兴趣的养成。另外在祖辈们生活的时代"填鸭式"教育盛行，祖辈们可能认为那就是学习的正确方式，所以在孩子的学习过程中，祖辈们可能逼迫儿童进行文化知识的学习。在祖辈们营造的刻板的学习氛围中，儿童感受不到学习的乐趣所在，所以在学习方面兴趣下降。而年轻的父母则能够很快地接受新的育儿观念，在教育孩子方面能够理解并积极响应现在所提倡的素质教育。年轻的父母拥有符合时代要求的育儿观念，在儿童的学习过程中也能够予以积极引导，注意培养儿童良好的学习兴趣。所以相对父辈教育来讲，隔代教育将对儿童的学习兴趣产生消极影响。

（3）祖辈文化程度分析。

通过表 2-1 可以看出，祖辈年龄在 60 岁以上的占调查样本的一半左右。在祖辈们求学的时代，我国的九年义务教育还没有出现，教育水平普遍较低，另外那个时代国民经济水平较低，很多学生支付不起高昂的学费而选择退学。这些导致祖辈们接受的教育较少，文化程度普遍较低。祖辈文化程序统计表如表 2-6 所示。

表 2-6　祖辈文化程度统计表

| 内容 | 频数 | 百分比值 | 累计频数 | 累计百分比值 |
|---|---|---|---|---|
| 文盲 | 9 | 4.59% | 9 | 4.59% |
| 小学 | 142 | 72.44% | 151 | 77.03% |
| 初中 | 35 | 17.85% | 186 | 94.88% |
| 高中 | 9 | 4.59% | 195 | 99.49% |
| 高中以上 | 1 | 0.51% | 196 | 100% |
| 合计 | 196 | 100% | 196 | 100% |

通过表 2-6 可以看出，祖辈们的学历普遍较低，70%左右的祖辈是小学学历。祖辈们自身所受教育不多，知识匮乏，大部分祖辈无法帮助儿童解决学习上的问题。当儿童在学习的过程中遇到困难，对他们进行教育的祖辈既无法解答，也无法教授解决这些问题的方法，久而久之，自然会对儿童的学习能力产生不利的影响。

3. 对儿童生活能力的影响

一方面，随着年龄的增长，社会对祖辈的需要越来越少，这会让祖辈们产生一定的失落感。而孙辈的出现则使得老人们觉得自己是被需要、被依赖的，从孙辈身上祖辈们能够充分感受到自己的价值。另一方面，祖辈和父辈们的教育观念不同。父辈们更加重视孩子在生活能力上的锻炼，祖辈们则认为生活能力的增强会随年龄的增长自然而然地发生，没有必要刻意锻炼。因此，祖辈们十分乐意为孙辈代劳一些生活琐事，就算孙辈们的年龄已经增长到能够做这些事了，祖辈仍然会代劳。

【案例 3】 倩倩妈妈为了锻炼孩子自己动手的能力，让 7 岁的倩倩自己动手洗袜子。妈妈先动手示范，倩倩很快就学会了，并和妈妈约定，晚饭后自己洗换下来的袜子。晚饭后，倩倩去洗袜子，奶奶看见了抢过盆子两三下把袜子洗完了，嘴里嘟嚷着："这些事情你长大了自然就会了，你现在的任务就是好好学习，家务活奶奶给你包了。"

在此案例中，倩倩妈妈给倩倩安排了简单的家务活。倩倩妈妈让倩倩自己洗袜子。一方面可以锻炼孩子的生活能力，另一方面也可以从小培养孩子的独立意识，灌输"自己的事情自己做"的思想。倩倩的奶奶则认为孩子长大了自然就会做家务了，不用从小就刻意锻炼。但是奶奶的这种做法阻碍了儿童生活能力的发展，更容易使儿童养成懒散、过分依赖他人的习惯，使得儿童的生活能力低于同龄人群。

## 四、社会工作增能：小组工作干预方案设计

### （一）小组工作的目的

在本次小组工作的设计中，主要工作目的有两点：一是帮助隔代教育的儿童认识到自身的问题，促进儿童积极改正。二是让祖辈们意识到当前他们在教育儿童的过程中所存在的不足，指导祖辈与儿童建立良好的沟通关系，正确处理儿童在生活中遇到的一些问题。

### （二）小组工作的筹备

#### 1. 招募成员

因为本次小组主要是针对临沂市 A 区的 2 所小学，所以在招募成员时选择在小学内招募。本次活动的招募方式主要有两种：一是通过学校组织的活动，向孩子及家长介绍小组的性质及活动内容，使他们对小组

活动先有初步的了解，并让有意愿参加的人员填写报名表。二是通过前期的访谈，在访谈的过程中向家长着重讲解隔代教育现象。通过招募活动，邀请符合条件的 15 组家庭参加本次活动。

2. 组员面试

社会工作者可以通过个别会见或者资料考察的形式，对小组组员进行必要的筛选和评估。主要是对祖辈家长进行面试，了解祖辈家长的年龄、文化、家庭状况以及对小组工作的了解和期望度。及时做好笔录记录这些信息。

3. 确定组员

通过对组员资料的分析筛选，最后选出 8 个家庭参加本次的小组活动，并由 2 个家庭作为候补，防止意外情况发生，保证活动的正常开展。

## （三）小组活动资源的协调

1. 场地的选择

本次的小组活动共有 8 个家庭参加，因此要选择一个足够大的房间来进行活动。通过与学校商榷，选择学校的会议室作为活动的场所。

2. 工作人员的调配

根据每节活动的具体情况，选择分配合适的工作人员。小组中有祖辈的参与，因此需要长者服务组的一名社工引导活动。经过协商，选择一名负责养老院事宜的社工共同引导活动。长者服务组的社工有丰富的经验和良好的沟通技巧，能够更好地满足祖辈们的要求。

## （四）小组活动的开展

1. 第一节

（1）活动日的。

增强组员对彼此的了解程度，建立小组契约。

（2）活动时间与地点。

时间：2015 年×月×日

地点：学校会议室

（3）主要内容。

① 社工进行自我介绍，说明自己在小组中的角色，并让组员进行自我介绍，增进组员之间的熟悉程度。鼓励组员提问，解答组员疑问。

② 进行互动小游戏：模拟小商店。

③ 让祖辈和孩子分别在一张纸上写出本次活动孩子表现出来的优点和不足。

④ 鼓励组员表达对本次活动的感受，了解组员的想法，完善小组活动。

（4）小组活动反思。

2. 第二节

（1）活动目的。

促进祖辈之间的沟通与交流，使祖辈了解教育孙辈方面的科学方法和现代观念。

（2）活动时间与地点。

时间：2015 年×月×日

地点：学校会议室

（3）主要内容。

① 回顾上次活动的内容，熟悉小组契约，介绍本次活动的主要内容和活动安排。

② 组织祖辈们观看隔代教育的视频，观看视频后，每位成员在黑板上书写自己的体会，感悟观看视频后得到的启示。通过视频让祖辈们学习新的育儿观念，学习正确的教育方法。

③ 请祖辈们分享最近家里发生的某一事件，回忆自己当时解决问题的方法，并让在座的小组成员讨论解决此事件的正确方法。组员讨论完之后，社工进行总结分析。

④ 请组员简单说说本次活动的感受，并表扬积极对待的组员，鼓励大家积极参加活动，踊跃表达思想。

⑤ 小组活动反思。

3. 第三节

（1）活动目的。

增强儿童间的合作共享能力，提升儿童的集体合作意识及分享意识，从而增强儿童的人际交往能力，缓解儿童的个人主义倾向。

（2）活动时间与地点。

时间：2015 年×月×日

地点：学校会议室

（3）活动内容。

① 回顾上次小组内容，重温小组契约，介绍本节小组活动的内容及流程安排，使组员初步了解本节安排。

② 让儿童进行游戏：搭档积木。将儿童分为几个小组，发放积木，看那个小组完成的又快又好。祖辈们则在一旁监督协助。通过这个游戏增强儿童与同龄人之间的沟通和交流，也使祖辈们感受到儿童在与同龄人相处时的快乐，改变"看管式"的教育观念。

③ 让儿童总结本次活动的感受，祖辈们分享从活动中得到的启发。

（4）小组活动反思。

4. 第四节

（1）活动目的。

锻炼儿童的动手能力，促使儿童体验到成功的乐趣，增进儿童对自己动手解决问题的兴趣。提升祖辈的"放手"意识，促使祖辈教育观念的转变。

（2）活动时间与地点。

时间：2015 年×月×日

地点：学校会议室

（3）活动内容。

① 回顾上次小组活动，简要介绍本次活动的中心与流程安排，促进小组活动的展开。

② 组织儿童进行"小小主人翁"的游戏。在游戏中，儿童可以随意挑选一件事先准备好劳动工具，完成一件家务活。让儿童体会到生活过程的乐趣，增强生活体验，提高生活自理能力。

③ 播放关于锻炼儿童生活自理能力的视频及解析，使长辈们意识到锻炼儿童生活自理能力的重要性和必要性。改变他们事事代劳的行为习惯。

④ 总结这四次活动，让祖辈们相互交流在这几次活动中获得的感受与经验。分享自己的教育心得供其他人参考。

⑤ 小组成员拍照留念。

## （五）小组活动评估

小组主要采取访谈和填写小组反馈信息表两种方法进行评估。访谈评估主要是在每节小组活动结束后对家长与孩子进行随机访谈，了解家长与孩子对小组的参与情况，掌握其参加小组后所发生的变化，访谈后及时地进行分享并根据访谈结果调整下一节活动的进度。小组反馈信息表主要是在小组活动结束后由家长们根据自己在小组活动中的变化填写的，根据小组活动中参与家长的前后所发生的变化对小组活动进行定性评估，同时通过这种方式来弥补随机访谈评估的不精确。

# 参考文献

[1] 曾彬. 我国隔代教育研究述评[J]. 内蒙古师范大学学报（教育科学版），2007（2）：70-72.

[2] 李赐平. 当前隔代教育问题探析[J]. 淮北煤炭师范学院学报，2004（8）：137-139.

[3] 叶峰. 农村留守儿童心理问题及对策研究[J]. 内江科技，2006（3）：3.

[4] 张才国，汪丽娜. 浅析农村儿童的心理问题及其对策[J]. 经济研究导刊，2009（21）：2.

[5] 黄祥祥. 论隔代教育与儿童心理的发展[J]. 经济与社会发展，2008（4）.

[6] 赵光伟. 隔代教育浅析[J]. 决策探索，2004（10）：85.

[7] JAMES T SYKES. Grandparents raising grandchildren[J]. The Gerontologist, 2002, 42(1)13-15.

# 第三章 农村隔代留守家庭社会生态系统与社会工作介入探析

## 一、引　言

社会工作理论的发展过程与社会工作的实践密不可分，以"助人自助"为要旨的社会工作是从帮助特定个人和人群发展而来的，但从 20 世纪中期开始，社会环境的变动日趋剧烈与复杂，社会在社会整合的高度上对社会工作提出了实践对象扩大化的要求。实践对象的扩大化势必引起社会工作理论的扩张冲动，冲破单一的诊断与帮助模式，与心理干预等只关注个人因素的助人方式分化开来，是社会工作实践与理论对社会需求的积极迎合。正是在这种背景下，系统学、生态学的理论逐渐被引入社会工作之中，发展成为在实践性和理论性上都极大地促进了社会工作健康发展的社会系统生态理论。

在我国城乡二元结构的社会背景下，自 20 世纪 80 年代起，伴随着农村青壮年劳动力不断向城市流动，农村"隔代留守家庭"这种特殊结构的家庭形式的数量越来越多。此类家庭的特点主要是祖辈和孙辈共同生活在一起，祖代在很大程度上代替子代承担起了孙代日常的监护和抚养责任。截至目前，还没有关于这种家庭规模的具体数字，但农村隔代留守家庭在农村已经成为一个较为普遍的家庭形式[1]。2007 年农村留守老人已经达到 5000 万左右[2]，意味着农村最少存在 2500 万个留守家庭，根据笔者在农村的调查实践，隔代留守家庭占全部留守家庭的 1/3 左右，据此推算，农村隔代留守家庭近千万。遗憾的是对农村隔代留守家庭进行研究的成果目前并不多见，仅有的几篇文献主要集中在祖代对孙代的抚养、监护与教育方面，认为祖代因为各种个人原因（如体力、教育水平等）难以保障孙代正常健康的成长[3]。李全棉全面分析了隔代家庭中"留守老人"的生活感受、经济状况，以及"留守孩子"的抚育问题，认为留守老人在体力和精神赡养上面临较大的挑战。至于社会工作对此类家庭介入的研究更是少之又少，王章华、戴利朝探讨了对留守儿童的教育介入模式，指出了社会工作对儿童教育问题的解决具有促进作用[4]。从既有的研究以及笔者在农村的调查感知来看，此类家庭由于关键的中间一代在日常生活空间中的缺失，致使留守的祖代和孙代行为、关系以及他们所依赖的社会环境发生较大变化，所以，借用社会生态系统理论，研究社会工作对此类家庭的介入，对帮助此类家庭解决生活中的实际困难十分必要。

## 二、农村隔代留守家庭社会生态系统特点

社会系统生态理论把人类自身连同于生存所依赖的家庭、机构、团体、社区以及文化等社会环境视为一种社会性的生态系统[5]。对人类行为的理解与分析，要充分考虑到生态系统各个组成部分所起到的重要作用，既不能抛开生态环境孤立地分析人类行为，也不能忽视人类自身对于环境的能动作用。当然，相比直接提供服务和治疗的传统临床模式，社会系统理论更加注重揭示诸种社会系统因素对于个人成长的重要影响。在社会系统理论的发展过程中，查尔斯·扎斯特罗（Charles H. Zastrow）和布朗芬布伦纳（Bronfenbrenner）是两位比较有代表性的人物。前者把人的社会生态系统分为三种基本类型：微观系统（内涵了各种社会因素的个人）、中观系统（家庭、职业群体或其他互动较为直接的群体）和宏观系统（文化、社区和机构等更大的社会系统）[5]。后者把社会生态系统分为微观系统、中层系统、外部系统和宏观系统。与查尔斯·扎

斯特罗的社会生态系统相比，布朗芬布伦纳不仅注重人的活动和生态系统的互动关系，还对系统的组成部分之间的关系进行了关注。本章借鉴布氏的生态系统理论，根据笔者的社会调查实际情况，对农村隔代留守家庭这一特殊的社会单元的社会生态系统的特点以及社会工作的介入进行分析。

## （一）隔代留守家庭的微观系统分析

微观系统指个人与环境之间的复杂联系，或者是一种包容了个人的组织或社会单元。微观系统是个体最主要的生活场域，也是对个体的成长与发展作用最大的社会单位，一般来说，微观系统包括个体互动较为频繁的家庭、学校、社区等。在微观系统中，隔代留守家庭与其他类型家庭相比，其特殊性表现在：第一，虽然隔代留守家庭本身就是一种微观系统，内含祖代、孙代和二者的互动，但家庭中的互动大多也仅限于在祖代和孙代之间进行，而祖代与孙代之间，年龄差距过大，生活历程与信息接受程度大不相同，使得二者在互动中出现诸多困难。第二，中间一代在日常生活中的缺失，造成了祖孙两代在角色意义上的理解困惑。很多情况下，祖代代替了父母来管教孩子，但是在管教方式上会进退两难，过严会造成孙代的强烈不满，过松则会感觉到没有尽到监护责任。对于孙代而言，常常会质疑祖代对自己的"权威性"，因此，多数祖代对孙代生活起居上照顾有加，而当孙代成长过程中出现问题时往往会束手无策。第三，隔代留守家庭中的孙代由于和祖代互动中的众多"隔阂"，在互动需求难以在家庭中难以满足的情况下，或转向同龄群体中的"志同道合"者，而这些志同道合者间的互动内容多为集中于吃喝玩方面的生活交流，或转向可以满足自己互动需求的诸如网吧等娱乐场所，最终他们中的一部分儿童可能被老师和同学贴上"问题少年（儿童）"的标签，又进一步影响他们和老师以及其他同龄群体的良性互动关系。

## （二）隔代留守家庭的中层系统分析

中层系统是存在于个人周围经常性互动单元之间的一种联系，是微观系统的进一步扩展，但是扩展的范围又和微观系统本身紧密相关。隔代留守家庭的中层系统是指围绕祖孙周围的互动主体间的相互关系。当然，互动主体既可以是某一社会角色，也可以是一种社会设置，具体来看，主要是家庭、亲友、学校和社区之间的互动关系。对隔代留守家庭来说，其主要表现形式有：祖代与老师之间的互动、祖代与亲属之间的互动以及祖代与社区的互动，孙代的同龄群体之间的互动、孙代同学与老师间的互动等。隔代留守家庭中层系统有以下主要特点：

祖代在中层系统中的互动缺乏。从笔者的调查实践来看，祖代与老师之间的互动十分不足，除老师主动与他们沟通外，他们基本不会和老师主动联系，在少有的联系中，也只是针对性解决孩子当下出现的问题，缺乏对孙代学习、生活甚至心理发展方面的全面探讨，祖代与亲属之间的互动和祖代社区的互动也大致如此。值得一提的是，祖代与子代的互动关系既可以算作微观系统，也可以看作是中层系统的一个组成部分，这是由于子代在日常生活空间中的"缺席"导致对家庭和孩子情况的了解只能通过与祖孙两代远距离的沟通方式进行。在此项互动中，孩子一般难以提供真实而有效的信息，祖代与子代的互动就显得极为重要，可惜的是，祖代与子代的互动内容并不丰富，尤其是围绕孩子的沟通，基本集中于两个问题："听不听话""学习怎么样"，而祖代的回答中鲜有丰富而翔实的信息。当然祖代互动缺乏有着各种社会、个体原因，祖代在家庭中除照顾孙代外，大多还承担了繁重的农业生产劳动，难以保证互动的时间，此外，祖代的知识文化水平也限制了他们交流内容的广度和深度。

对孙代来说，其周围发生的互动主要体现在同龄群体之间、同学与老师之间以及老师与老师之间的互动。同龄群体之间的互动一般不会对孩子产生不良影响，因为隔代留守儿童和其他类型留守儿童比例较大，如果出现对某一儿童的隔离，一般是孩子自身的性格所致。同学与老师之间、老师与老师之间的互动，也没有比较典型的对隔代留守儿童的不利影响，除非此类儿童出现了一些问题，比如逃学打架等不良现象发生。

### （三）隔代留守家庭的外部与宏观系统分析

外部系统是延伸于中层系统之外的一些特殊的正式的或非正式的社会组织，它们虽然没有直接影响隔代留守家庭本身，但可以影响中层系统，从而间接地对隔代留守家庭施加影响。外部系统主要包括包绕与中层系统之外的教育行政机构、妇联共青团等社团和其他公共机构以及影响社区的社会组织。目前，教育行政机构还少有专门针对隔代留守家庭的政策措施，但是针对留守儿童的一些扶助性工作已经开始，比如要求学校对留守儿童进行登记并安排老师专门帮扶他们的学习与生活，其他社团组织主要通过积极争取外部资源，引入资金或者帮扶团队对留守儿童进行帮助。笔者所在单位就通过县区的团组织定期对偏远山区留守儿童进行小组社会工作，收到了良好的社会效果。总体来看，留守家庭包括隔代留守家庭已经引起了外部系统的高度关注，这对于此类家庭维持良好的生存状态显然是一个较为有利的条件。

宏观系统指社会的政治、经济以及文化因素等系列意识形态，包括文化、亚文化和媒体等支持性因素。它统摄着个体的思想以及思考空间，也影响着社会生态系统的其他组成部分。宏观系统不仅能通过中间联系层影响各个部分，还能够直接对各部分产生影响。隔代留守家庭本身就是社会政治、经济运行的一种后果，其产生、存在及其未来都会受到社会政治、经济因素的影响。在目前我国城乡发展不平衡、户籍制度等因素的制约下，隔代留守家庭会长时期存在。当前，我国政府正努力推行城乡一体化的建设与改革，在流动儿童的异地教育问题上多有破冰之举，是宏观系统良性支持的积极表现。此外，文化、媒体等因素对隔代留守家庭多有关注，充分且深刻地将这一家庭生存状态向社会公开，可以使这些家庭得到具有针对性的帮助，推动整个社会对此类家庭的高度关注。

布朗芬布伦纳的社会生态系统理论非常重视个人与系统间的互动关系，对互动关系的分析与把握，为社会工作定位与介入提供了可靠基础。隔代留守家庭面临问题绝不是单个家庭的问题，而是由社会生态系统各个组成部分直接或间接影响所致。在社会工作介入的过程中，理清家庭与社会环境的互动关系，才能选择行之有效的工作方法。

## 三、社会生态系统理论在隔代留守家庭社会工作中的应用

### （一）正确认识隔代留守家庭的形态特点

隔代留守家庭的特殊之处在于中间一代在日常生活中的缺失，这是分析此类家庭生态系统与发现问题的关键所在。中间一代在传统的家庭结构中起着承上启下的枢纽作用，是老有所养、小有所育的基础，他们的缺失使祖代部分承担了他们的家庭责任，也使祖代和孙代丧失了重要的倾诉渠道，微观和中层系统中出现问题也与此相关。因此，社会工作者介入此类家庭时，极为重要的就是把因中间一代缺失而引发的问题挖掘出来，并在设计行动方案时通过个人或小组活动对中间一代的角色任务进行分化与转移。

### （二）微观与中观社会生态是社会工作介入的重中之重

虽然社会生态系统是一种整体性的理论视角，但是对于隔代留守家庭来说，外部系统和宏观系统对其的影响是渐进的，尤其是宏观系统，

社会工作在搭建信息和资源交流平台时会面临更多的困难，最为直接的方式莫过于直接从微观和中观层次入手。微观和中观层次的社会工作介入，对社会工作的基本要求是首先对祖代和孙代的生活历程和重要生活事件进行充分了解，通过了解相关生活经验，细纠家庭中问题出现的原因，找到他们可以接受和易于接受的干预方式；其二，要对隔代留守家庭的周围系统进行充分沟通，包括祖代的亲戚、邻居以及孙代的同学、朋友和老师等，他们不仅是信息提供者，也是隔代留守家庭社会资源提供者，是社会工作可以借助的重要力量。当然，重视微观和中观系统，并不是放弃外部系统与宏观系统，外部系统是架构社会工作者与案主的主要桥梁，而宏观系统可为社会工作介入提供良好的舆论氛围和社会环境。

## （三）坚持需求与增能导向

隔代留守家庭中的祖代和孙代需求是不一致的，社会工作中的需求并不等同于实际生活中的需要，必须根据对案主的生活经验和问题分析由社会工作者加以提炼。祖代的需求一般集中在与孙代和老师的沟通方式、祖代对孙代心理发展的认知以及管教方式上，而孙代可能面临更多的生活、学习以及心理发展上的困惑。只有在访谈基础上准确把握需求，才能在工作时做到有的放矢。此外，社会工作"助人自助"的特点要求，社会工作者必须要挖掘隔代留守家庭成员的发展潜力，不能停留在解决一时一地的问题上，要切实增加案主解决问题的能力，并动员中观和外部社会生态系统中的资源，为他们持续性地解决问题提供更好的条件。

## （四）社会工作介入步骤

Pardeck 将生态取向社会工作分为七个步骤：进入系统、绘制生态图、评量生态、创造改变的观点、协调与沟通、再评量以及评估[7]。对系统的进入要遵循上面社会工作的基本要求，通过微观与中观系统的沟通与访谈，按照一定顺序评估出隔代留守家庭所有重要的关系，对这些关系进行全面的预估，并标记此类家庭中祖孙两代以及其他环境的冲突因素，以全面评估家庭与环境可资利用的优势所在。在生态系统图的绘制中，要根据祖孙两代的生活事件和发展任务找到生态系统的各个组成部分，尤其是对此类家庭共同起关键因素的微观与中观系统，尽量不要遗漏。评量生态是对于社会生态系统对隔代留守家庭的作用进行全面估量，在进入系统、绘制生态图两个步骤的基础上对正向支持和负向行为进行甄别，加以详细分析。创造改变的观点就是针对已有材料提出适当建议，对生态系统的哪个部分需要改变，主要是根据祖孙两代的需求提出改进方案。协调与沟通指对生态系统中的功能需要部分进行联系，以弥补家庭需要和社会生态系统的不协调部分，并鼓励家庭中祖孙两代的行动意愿，使之付诸行动。再评量以及评估部分主要是社会工作进展中出现问题时，需要重新启动对生态系统的评量，对初次评量时的缺陷加以改正，然后再重复对家庭的生态行动建议和与其他生态系统的协调、沟通，最后对评估效果进行评估。

总之，基于社会生态系统的隔代留守家庭社会工作介入的特殊之处在于我们把家庭作为社会工作的干预单位，而不同于一般性社会工作把个人作为案主，这就需要我们在分析与利用社会生态系统理论时对年龄、生活经历等个人特征差距较大的两代人分别进行考量，并在二者之间寻求一个合适的工作方案，传统的个案、小组和社区社会工作方法如何具体运用和各种方法所能发挥的作用，是我们下一步在理论和实践中需要解决的重点问题。

## 参考文献

[1] 李全棉. 农村劳动力外流背景下"隔代家庭"初探——基于江西省波阳县的实地调查[J]. 市场与人口分析，2004，10（6）.

[2] 杜鹏，杨慧. 走近农村留守老人，为寂寞群体代言[J]. 中国农业

大学学报（社会科学版），2009（2）.

[3] 详见李全棉（2004）、叶敬忠（2005）、郑杨（2008）等相关研究成果。

[4] 王章华，戴利朝. 社会工作在农村留守儿童教育问题中的介入模式探索[J]. 现代教育管理，2009（7）.

[5] 师海玲，范燕宁. 社会生态系统理论阐释下的人类行为与社会环境[J]. 首都师范大学学报（社会科学版），2005（4）.

[6] CHARLES H, ZASTROW, KAREN K. kirst-Ashman. Understanding human behavior and social environment[M]. Sixth Edition. THOMSON BROOKS/COLE，2004.

[7] 许莉娅. 学校社会工作[M]. 北京：高等教育出版社，2009.

# 第四章　农村隔代抚养驻守儿童社会生态系统特征研究

## 一、引　言

　　驻守儿童问题是与我国农村劳动力自 20 世纪 80 年代持续不断向城市转移相伴而生的。初始时期土地经营在家庭中仍为主要收入来源，因而农民工外出具有较强的季节性特征，驻守儿童并没有得到社会以及学术界的过多关注。1994—2000 年的六年间，关于这一群体的研究和报道只有 5 篇文章[1]。从 2002 年开始，驻守儿童问题开始引起了社会与学术界的极大关注。2004 年 5 月，教育部召开"中国农村驻守儿童问题研究"座谈会，足见当时党和政府对这一问题的重视。与此同时，针对驻守儿童问题的研究也在社会学、心理学、教育学等各个学科广泛展开。这些研究以驻守儿童学习、心理情感以及社会交往等方面作为主要内容，普遍认为，留守对儿童的学业表现、心理健康、社会化等方面会产生一定的消极影响。近十多年来对驻守儿童问题研究盛行，这些研究为了解驻守儿童生存状态、个性发展等方面提供了丰富的资料，也引起了社会对驻守儿童在帮扶实践层面的进一步关注。

　　值得注意的是，与驻守儿童的研究相比，其中一个特殊的亚群体——隔代抚养驻守儿童相对而言未受到学界的重视。所谓抚养隔代抚养驻守儿童，指因父母双方外出务工而产生的与祖代生活在一起、由祖代行使监护权的驻守儿童。全国妇联 2013 年《我国农村驻守儿童状况研究报告》中数据显示，当前我国农村驻守儿童有 6 102.55 万人，其中近三分之一为隔代抚养驻守儿童。这一比例与笔者在山东农村调查的数据基本一致，据此推算，我国隔代抚养驻守儿童至少在 2 000 万人以上①。可见，隔代抚养驻守儿童已经成为绝对数量较为庞大的特殊群体。

但当前对此群体的研究内容多仅以"隔代教养"为题旨，指出祖父母在对孙代教养中的缺陷[2][3]，或指出隔代监护对驻守儿童所带来的负面影响[4]-[6]，还缺乏对隔代抚养驻守儿童问题特征的整体性认识。对这些在时间与空间上与父母处于"隔离"状态的孩子，仅仅在监护方式和影响上寻找问题产生的原因还远远不够，需要把他们置于更为广阔的社会环境中进行研究。此外，对隔代抚养驻守儿童如何进行有效的帮扶，更是值得深入研究的重要领域。

本章在对此类驻守儿童调查的基础上，借助社会生态系统理论，对隔代抚养驻守儿童的社会环境特征进行分析，并提出在为他们提供帮助时所要注意的问题。

## 二、隔代抚养驻守儿童社会生态系统内容及特征

### （一）隔代抚养驻守儿童社会生态系统内容

社会生态系统理论，是社会学以及社会工作吸收了生物学、生态学后形成的一套分析人类行为与社会环境互动关系与指导社会工作实践的基础理论。该理论在质疑和抛弃了不良社会行为的"个人归因"模式后，转而在更为系统、更为广阔的社会环境中寻找"病态"行为产生的原因以及助人方式。在社会生态系统理论的形成过程中，查尔斯·扎斯特罗（Charles H. Zastrow）与布朗芬布伦纳（Bronfenbrenner）做出了巨大贡

---

① 这个数字应该相对比较保守，因为根据贵州省社会科学院 2013 年调查数据，该省"隔代监护"的比例高达 75.4%，即使在经济较为发达的浙江省，建德市 5 433 名中小学留守儿童中，由爷爷、奶奶或祖父母抚养的比例为 45%，以上数据分别见 http://epaper.gywb.cn/gywb/html/2013-05/27/content_343240.htm；http://zjnews.zjol.com.cn/05zj news/system/2013/06/03/019378282.shtml。

献，二者都把人类行为的主体与包绕于其的社会环境划分为不同层次。扎斯特罗按照个人—周围群体—社会设置的顺序把社会生态系统分为微观、中观和宏观三个层次。布朗芬布伦纳则在此基础上，把宏观系统进一步分解为外部和宏观两个系统（这种说法是一种大约的区分）。根据他们对社会生态系统的描述，结合莫拉莱斯与谢弗对社会生态系统的分析[7]与我国隔代抚养驻守儿童问题实际，为方便分析，文章把隔代抚养驻守儿童的生态系统分为以下几个层次：

（1）个人系统。主要包括农村隔代抚养驻守儿童的生理、心理系统及特点。

（2）家庭系统。隔代抚养驻守儿童所处的"祖代—孙代"家庭形式以及家庭关系模式。

（3）实践操作系统。除家庭成员外，隔代抚养驻守儿童日常在生活实践中能够直接产生互动的同龄群体、班级、老师等社会因素。

（4）外部环境系统。包绕于隔代留守家庭的社区、学校、教育或其他公共机构等可以为隔代抚养驻守儿童提供服务的社会设置。

（5）文化系统。流行于我国农村的价值观、信仰以及其他社会认定的社会准则。

（6）历史系统。儿童价值的历史认识及变化，隔代抚养驻守儿童的生活经历，主要是父母离开的生活事件特征以及他们对事件的认知。

隔代抚养驻守儿童的社会生态系统模式如图4-1所示。

图中，由内及外、由微观到宏观，是影响隔代抚养驻守儿童社会心理因素的不同层次系统，当然每个层次都不会独立发生作用，总是处于相互作用、相互影响的情境中[8]。即微观系统中的个人行为涵盖生理、心理以及社会因素，是这些因素的个体表现方式，系统之间存在着开放式的互动关系。反而言之，对某一群体或个人的社会生态特征进行分析，也能够关照到这些特征最终会给群体或个人施加何种影响。查尔斯·扎斯特罗认为，了解每一系统的正常成长标识是至关重要的，这个标识就是个人成长状况的衡量标准，即符合社会期待的个人心理、生理、社会功能的行为方式。因此，和谐的社会生态系统的特征总是与正常的成长标识紧密联系在一起，而社会生态系统中的缺陷也会导致群体或个人行为对社会期待的偏离。

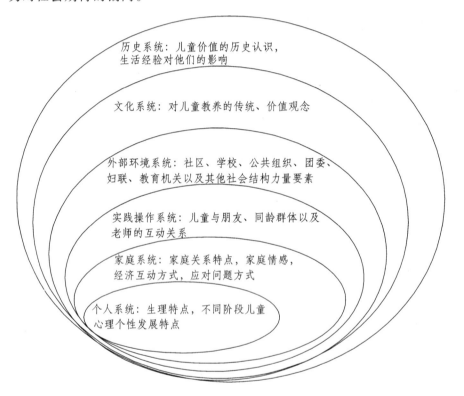

图 4-1　影响隔代抚养驻守儿童社会心理因素的生态系统图

由以上分析可以看出，厘清隔代抚养驻守儿童的社会生态系统特征，可以在某种程度上为预知他们可能出现的问题提供可鉴材料，也可以在预防、矫正他们偏离社会的行为时做到有迹可循。

### （二）隔代抚养驻守儿童社会生态系统特征

#### 1. 个人系统特征

如前所述，当前研究成果大多数认为驻守儿童在心理发展上与普通儿童存在差距，但是根据笔者与这两类儿童的直接谈话和问卷调查，发现隔代抚养驻守儿童与一般驻守儿童以及非驻守儿童在生活认知、言语表达上并没有表现出较大差距。与同年龄段儿童相比，隔代抚养驻守儿童比较突出的心理特征主要表现为个人自主能力较强，自尊心较强。生活中的小事大多是自己做主，并且能够坚持自己的意见，应对来自家庭、学校压力事件表现得更有信心。生活能力上呈现性别差异与年龄上的两极分化，即女性生活能力相比男性稍弱，其在吃饭、洗衣等生活问题对祖父母依赖较大，初中儿童生活能力很强而小学儿童生活能力很弱。从学习能力上看，隔代抚养驻守儿童学习自主性稍有欠缺，但学业成绩与普通儿童差异不大。

#### 2. 家庭系统特征

在家庭结构上，隔代抚养驻守儿童在日常生活空间直接与祖父母产生互动，而祖代与孙代之间，年龄差距过大，生活历程与信息接受程度大不相同，使得二者在互动中出现诸多困难[9]。在笔者所调查的隔代留守家庭中，祖父母具有初中以上学历的不足 10%，绝大部分是小学及小学以下文化水平。在与祖父母的互动中，生活上高度依赖而情感互动又极不充分。与父母亲生活距离的拉大，也造成亲子之间的情感互动相对匮乏，情感互动的形式多为电话沟通，父母对子女的教育多来自"言传"而非"身教"，较多的互动产生于父母对子女较为宽松的经济支持。值得一提的是，扩展性家庭成员，比如叔伯、姑姨等在家庭系统中作用相比普通家庭更加明显，在生产帮助、节日团聚以及日常探望中与隔代留守家庭的互动更加频繁。

隔代抚养驻守儿童与一般驻守儿童与非驻守儿童最大区别，就是他们的家庭系统所表现出来的特征，父母对子代负有的抚养、监管、教育与情感功能，绝大部分都转嫁给了祖代，但除抚养功能尚可替代外，祖代对监管与教育功能的承担实属力所不逮，而父母与子女间的情感互动不是其他情感方式所能代替。

3. 实践操作系统

实践操作系统是隔代抚养驻守儿童社会互动发生强度与频率最高的生态系统。同龄群体由于学习经历、心理发展水平相近，彼此间更加容易交流，因而具有其他人群无法替代的独特作用。分析隔代抚养驻守儿童与同龄群体的关系，主要考察以下两个方面的内容：第一，隔代抚养驻守儿童能否主动适应并融入同龄群体；第二，同龄群体会不会对隔代抚养驻守儿童"标签化"，对他们的接纳程度不够。调查发现，隔代抚养驻守儿童在同龄群体的融入与其他类型儿童没有区别，同龄群体也没有对隔代抚养驻守儿童"标签化"的倾向，接纳程度还是依赖于儿童的个性表现。但是，隔代抚养驻守儿童在同伴关系中具有"自我标签化"倾向，即更容易接纳那些同样是隔代抚养驻守儿童的成为自己最好的朋友，尤其是小学阶段儿童，这种特征更加明显。

以上分析同样适用于儿童与班级间的关系，班级不仅仅是学习组织，更具备自我管理的功能，也有班干部、课代表、组长至普通学生的层级结构，隔代抚养驻守儿童能不能具有在层级上端扮演角色的资格以及会不会受到这种层级结构的排斥，都会对他们的行为产生较大的影响。

师生关系是学习生活中最为重要的社会关系，建立良好的师生关系，是儿童社会化的重要内容，也是学生发展的基础性条件。在隔代抚养驻守儿童与老师的双向关系中，老师不会对他们在情感与心理上产生排斥感，相反，都对这些儿童进行了格外的关照。调查中老师普遍认为，如果抛开个体，整体来看隔代抚养驻守儿童在学习上仍与普通儿童存在差距，但老师将此归因于父母缺乏对儿童学习的监督而祖父母自身知识水平有限。在儿童对老师的认知、情感与行为的联系中，总体来看老师还是充当着学习"监督者"的角色，小学阶段师生之间的情感联系较多，容易形成"依赖型"与"亲密型"师生关系，而由于初中阶段学业加重而儿童自主性增强，儿童对老师的情感互动明显减少。

4. 外部环境系统

外部系统是延伸到实践操作系统之外的正式的或非正式的社会组织，它们一般不会直接影响隔代抚养驻守儿童，但它们会对儿童的家庭系统以及实践操作系统施加影响，从而影响他们的行为方式。在正式设置中，社区是距离隔代抚养驻守儿童最近的社会设置，但遗憾的是，农村社区基本没有对这些儿童的额外照顾，在访问社区（村）干部时他们给出的解释是隔代留守家庭数量较多。

在它的十八届三中全会上，党中央明确提出了要"健全农村驻守儿童、妇女、老人关爱服务体系"，但是，相应的具体配套政策与措施从中央到地方还没有出台，政府对隔代抚养驻守儿童的关爱大多是通过团委、妇联等组织进行的，比如延吉市妇联就曾邀请专家为驻守儿童的祖父母做了隔代教育专题讲座。笔者调查的山东中部某县也是通过妇联对各级学校提出必须要建立"驻守儿童工作站"，并且工作站要配有专门的心理咨询师，并对这些心理咨询的老师进行了培训。但是，几乎没有学生主动到工作站寻求帮助，原因可能是学生对心理问题的忽略和认识不足，即使意识到心理上的问题也羞于表露。很大程度上，对隔代抚养驻守儿童的关注成了一种仪式性活动，即每到六一儿童节期间，妇联或团委都会给驻守儿童提供篮球、羽毛球等体育用品以及图书、文具等学习用具。教育行政机关也有专门的文件要求学校对驻守儿童包括隔代抚养驻守儿童提供力所可行的照顾。隔代抚养驻守儿童的问题已经引起整个社会的高度关注，但是基本上还处于提出问题阶段，解决问题的措施仍然处于"零敲碎打"状态，当前的关爱行动还不能为隔代抚养驻守儿童提供实质性的帮助且覆盖面较窄。

学校层面基本上是在教育行政机关或者妇联、团委等组织的政策框架内自主进行活动。在隔代抚养驻守儿童较多的地区，很多学校都有针对性地开展了一些活动，根据笔者在网上的搜索，大部分学校都是针对隔代抚养驻守儿童的祖代进行有关儿童心理发展、安全防护等知识的培训。笔者所调查学校采取了学校统一对隔代抚养驻守儿童进行家庭信息登记，并要求班主任逐一家访，以加强与祖父母的沟通，保证儿童不会落入监管的空白地带。

一些非正式组织已经开始对驻守儿童开展社会工作，但是专门针对隔代抚养驻守儿童的社会工作开展不够，相对来说，我国儿童社会工作的专业从业人员匮乏。据京华时报的报道，截至 2014 年，我国拥有资质的儿童社会工作者仅 486 人，占社会工作者总数的 0.3%。而美国 2004 年服务儿童的专业社工就有 27 万人，占总数的 48.6%。针对性的社会工作主要来源于高校的志愿行动，很多高校开展的暑期社会实践活动都以"关爱隔代抚养驻守儿童"作为活动的主题，尤其是开设了社会工作专业的高校。笔者所在学院社会工作系几乎每年都深入驻守儿童较多的偏远地区，为这些孩子开展专业的社会工作活动，为缓解隔代抚养驻守儿童心理压力、增权其抗逆力起到了一定作用。

5. 文化系统

根据费孝通先生对社会关系的描述，家庭在我国传统社会关系中处于绝对核心的地位，而家庭结构在于"两人间的关系靠了第三者的存在而得到固定"[10]，即父母与孩子构成了稳定的家庭三角，而父母与子女之间的延绵符合"抚养—赡养"的"反馈模式"，父母对孩子的抚养是婚姻与家庭的基本功能，这与西方单向的抚养模式大有区别。可见，在传统文化中，父母对子女的抚养是一种绝对责任，三字经中也有"养不教，父之过"的说法，但是祖父母对孙子女，不是传统上的应有责任，因此，对孙子女的监护，（外）祖父母处于比较尴尬的角色，太严了会引起孙子女的强烈不满，太松了则很难对他们产生应有的约束力，由"含饴弄孙"到全面监管，无论是（外）祖父母还是孙子女，都难以接受这种角色的转变。

6. 历史系统

子女的价值认识在我国实行独生子女政策前后截然不同。在这一制度实行之前，"多子多福"不仅仅是一种理念而且也在实践中表现得淋漓尽致，以至于 20 世纪 80 年代前我国的生育水平居高不下，致使在单个孩子身上，父母难以付出更多的精力与经济投资，但在 1979 年开始实行独生子女政策后，家庭中孩子的数量急剧减少，孩子对于父母的意义则急剧上升，孩子成了整个家庭的唯一重心，这造成了家庭不仅更加注重孩子的质量，也更注重孩子在成长中的安全，这也在某种程度上导致隔代留守家庭中的祖代对孙代的心理、情感上的忽略。

对隔代抚养驻守儿童来说，他们自身所经历的事件也是对他们行为产生影响的重要因素，最重大的生活事件莫过于父母的离开。笔者调查的结果显示，不同年龄段儿童对父母离开的认知不同，对于低年龄段的隔代抚养驻守儿童来说，很容易产生被父母"抛弃"的感觉，但是对于高年龄段来说，他们虽然在心理上难以承受，但是由于能够理解父母外出打工对于个人以及家庭的重要意义，所以父母外出对他们的心理影响就显得没有那么强烈。

把历史系统置于社会生态系统的最高端，是因为其他系统都受到历史系统的影响，无论是微观系统还是其他宏观社会系统，其呈现的特征不仅是当前各种社会因素复杂交汇的结果，也是这些系统历史发展的必然。举例来说，当前的城乡二元户籍制度，虽然相比计划经济体制下有所松动，但是户籍制度自身的发展也一直深受历史条件的制约。

## 三、进一步的讨论

通过对隔代抚养驻守儿童社会生态系统的分析，不难发现各个系统的相互关系。从历史系统来看，农村经济的发展水平与原有户籍制度使得他们的父母走进城市而又很难融入城市，但孩子价值的与时俱增造成（外）祖父母对儿童过多的保护甚至溺爱，这些又与传统价值中祖父母的角色相互叠加，致使祖父母与孙代角色的认知与承担之间的矛盾。外部环境在一定程度上也是历史与文化的产物，我国长时期以"经济建设"为中心，因而当社会问题出现以后，针对社会问题的制度与实践措施都具有一定的滞后性，这也压缩了非正式组织在帮扶隔代抚养驻守儿童中的活动空间。关于微观系统，包括个人系统、家庭系统以及实践操作系统无不深受以上宏观系统的制约，但是微观系统毕竟是隔代抚养驻守儿童可以直接面对的社会互动系统，除了受到系统的制约之外，隔代抚养驻守儿童也会主动性、创造性地建构自己的社会生活空间，反过来对微观系统产生一定的影响，比如儿童可以策略性地与祖父母、老师以及同学进行社会互动，从而改变他们的监管、教养或相处方式。

问题的分析是为解决问题服务的，通过对隔代抚养驻守儿童的社会生态系统特征分析，可以看出在帮扶隔代抚养驻守儿童时应该注意以下几点：

（1）历史与文化系统本身就具有缓慢演进的特征，而且这种演进是建立在与其他层次社会系统不断互动的基础之上的，因此历史系统与文化系统在整个社会生态系统的能动性不足，通过改变历史系统与文化系统对儿童帮扶属于"远水不解近渴"。但是，个人历史系统虽然无法改变，仍然可以为帮助隔代抚养驻守儿童提供借鉴，即在工作中要格外留意父母外出时他们所处的年龄阶段，因为年龄阶段不同生活事件对儿童心理的影响也不同。

（2）外部环境系统对帮扶隔代抚养驻守儿童起着巨大作用。首先，外部环境中的正式社会组织可以为帮扶提供政策性框架，甚至有组织可以做到亲力亲为，提供具体的帮扶行动计划，吸引社会力量积极参与。其次，要加强社区建设，将社区管理当作社会管理的重要内容，发挥社区在民生问题中的基础性作用。再次，学校可以在隔代抚养驻守儿童帮扶中大有可为。学校在正常的教学活动之外，应加强驻守儿童包括隔代抚养驻守儿童的生活、学习、心理发展的监控，并为之构建健康的班级文化、营造良好的校园氛围。

（3）实践操作系统中，应充分发挥老师作用，注意与儿童尤其是低年龄阶段隔代抚养驻守儿童建立"亲密型"的师生关系，为儿童提供良好的情感支持。个人与家庭系统的特点是祖代在监管中的力不从心，以及绝大多数隔代抚养驻守儿童都处于自我概念形成并成熟时期，因此家庭中情感互动不足，因此，要对祖代进行儿童发展特点的一般知识教育。祖代与隔代抚养驻守儿童父母要进行经常性沟通，让他们及时了解儿童的学习、生活状况，对儿童出现的问题及时解决。

## 参考文献

[1] 周福林、段成荣. 留守儿童研究综述[J]. 人口学刊，2006（3）：60-66.

[2] 李洪曾. 祖辈主要教养人的特点与隔代教育[J]. 上海教育科研，2006（11）：27-31.

[3] 易云. "隔代教育"困扰家长[M]. 生活时报，2002-09-16.

[4] 何奕敏. 加强对农村"留守幼儿"的教育[J]. 教育教学研究，2004（6）：24.

[5] 黄祥祥. 论隔代教育与儿童心理的发展[J]. 经济与社会发展，2006（4）：203-205.

[6] 沈辉香，戚务念. 农村留守儿童的成长迫切需要父母的关心[J]. 当代教育论坛，2005（5）：18-20.

[7] 莫拉莱斯，谢弗. 社会工作：一体多面的专业[M]. 上海：上海社会科学院出版社，2009：191-196.

[8] 师海玲，范燕宁. 社会生态系统理论阐释下的人类行为与社会环境[J]. 首都师范大学学报（社会科学版），2005（4）：94-97.

[9] 孙奎立. 农村隔代留守家庭社会生态系统与社会工作介入探析[J]. 社会福利（理论版），2013（3）：20-23.

[10] 费孝通. 生育制度[M]. 天津：天津人民出版社，1981：65.

# 第五章　从调节到适应：农村隔代留守家庭儿童生存策略研究
## ——基于山东农村的田野调查

## 一、引　言

自 20 世纪 80 年代，农村劳动力向城市转移这一社会现象一直是学术界讨论的热点，对此问题的研究广泛分布于经济学、社会学、人口学以及心理学等众多学科，相关文献的数量用"汗牛充栋"来形容亦不为过。随着城市化战略在国家层面发展语境中的地位日益突出，相信农村劳动力向城市转移这一问题在未来的几十年内仍然是常提常新的学术话题。究其原因，第一，农村劳动力的转移是我国社会变迁的重要组成部分。对渐进式改革方式的选择决定了我国的社会变迁将会经历一个相对漫长的过程，从社会学角度出发，社会变迁与社会结构变迁紧密相关，社会结构状况被称为社会的本质特征之一，社会转型和发展最重要的一个过程就是社会结构的变革[1]。我国农村劳动力转移作为社会结构变革的重要组成部分，不仅体现为这一阶层作为劳动力要素完成了职业形式的转变，更重要的是其个人社会角色结构的变化与社会认同的高度统一。对此问题的实践研究，也大致经历了这样一个过程，即从研究劳动力转移的个人与社会动力学特征向农村劳动力转移后的社会融入转变，而后者因我国长时期城乡二元结构的影响显得尤为复杂；第二，农村劳动力转移问题不仅是这一群体自身的问题，还不可避免地伴生着留守（留守老人、留守妇女与留守儿童）问题以及随迁子女的教育、社会适应等问题。其中，留守老人、留守妇女与留守儿童问题虽然受到社会和学术界的高度关注，但问题并没有得到真正的解决，还需学界和社会在理论与实践上做出进一步的努力。

当前对留守群体的研究，大都围绕留守老人、留守妇女与留守儿童分别展开，多为在定量研究基础上揭示留守群体的生存状况以及生活中所面临的各种问题，并寻找问题产生的原因，比如留守群体的健康状况、影响因素等。虽然研究者所选取的样本分布广泛，但结论大体一致，即"留守"的确给这一群体造成了较大的生存与生活压力。这种技术主导的定量研究为我们整体性认识留守群体问题很有帮助，但其不足之处在于难以观照到作为研究主体的留守人员的真实生活状态，面对生活环境的改变，留守群体不会只是被动接受，那么，他们会采取什么样的策略来适应甚至主动性地创设有利于自己的生活情景呢？本章尝试以隔代留守家庭中儿童为研究对象，探究他们在生活环境改变后的生存策略，以期为相关问题的研究起到抛砖引玉的作用。

## 二、研究设计

### （一）基本概念

#### 1. 隔代留守家庭儿童

本书中的隔代留守家庭，指家庭中的中间一代外出打工（时间为三个月以上），由祖代与孙代生活在一起，祖辈代替子代承担孙代日常监护和抚养责任的农村家庭。隔代留守家庭儿童指此类家庭中的孙代，和其他形式留守儿童相比，因父母双方均外出打工，他们的家庭结构与家庭关系变化较大，是一个更应该得到社会关注的留守群体。本章之所以不使用隔代留守儿童来指代这一群体，是因为对于隔代留守的提法，容易产生歧义。为研究方便，本书中的隔代留守家庭儿童选取了处于义务教育阶段的在校儿童。

### 2. 生存策略

华康德认为，"策略"是一种合乎规律的、能为社会所理解的连贯一致的行为方式。这种方式并非经过事先谋算，具有一定的客观趋向[2]。基于此，"生存策略"指隔代留守家庭儿童在父母离开后在日常生活中逐渐形成的适应社会环境要求、符合他们自身利益所选择的心理活动和行为方式。

## （二）研究对象与研究方法

本章的写作缘起于教育部人文社科项目"我国农村'隔代留守家庭'问题与社会工作干预研究"。访谈发现，2012 年 9 月在山东省中部某村对隔代留守家庭进行实地调查时，了解到隔代留守家庭的儿童虽然被置于缺失了父母关爱与监护的条件下，但他们并没有成为所谓的"问题儿童"，很多还受到家长与老师的高度评价。为进一步了解他们的生活状况，笔者于 2013 年 4 月至 7 月，对山东省中部某乡镇三个村的 8 名儿童再次就此问题进行了实地调查，总体样本由乡镇中小学提供，样本选取时充分考虑了儿童性别、年龄以及学业情况的典型性特征。

本章采取实地研究的方法，访谈对象除隔代留守家庭儿童外，还包括他们的老师以及监护人，为使访谈结果更加真实，对儿童与祖父母的访谈隔离进行，然后对二者的谈话内容加以对照，尽可能了解隔代留守家庭儿童的自然生活状态，并在此基础上探寻他们策略化行为方式，挖掘这些行为方式所具有的积极意义。

# 三、研究结果

## （一）与父母分离的失落心理调节

对于一直在父母呵护下的隔代留守家庭儿童来说，父母的离开是一个重要的生活事件，意味着他们要在新的家庭关系结构中调适自己的角色。总体来看，父母在离开前一般都对孩子进行过长时间的多次沟通，要接受这一残酷现实，对他们的心理是一种考验。

爸爸早就出去打工了，妈妈也要去找爸爸，说过好多次，从第一次说开始，我就害怕（这一天的到来）。妈妈给我说，打工挣了钱给我买很多东西，还能给我买个电脑，但我那也不想让妈妈走……妈妈走的那天，我在街上哭了好长时间，晚上睡不好觉，老是做梦梦见她。（MM03，女，9岁，小学三年级）

MM03 的妈妈是在她 8 岁的时候外出打工的，现在提起当初妈妈的离开，她仍然控制不住自己的情绪，眼泪不断流出。根据心理发展规律，年龄越大，其对父母的依赖性越小，但是，在采访另一位已经上了初三的男孩 HF08 时，他的感受与 MM03 却没有太大的区别。

妈妈走的时候，很难过啊，说不上来怎么难过，就觉得心里发空，想哭，老想发呆，发呆的时候容易掉泪。（HF08，男，13岁，初中三年级）

对孩子父母离开后的表现，笔者也对老师和监护人做了访谈，监护人大多给出的信息是"很不高兴""不太说话了"，老师们则反映这些孩子普遍存在沉默、上课走神等现象。儿童中期的自我概念已经能够在人际关系、动机等抽象内部特征中进行界定，因此他们对父母的外出决策是能够认同的，但是在父母长期照料中形成的生活依赖突然失去时，会产生强烈的心理失落感。那么，面对这种心理失落，他们是如何调节的呢？

在街上溜达了一下午，也不愿意去找伙伴们玩儿，到吃饭的时候就回了家，爷爷奶奶做了很多好吃的，但是也吃不下，晚上睡觉也睡不着，迷迷糊糊想了好多事情，没有办法啊，但是妈妈说了，会经常给我打电话啊，过年的时候他们就回来了，只要我好好听话，过年给我多买点东西，平常要是想买什么，可以直接给爷爷奶奶要。（MF01，男，7岁，小学一年级）

爸爸妈妈走的时候正好是星期六，下午我就在家里看电视，到了第二天，和伙伴一起到镇上买了点东西，想去网吧上会网的，带的钱不是很多，如果爸爸妈妈真赚了钱给买个电脑就好了，可以在家里上网。自己难过，妈妈比我更难过，说好赚了钱好好供我读书，还能盖上新房子，反正他们会经常回来的，妈妈答应每个月都回来看我。（MF06，男，12岁，初中一年级）

接受现实是无奈的。从访谈资料看，在只能接受的情况下，隔代留守家庭儿童采取了情感上的自我排解方式。排解的内容集中在两点：一是父母对于重逢及物质的承诺，二是对父母打工意义的认知。年龄较小的儿童看重前者，年龄较大的儿童既对重逢及物质承诺有所期待，也能够进一步认识父母外出对于个人与家庭的重要意义，并且能够站在父母的角度来"移情"看待这一问题。

可惜的是，在对祖父母和老师的访谈中，发现他们并没有过多留意儿童的这种情绪波动。这是由于农村祖父母囿于自身文化素质，更多关注的是儿童的衣食住行等，而老师对隔代留守家庭儿童属于一种事后认识，即当其父母离开一段时间后才能逐渐了解到此种信息。在这种情况下，儿童往往只能依靠情感上的自我排解，来完成对失落心理的调节，以面对生活环境的突然改变。

## （二）对留守生活的适应

### 1. 家庭生活中的适应

随父母离开时间的拉长，隔代留守家庭儿童逐渐适应了由祖父母监管、照顾的留守生活，但这并不意味着他们与其他儿童的生活会完全相同。在当前为数不多的对隔代留守家庭的研究中，多数观点认为留守家庭的儿童容易在人格发展、亲子关系以及学习等方面出现问题[3]-[5]。笔者无意对这些研究进行评论，的确，父母监管的缺失会对留守儿童带来一定影响，但一味强调消极影响难免落入"问题取向"的分析范式，其实多数儿童在逆境中具有自我调整与适应的能力[6]。访谈结果也证实，儿童在与祖父母的社会互动中具有最大化自己利益的生存策略。

> 我在学校住校，每周六爷爷都去接我，回了家就有好吃的，爷爷奶奶对我很好，他们把好吃的都省给我吃……我周末先回家做作业，白天要么去同学家，要么同学来我家一起做作业，也看电视。爷爷经常问我学习情况，叮嘱我注意安全、听老师的话，不要跟同学闹矛盾。我在学校很老实，回到家也尽量听爷爷的话，一般不惹他生气。（HF08，男，13岁，初中三年级）

HF08 与祖父母相处的关系非常融洽，祖父母对他在家中的表现很满意，但是，这种融洽关系并不是开始就有的。

> 父母走了刚走的那段时间，爷爷和奶奶经常唠叨，尤其是下地干活回来。一唠叨我就不搭他们腔，有时候也吵，有一次周末到同学家去玩，没有给爷爷说，（他们）找了我很长时间，回来就狠狠训了我一顿。后来我就不给他们闹了，要不他（爷爷）生了气，每次我要钱或者有什么要求他都要教育我很长时间才给，现在好了，总是夸奖我听话，学习认真，一般我想要什么都给买，有时候出去和同学玩上一天他也不会生气。

父母离开后，家庭关系结构发生了很大变化，虽然祖代与儿童的社会角色没有发生变化，但角色所承担的功能却和过去有了很大的区别。过去，祖父母与孙代之间更多的是一种情感上的互动，而现在，祖父母要承担起父母对子女的教育、抚养、照看等多种责任。因此，在父母外出后，祖父母与孙代之间的互动需要一个双方互相适应的过程。但祖父母因年龄、文化水平等，很难在互动中充分地改变自己，对孙子女的评价也主要注重其外在表现，甚至只要"听话""好好学习"，祖父母就会感到满足。这种情形下，会使得更多的儿童改变自己，来"迎合"祖父母的这种监护特点。隔代留守家庭儿童在与祖父母的互动中，经过多次

"试错"，可以找到对自己有利的行为方式。HF08 在经历了和祖父的摩擦后，逐渐发现自己在何种表现之后，才能创造出自己更喜欢的生活环境，所以他一再强调不能"惹爷爷生气"，既为自己争取到了"物质利益"，也争取到了更多的活动空间。

在和另一个比 HF08 小 5 岁的个案 HM04 的访谈中，同样发现隔代留守家庭儿童在家庭互动中的策略化行为方式。

爷爷奶奶一般都不训我，就是给我买东西的时候舍不得，要是想买，我得说很多好话，一般不惹爷爷生气，他们生气了，就说不管我了，把我送到爸爸妈妈那儿去，给我爸爸打电话，但只要我一说好听的，他们就不生气了。要不真给爸爸妈妈打了电话，（爸爸妈妈）会再训我的，他们（爸爸妈妈）说了，不听话就别想买任何东西。（HM04，女，8 岁，小学一年级）

HM04 采取撒娇的方式来缓和与祖父母的关系，也许一开始是不经意而为之，但多次使用后，就形成了一种习惯性的解决问题的方式，HM04也能够觉察到这种方式对自己生活的意义所在。

但并不是所有的隔代留守家庭的儿童都通过这种"委婉"的方式来处理代际关系中的冲突。

2. 学校生活中的适应

调查地区的教育行政部门与学校对留守儿童问题较为重视。学校要求班主任进行了留守儿童的专门登记，包括隔代留守家庭儿童的详细家庭信息，以便进行家校沟通，学校根据家庭情况对留守儿童给予经济上的补贴或奖励。但是，由于多数隔代留守家庭儿童不在学校寄宿，家庭居住地较为分散，所以对于学生在学习、心理上的问题，老师很难采取具有针对性的措施，且往往是在注意到学生在校的异常表现时才进行补救性的处理。老师对隔代留守家庭儿童信息的了解，一是来自他们在学校中的直接表现，比如学校纪律的遵守、学习成绩的波动等，二是来自对同学们的询问。因此，在学生没有明显的不良表现时，老师很难及时发现他们的问题。

> 上学都是和同村的同学一块，没逃过学也不敢逃学，（要是逃学）老师马上就会给家长打电话的。即使请假，老师都会给爷爷打电话核实，老师对我们抓得最紧的就是不能逃课。在学校里老老实实上课，下了课和同学一起玩儿，也很好啊，只要不出事儿，每天都是这样上课、放学。（MF02，男，12岁，初中二年级）

从访谈来看，MF02与其他同学的学校表现没有什么不同，但经过进一步询问，MF02意识到老师们对他们的要求更加严格，因此在学校生活中有着自己的策略性原则。

> 也有经常撒谎、逃学的同学，但是我尽量不和他们在一起玩。好几次有同学喊我到学校外面去，我都没有答应，要不，老师会认为我也是个坏学生，而且跟着他们也真的学坏了。学习成绩不好不要紧，表现不好老师会告诉爷爷，爷爷就会告诉爸爸妈妈。（MF02，男，12岁，初中二年级）

没有了父母的监管，并不意味着这些儿童一定会放纵自己，如何表现才能得到老师和家长的认可，他们有着自己的价值判断与行为方式。

同伴关系是儿童除父母及亲属以外的一个重要的社会关系，同伴交往是儿童社会化的一种重要手段[7]。调查中发现，同龄群体对隔代留守家庭儿童生活具有重要意义。MM05，一个10岁的小女孩，父母外出打工四年了而且从来没有回过家，她外祖父和外祖母一同生活，当我们到她家中进行调查时，她问的第一个问题就是："你们是不是还要到×××（另一个同班不同村的隔代留守家庭儿童）家？"可见同样经历的伙伴在其心目中的位置。

> 我和×××是班里关系最好的，我们经常课下时间在一起聊天，主要是她找我聊，聊得最多的是她妈妈什么时候回来的，回来给她买了什

么东西，我也愿意听，开始她也问我妈妈回来没有，我总是回答没有，后来她了解到我妈妈几年都没回来了，就不再问了，她妈妈买回来的好吃的，她都分给我，有一次还送给我了新文具盒。（MM05，女，10岁，小学四年级）

共同的生活境遇使这些孩子有了共同语言，在情感上产生了共鸣，从而结成了较为稳定的伙伴关系。这种自发性的"小团体"成为隔代留守家庭儿童情感表达的重要空间，在一定程度上舒缓了他们对父母离开后的情感紧张。除此之外，他们也不排斥在同学中形成的其他类型的同龄群体。

和同学处的关系都挺好的，在学校也感觉不出来我们和他们有什么区别，就是想起来他们回家有妈妈陪他们，心里（会）不舒服，但是在一起玩就没什么了。我经常邀请同村的同学到家里来一起看电视，做作业，有时候也有邻村的同学，他们也愿意来，都是很好的朋友。爷爷奶奶一般不管，要是到他们家就不行了，他们的爸爸妈妈都不高兴。（MF06，男，11岁，初中一年级）

相比心理和学习问题，隔代留守家庭儿童的安全对祖父母来说更为重要。只要孩子能在看得见的地方，至于他们在干什么，祖父母都较为宽容，隔代留守家庭儿童利用这一条件，形成了自己的"小圈子"，加强了与同学的互动。

另外，还有隔代留守家庭儿童与同学搞好关系的其他方式，比如分享父母从城里带回来的食品、图书以及电子产品等，为他们融入群体提供了帮助。对普通同学的访谈证实，隔代留守家庭儿童作为一类人群在班级中并没有被"标签化"，在与老师或同学的交往中，自然也不会受到排斥。

3. 争取利益：主动性的适应

在家庭生活与学校生活中的表现，可以看作是隔代留守家庭儿童做出的一种合乎生活情境的适应方式。在调查中，我们也注意到他们对留守生活的另一种适应，即利用自己所处的特殊家庭结构形式，为自己争取到比普通儿童更多的利益。

> 爸爸都是过年的时候回来，妈妈回来的多一些，每次妈妈走的时候我都能提点要求（买东西），只要不是太过分，妈妈一般都会满足我。春节的时候就更好了，爸爸回家前一打电话，我就告诉他我想要什么，他就给我买什么。去年最好了，我让他给我买了个学习机，我们班里好像还没有用学习机的。（MM05，女，10岁，小学四年级）

由于常年外出打工，外出务工父母会因照顾不到孩子而心生愧疚，因此当孩子提出物质上的要求时，一般都会作为一种补偿来满足他们。隔代留守家庭儿童普遍都有主动向父母索要衣服、玩具甚至电脑的经历，相比其他同伴，他们得到了更多自己想要的东西。个案 MF06 多次要求爸爸买电脑，并最终得偿所愿，在所调查农村地区，即使是非隔代留守家庭儿童，也少有孩子拥有自己的电脑。

这种主动性的适应，不仅体现在隔代留守家庭儿童与父母的互动中，还体现在其与祖父母的日常生活中。

> 想买零食的时候就给爷爷奶奶要钱，只要不是天天要，他们还是给的，有一次没给我，我问爷爷，爸爸不是走的时候给你们留了钱吗？爷爷只说，给了钱也不是买零食的啊，但最后还是给我了。（MF01，男，7岁，小学一年级）

俗话说"隔代亲"，加之中间一代的缺失，祖父母很难拒绝孩子生活上的要求，隔代留守家庭的儿童经常会因要购买零食、玩具等花费较小的东西而向爷爷奶奶伸手要钱，爷爷奶奶一般也都满足他们。

由此可见，父母因在情感上不能满足孩子，从而有意愿在物质上予以"补偿"，祖父母因其对孩子监管的"尴尬地位"也无法拒绝生活上的要求，这给隔代留守儿童更好地满足自己的物质性追求留出了较大的空间，也是他们主动性适应策略得以实现的条件。

## 四、讨　论

隔代留守家庭儿童的生活境遇发生了较大改变后，他们是怎样适应这种转变的呢？通过实地研究的方式摹写他们生活世界和内心世界的变化，显然是较为适合的。相比基于调查数据的量化研究，作为质性研究的实地研究在揭示隔代留守家庭儿童问题整体宏观特征上稍显不足，但是，对他们生活世界中主体意义建构的诠释，实地研究却是最为适合的。更为重要的是，对隔代留守家庭儿童生存策略进行真实性经验描述，对解释他们在家庭关系变化中仍能够顺利成长的现实以及对他们进行帮扶具有重要意义。

社会化理论一直强调父母在儿童成长中所起到的作用，"父母是孩子的第一任老师"。亿万劳动力进城务工的宏观背景却致使这些隔代留守家庭中父母与子女生活空间上的"隔离"，父母在较大程度上缺失了对子女的情感支持、生活照料与日常监管，而祖父母因其文化水平、年龄及时间分配等原因表现出一定的监护不足或监护不能。当前个别围绕着留守儿童的学术话语与社会话语，指向了他们在学习、人格、心理等方面存在的缺陷，但是，"儿童问题"一定意味着"问题儿童"的必然出现吗？访谈中，这些儿童所展示的他们在这种特殊家庭结构与家庭关系下富有韧性与抗逆力的心理、生活过程，使得我们不能不用另一个视角重新审视他们。

在面对重大生活事件压力时，他们可以通过心理上的自我调节甚至对事件意义的认识走出父母离开对他们的不利影响；在家庭互动中，能够面对不同情景选择不同的行为方式来调节与祖父母的关系并达到自己的目的；在学校生活中，他们也符合学校与老师的规范性要求；在同龄群体这一重要的社会化环境中，他们更是充分利用了自己的优势，较好地融入与同学、朋友的互动之中。当然，其中某些策略性的行为方式可能并不符合成人的道德要求（比如对物质性利益的追求），但根据科尔伯格道德发展理论，这些儿童多处在习俗水平阶段，其道德决策的基础为遵从他人与维护社会秩序，对照发现，隔代留守家庭儿童并没有明显的"越界"。需要强调的是，这些儿童所表现出来的适应能力以及利用条件策略化的生活实践，说明他们在社会化过程中并不是一张白纸，只能机械、被动地接受社会环境的制约，相反，他们可以灵活、能动地适应环境，并能策略性地选择有利于个人的心理活动与行动方式。

通过以上分析不难看出，农村隔代留守家庭儿童所具有的抗逆力与优势视角理论下的社会工作不谋而合。优势视角呈现的是一种优势实践理念，可以帮助人们认识到日常生活中的积极力量与优势，并能有意识地运用内在的智慧与潜能[9]。虽然当前我国农村社会工作还有待深入开展，但这给隔代留守家庭儿童的社会工作开展赋予以下启示：第一，不能被当前"问题范式"的研究所遮蔽，以防把这些儿童进行"标签化"处理；第二，隔代留守家庭儿童所富有的心理任性与抗逆力是他们的优势所在，也是社会工作开展时不容忽略的社会事实；第三，对在不利环境下能够进行自我调适的儿童，社会工作者更加充满信心，认为他们具有强大的自我发展的潜能。

在这个意义上，隔代留守家庭儿童的问题并不是什么真正的问题，关键在于用什么样的角度来看待和什么样的方式来帮助他们。田野调查的结果说明，当前对隔代留守家庭儿童（甚至包括所有留守儿童）问题，应多关注这些儿童存在的可供引导、激发的内在优势与潜能，这才是为他们提供实质性帮助最为可用的资源。

# 参考文献

[1] 郑杭生，李路路. 社会结构与社会和谐[J]. 中国人民大学学报，2005（2）：2-7.

[2] [法]布尔迪厄，[美]华康德. 实践与反思[M]. 李猛，等，译. 北京：中央编译出版社，1997：29.

[3] 马晓霞，张丽维. 农村家庭隔代教育的问题分析[J]. 继续教育研究，2012（6）：13-15.

[4] 邓长明，陈光虎，石淑华，等. 隔代带养儿童心理行为问题的对比分析[J]. 中国心理卫生杂志，2013（3）：96.

[5] 范方，桑标. 亲子教育缺失与"留守儿童"人格、学绩及行为问题[J]. 心理科学，2005（4）：855-858.

[6] Wemer E., Smith R. Vulnerable but Invincible: a longitudinal study of resilient children and youth. //刘玉兰，彭华民. 儿童抗逆力：一项关于流动儿童社会工作实务的探讨[J]. 华东理工大学学报：社会科学版，2012，27（3）：1-8.

[7] 韩晓燕，朱晨海. 人类行为与社会环境[M]. 上海：上海人民出版社，2009：329.

[8] [美]劳伦斯·纽曼. 社会研究方法[M]. 郝大海，译. 北京：中国人民大学出版社，2007：460.

[9] 梁莹. 优势视角与系统理论：社会工作的两种视角[J]. 学海，2013（4）：10.

# 第六章　农村隔代留守家庭儿童社会适应：
## 基于优势视角的实证研究

## 一、引　言

近十几年来，农村留守儿童问题受到社会、学术界的高度关注。围绕留守儿童的学习、生活、教育以及人格心理发展的成果可谓精彩纷呈。留守儿童现象产生的宏观原因总体看来可以归结为两点：第一，2014 年政府工作报告明确提出要促进约 1 亿农业转移人口落户城镇，城市化将成为未来经济发展的重要驱动力之一，这意味着将来农村劳动力向城市的转移还会不断持续。第二，户籍制度改革仍没有实质性的进展，尤其是与公共福利相配套的城市对外来人口的接纳还远远不够。因此，农村劳动力向城市转移的"家庭化"尚存在着诸多困难，农村留守儿童作为一类人口现象在将来很长时间内仍会存在，与农村留守儿童有关的议题值得学术界长期高度关注。

留守儿童问题的产生来源于其家庭关系结构的变动：父母在日常生活中的"缺席"以及监护人角色的变动会影响他们的个性心理发展以及社会化水平。留守儿童家庭结构类型不同，所面临的问题也会存在差距。遗憾的是，当前我国对留守儿童的研究一般没有将其所在的家庭类型进行区分，从而掩盖了不同类型留守儿童的差异性。比如隔代留守家庭儿童作为留守儿童中较为特殊的一类，就没有受到学界应有的重视。所谓隔代留守家庭儿童，也可以称隔代抚养留守儿童，是指因父母双方外出务工而产生的与祖代生活在一起、由祖代行使监护权的留守儿童。据推算，我国隔代抚养留守儿童至少在 2000 万人[1]。

社会化理论认为，父母对儿童成长的意义至关重要，任何其他社会角色难以替代。相比一般留守儿童，隔代留守家庭儿童因父母均在日常生活中缺失。这种缺失对隔代留守儿童来说是一种较为严重的负性生活事件，会对他们的心理、生活等产生较大的影响，加上隔代留守家庭儿童心理发展尚不成熟，对生活的控制能力较弱，此种负性事件的消极影响容易被放大，以致产生各种适应问题[2]。本章拟通过社会工作中优势视角理论，对隔代留守家庭儿童的社会适应问题进行分析。

## 二、优势视角理论与社会适应

传统社会工作往往利用弗洛伊德心理分析模式与医学模式来分析案主的问题，并做出诊断与治疗，因此也多被称为"临床诊断"模式。在这种模式中，社会工作往往聚焦于服务对象本身表现出的问题。随着社会工作实践的专业化与社会建构主义理论的发展，单独聚焦于服务对象的"临床模式"逐渐显现出在帮助服务对象上的力不从心，因为在某种意义上，案主只是其所在的社会生态系统中的一个部分，任何一个人的越轨行为或是思想偏差都不能仅将其当作单个的问题来看待[3]，而是社会生态系统中中多重因素的作用结果。此外，所谓"问题"，在建构主义看来，可能只是社会工作者以及社会环境对案主的"标签化"，这种标签经过强化而被案主以及周围的人所接受。优势视角理论就是对这种"问题模式"的反思与批评，该理论认为应当以优势的视角看待服务对象及其问题，而这种优势既内在于个人，也外嵌于社会环境，社会工作者应该把服务对象及其环境中的资源和优势作为专业助人过程中的焦点，而非关注其问题和病理[4]。

当前对儿童社会适应的研究，其研究对象多局限于流浪儿童以及随父母进程的流动儿童，且研究过多地注重提出这些儿童的社会适应中所存在的问题以及相应解决措施。对儿童社会适应影响因素的研究，一般认为，影响社会适应的因素主要包含个人因素、家庭因素、学校因素、同龄群体因素以及其他社会环境因素。有学者根据这些因素对儿童社会适应的作用进一步将这些因素分为危险性因素（risk factor）和保护性因素（protective factor）两类[5][6]，其中危险性因素来自导致青少年产生社会适应不良以及偏差行为的社会生活事件[7]。当然，构成危险性因素的变量并不一定总是对青少年的社会适应构成威胁，也内含一定的保护性因素，比如有研究发现，流浪儿童虽然长期处于家庭、学校、社区等社会环境排斥之下，但他们却有超乎平常儿童的社会适应能力，能够获得有利于维持自己生存的各种资源[4]。这与社会工作中优势视角理论在某种程度上是一致的，但保护性因素的划分更加侧重作为分析方法的属性，而优势视角理论不仅仅是一种工作方法，更是一种工作的价值理念。而关于儿童保护性因素的研究，也为分析隔代留守家庭儿童的优势资源提供了可以借鉴的资料。

## 三、研究设计

### （一）研究目标

结合优势视角理论，对隔代留守家庭儿童的优势资源进行评估。优势资源主要包括儿童自身资源、家庭资源、同龄群体资源以及学校与社区资源，发现、挖掘、分析这些资源对儿童社会适应的影响，为指导社会工作对隔代留守儿童的介入提供参考。

### （二）研究方法

调查采取了访谈法与问卷调查法相结合的方式，首先在阅读相关文献的基础上，针对隔代留守家庭儿童社会适应的个人、家庭以及其他社会因素设计访谈提纲与调查问卷，根据访谈提纲访谈后所取得的质性资料重新修改并确定正式问卷。

调查地点为山东省中部某县农村中小学，该县具有重视儿童教育的传统，且农村劳动力外出务工较为普遍。调查对象为处于义务教育阶段的隔代留守家庭儿童。在调查中，对 10 岁以下儿童的问卷由调查员代为填写。发放问卷总数为 504 份，可用问卷 467 份，其中男性为 277，女性为 190，回收率为 92.66%。数据的统计分析通过 SPSS2.0 软件完成。

## （三）变量选取

对因变量，考察隔代留守儿童社会适应状况，问题设置为"你感觉父母离开后你对生活适应吗？"。这种主观测量法参照当前社会学中主观"生活满意度"的测量，重点关注父母离开后儿童对社会生活状态变化的认知。

对自变量，根据优势视角理论，针对儿童个体、家庭、同龄群体、学校以及社区对儿童所能提供的帮助分别设置，具体情况如表 6-1 所示。

表 6-1　自变量属性与描述

| 变量属性 | 自变量 | 变量描述 |
|---|---|---|
| 个人资源 | 事件认知 | 是否理解父母离开的意义 |
| | 压力应对 | 可以比较好地处理压力事件 |
| | 信心 | 在生活上会做得越来越好 |
| | 意志 | 对确定的事情能坚持到底 |
| 家庭资源 | 祖代支持 | 祖父母对自己格外关心、照顾 |
| | 父母支持 | 父母外出后生活、学习条件改善情况 |
| | 亲属网络 | 亲戚（姑姨叔舅）有没有额外关照 |

续表

| 变量属性 | 自变量 | 变量描述 |
|---|---|---|
| 同龄群体资源 | 同伴数量 | 朋友多少 |
| | 紧密程度 | 经常分享彼此的小秘密 |
| | 群体质量 | 对生活、学习帮助大小 |
| 学校资源 | 老师支持 | 老师有没有给予额外的帮助 |
| | 班级 | 有没有感到因为留守原因与其他同学有隔阂 |
| | 学校支持 | 学校（作为机构）有没有给更多帮助 |
| 社区资源 | 邻里支持 | 同村邻居有没有给更多的帮助 |
| | 社区支持 | 社区（作为机构）有没有给更多的帮助 |

## 四、研究结果及讨论

本章的数据分析运用 3 个模型，按照从微观到中观以及儿童与社会空间的亲密程度，首先将隔代留守家庭儿童的个人特征以及个人资源、家庭资源纳入方程，然后再加入同龄群体、学校资源，最后加入社区资源，对所有因素进行统一回归。Logit 回归分析结果如表 6-2 所示。

表 6-2　农村隔代留守儿童社会适应影响因素的 Logit 回归分析

| 变量 | 模型 1 | | 模型 2 | | 模型 3 | |
|---|---|---|---|---|---|---|
| | B | Exp（B） | B | Exp（B） | B | Exp（B） |
| 年龄 | -0.011 | 0.989 | -0.010 | 0.990 | -0.008 | 0.992 |
| 性别 | 0.446 | 1.563 | 0.416 | 1.516 | 0.370 | 1.448 |
| 个人资源 | | | | | | |
| 事件认知 | -0.685*** | 1.177 | -0.598*** | 1.073 | -0.581*** | 1.089 |
| 压力应对 | 0.163 | 0.504 | 0.070 | 0.550 | 0.085 | 0.560 |

续表

| 变量 | 模型 1 | | 模型 2 | | 模型 3 | |
|---|---|---|---|---|---|---|
| | B | Exp（B） | B | Exp（B） | B | Exp（B） |
| 信心 | 0.136 | 1.145 | 0.209 | 1.232 | 0.243 | 1.275 |
| 意志 | −0.703 | 0.495 | −0.781 | 0.458 | −0.806* | 0.447 |
| 家庭资源 | | | | | | |
| 祖代支持 | 0.338** | 1.402 | 0.357** | 1.429 | 0.367** | 1.444 |
| 父母支持 | −0.168* | 0.846 | −0.076 | 0.927 | −0.073 | 0.929 |
| 亲属网络 | −0.861*** | 0.423 | −0.976*** | 0.377 | −0.986*** | 0.373 |
| 同龄群体资源 | | | | | | |
| 同伴数量 | | | −0.563*** | 0.570 | −0.566*** | 0.568 |
| 紧密程度 | | | 0.463** | 1.589 | 0.490** | 1.632 |
| 群体质量 | | | 0.114 | 1.121 | 0.105 | 1.110 |
| 学校资源 | | | | | | |
| 老师支持 | | | 0.056 | 1.057 | 0.076 | 1.079 |
| 班级支持 | | | 0.389** | 1.476 | 0.372** | 1.451 |
| 学校支持 | | | 0.044 | 1.045 | 0.069 | 1.071 |
| 社区资源 | | | | | | |
| 邻里支持 | | | | | −0.096 | 0.908 |
| 社区支持 | | | | | −0.043 | 0.958 |

注：***，**，*分别表示在 0.01、0.05 和 0.1 的水平上显著。

## （一）个人资源对隔代留守儿童社会适应的影响

作为社会人口学特征，年龄与性别在各个模型中都不显著。根据发展心理学理论，年龄越大的儿童应该控制生活的能力越强，也就是说应该年龄越大，社会适应性越强。但调查结果中年龄因素的作用并没有体现出来，结合方程中祖代支持的显著作用以及笔者在访谈中所得的资料，年龄较小的隔代留守家庭儿童更容易与祖代建立亲密关系，会在一定程度上替代父母在儿童生活中的作用。

个人资源中儿童关于事件意义的认知对他们的社会适应极为重要。在访谈中，针对父母离开这一生活事件，不同的儿童对其意义的理解不同，比如有的认为父母外出务工能改善家庭条件、给自己买更多的东西、为以后上学打下经济基础等，也有儿童认为是"父母扔下了自己""不管自己了"。这些虽然只是孩子对生活事件的主观判断，却包含了他们对父母关系以及其他社会关系的理解，如果连父母都"不喜欢自己了"，会给他们留下较重的心理阴影，从而也使得他们很难适应父母离开后的社会生活。个人资源中的压力应对、信心以及意志因素都没有达到显著水平，这三个因素是优势视角理论中"抗逆力"的重要体现。由此也可以看出，祖父母代替父母对儿童进行监护，对儿童来说，并没有构成"灾难性"的影响。

## （二）家庭资源对隔代留守儿童社会适应的影响

祖父母对儿童的关心与照顾是隔代留守儿童社会适应重要的优势资源。这是由于父母离开后，祖父母就成为儿童在日常生活中关系最为亲密的人，祖父母对儿童的关心与呵护，可以使他们对父母离开后的感情依靠得以转移。父母的支持在模型 1 中显著（0.1 的显著性水平），可以说父母外出后对儿童学习、生活条件的改善，一定程度上让儿童感受到了亲情的温暖。但在加入同龄群体资源与学校资源因素后，父母支持因素对儿童社会适应的影响的重要性下降，这可能是由于父母与儿童感情上沟通不够，而社会适应情况很大程度上依赖于儿童的心理调适，因此同龄群体作为日常接触较多的群体，作用更大。家庭资源中的亲属网络因素虽然达到了显著水平，但发生比值较低（最高值仅为 0.423）。

## （三）同龄群体资源对隔代留守儿童社会适应的影响

同伴关系是儿童除父母及亲属以外的一个重要的社会关系。同伴交往是儿童实现社会化的一个重要手段，也是儿童发展阶段中的基本需求[8]，数据分析结果充分说明了这一点。同龄群体资源中的同伴数量与紧密程度因素比较显著，尤其是紧密程度，我们设置的问题是"能否分享秘密"，这充分表明同龄群体在儿童情感中作为"表达性工具"的重要作用。同伴数量也很重要，访谈中发现，其实隔代留守家庭儿童与同类型儿童的关系较为密切，经常交流父母离开与重逢的心理体验，并且能在实际生活中出现困难时进行较多的沟通。

在同龄群体资源中，同龄群体质量因素作用没有达到显著水平，这在部分验证了儿童的社会适应很大程度上是一种心理的自我调适，而不是必须具备所谓的"实用性"，相比情感上的需要，能否提供生活和学习上的帮助对儿童的社会适应的作用并不明显。

## （四）学校资源对隔代留守儿童社会适应的影响

在学校资源中，班级支持是一个显著变量。事实上，班级支持因素也可以理解为儿童的心理感受，但这种心理感受来自班级同学对待隔代留守家庭儿童的态度，即同学会不会因为这一群体的特殊性而对他们进行"标签化"，一旦出现标签化的现象，会加重隔代留守儿童对自身不利成长环境的强化，从而影响他们的社会适应。结合优势视角理论，当前数据结果无疑表明了班级支持是隔代留守儿童社会适应的重要优势之一。

学校资源中老师支持和学校支持都不显著，这是由于每个班级人数较多，老师很难在教学与生活中对隔代留守儿童给予额外的关照，而学校基本没有专门针对隔代留守儿童的制度，访谈中也发现，虽然大多数学校都配有专门的心理咨询师，但心理咨询的工作并没有能够开展起来。

### （五）社区资源对隔代留守儿童社会适应的影响

社区资源因素对儿童社会适应的影响都不显著，原因在于：所调查的隔代留守儿童都是学龄期儿童，与邻居打交道的机会较少，而农村社区由于工作人手不够，且在财政上缺乏足够的支持，难以对此类儿童进行专门的帮扶。

## 五、小　结

由以上分析不难看出，对于隔代留守儿童来说，个体的增权能力较弱，依靠自己的力量独自完成对环境的适应以及对生活的控制，还远远不够。但现实生活中仍然存在可以发掘并利用的，来自他们自身以及其他社会环境中的优势资源：通过加强儿童对生活事件的意义认知来提高他们的社会适应能力；祖父母对儿童的关心与照顾是他们能够适应父母离开后生活的重要因素，而父母本身在注重给孩子提供更好经济条件的同时，更应该加强与他们的感情交流；同龄群体是隔代留守儿童不可或缺的社会适应资源，朋友数量与朋友间的情感表达对他们的社会适应起到了较大的作用，而班级内同学对他们的非"标签化"对待，使得他们能够较好地融入集体。除了这些资源外，其他的个人、家庭与社会资源虽然在数据结果中的作用不太明显，但从另一个角度来看待这些资源，恰恰也给优势社会视角下社会工作介入隔代留守儿童提供了更大的空间。

优势视角理论的意义在于发现或辨识农村隔代留守家庭的优势，从而为社会工作干预提供依据[9]。那么，在对隔代留守儿童进行社会工作介入时，要注意哪些问题呢？

对于社会工作者以及其他外部系统，首先要对隔代留守儿童"悬置怀疑"，即不能因为儿童某一方面所表现出来的不良特种而对其进行标签化，比如隔代留守儿童在班级内不好管理、成绩较差，即使有表现特别优异的同学，也被老师称为个别现象而不能对整个群体进行整体上的正面评价。其次认为隔代留守儿童的父母都不在家，应该给他们以过分关注的现象存在，其实这也是一种"怀疑倾向"，会使儿童强化自己不利处境的个人意识。尤其是学校老师，他们的过分关注往往是在学校发生的，容易引起同龄群体相对较为强烈的反应，不仅加强了留守儿童的外部标签化，也使得儿童本身对自己这一身份产生不良认识。最后，社会工作介入时要注意时刻保持与隔代留守家庭儿童的"平等关系"，这也是优势视角社会工作理论的一个基础前提。在平等关系下，应耐心倾听隔代留守儿童对生活故事的叙述，以满足他们的情感需求，并且在工作持续期间，始终保持对儿童优势的强调，以激发他们对生活的自信心与控制能力，提高他们的社会适应水平。

## 参考文献

[1] 孙奎立，吴珊珊，程诗楠. 农村隔代抚养留守儿童社会生态系统特征研究[J]. 石家庄学院学报，2014（5）：107-111.

[2] 李文道，钮丽丽，邹泓. 中学生压力生活事件、人格特点对压力应对的影响[J]. 心理发展与教育，2000（4）：8-13.

[3] 梁莹. 优势视角与系统理论：社会工作的两种视角[J]. 学海，2013（4）：70-78.

[4] 冯元. 优势视角下流浪儿童救助模式创新与转型[J]. 宁夏社会科学，2012（11）.

[5] Cluver, Orkin Sylvestrea, Mérettec Cluver L, Orkin M. Cumulative risk and AIDS-orphan hood：Interactions of stigma，bullying and poverty on child mental health in South Africa[J]. Social Science&Medicine, 2010(69): 1186-1193.

[6] Sylvestrea A, Mrettec C. Language delay in severely neglected

children: A cumulative or specific effect of risk factors[J]. Child Abuse & Neglect, 2010(34): 414-428.

[7] Farrington D.P. Explaining and preventing crime: The globalization of knowledge, the American Society of Criminology 1999 presidential address[J]. Criminology, 2000, 38(1), 1-24.

[8] 韩晓燕，朱晨海. 人类行为与社会环境[M]. 上海：上海人民出版社，2009.

[9] 何雪松. 社会工作理论[M]. 上海：上海人民出版社，2007.

# 02 第二篇

## 外出人口的发展与增能

# 第七章　农村外出务工人口文化适应状况
## 影响因素研究

## 一、引　言

### (一) 问题的提出

区域经济发展的不平衡性以及城市化水平的进一步提高，使得农村劳动力向外流动的数量逐年增加。城市里优越的物质生活条件和丰富的精神文化享受环境吸引着大批农村人口向其流动迁移。这也是经济发展和产业升级带来的结果之一。第三产业的兴起需要大量的劳动力，而第一第二产业的相对萎缩，也在农村产生了大量的闲置劳动力。根据人口流动的推拉理论，迁出地相对劣势的生活条件的推力和迁入地相对优越的生活条件的拉力，使得越来越多的农村劳动力开始选择流动迁移。这部分劳动力虽然劳动素质和劳动能力参差不齐，但大部分都是依靠进城务工完成流动。

这部分劳动力有可能在流动过程中已经取得了城市市民的身份，但是由于他们长期接受的是中国传统的农村文化教育，早已经形成了对原有文化的深刻认同，而这份认同文化，相对于城市文化来说，可能就是一种"亚文化"，是受到城市居民不认同和排斥的。这就导致了这部分新市民陷入了不同文化模式冲撞带来的迷茫和矛盾中。更不用说还有大批未能取得正式城市市民身份的群体，他们对如何融入城市生活想来更有困惑。个体融入组织和社会的最高水平是文化认同和心理归属。由于城市社会和农村社会的异质性，流动人口在由农村社会步入城市社会的过程中，难免会面临着激烈的文化冲突。而这些文化冲突总是或强或弱地制约着流动人口对城市（城镇）的文化认同和心里归属。

## （二）理论背景

1. 概念界定

（1）农村外出务工人口。

这里的研究对象是农村外出务工人口，学术界对农民工有四个角度的界定：首先从职业角度看，主要从事的是非农职业或以非农为主的职业，非农职业的收入是其主要的经济来源。其次从身份角度看，户籍还是农业户口，属于农业身份。再次从劳动关系角度看，绝大部分是被雇佣者。最后从地域角度看，都来自农村，但他们又在城市中劳动。

（2）文化适应。

文化适应（Acculturation）是一个社会学概念，是指个体从一种文化转移到另一种与其最初生活的文化不相同的异质文化中后，个体基于对两种文化的认知和感情依附而做出的一种有意识、有倾向的行为选择和行为调整。有关文化适应的研究最早来自柏拉图的《理想国》一书，他在书中写道，在了解多元文化的过程中，要避免接收到外来的糟粕文化，也要避免对某种文化产生隔离。随着人口的大规模频繁流动，流动群体和主流群体之间的各种社会交互活动，某种意义上也可称为相互的文化适应过程。从定义上看，文化适应过程会影响到参与接触的任何个体或群体，而最初的研究一般集中在某个较落后的文化群体或个人，在与较发达文化的直接接触或学习过程中所发生的变化。面对一系列的文化冲突，流动群体采取何种文化适应模式以及为了适应不同文化所做的各种改变，可以说是文化适应的关键因素。

2. 文化适应的研究综述

（1）文化适应的概念。

如果从理论上讲，文化适应是发生接触的两个群体双方的影响都发生了变化，那么实际上的文化适应大多数情况下是弱势群体发生了变化。其中，文化适应又包括跨文化适应和区域文化适应两种。这里研究的农村外出务工人口的文化适应状况就属于后者，是区域文化适应，即由原来的农村区域文化改变到城市区域文化的适应。

（2）文化适应的影响因素。

文化适应受到多种因素的影响。文化适应的相关因素研究，包括人格与文化适应、文化适应的心理学研究等。"对于人格方面的研究主要集中在文化接触中的个体胜任力等因素方面，有研究者认为，移情、开放性、情绪稳定性和灵活性等人格特征，在模式选择中更倾向成为团队型和文化保持型。"也就是说，拥有这种人格的群体，更愿意保持与团队同步，也就愿意去适应变化了的文化环境并做出改变，是自己保持与大部分人的同步。除了人格因素外，农村外出务工群体自身的特点和情况，两种文化模式之间的差异大小，都是影响文化适应的重要因素。

总之，怎样才能更好地适应两种截然不同的文化模式呢，是仍坚持原来文化模式的思想的行为，还是积极学习新的行为习惯和文化来更好地与城市居民保持一致，这是大部分农村外出务工人口流动后必须要认真思考的一个问题。后一种模式接近于社会学中所提到的人的继续社会化：由于环境的改变，原先适用的行为习惯和思维方式变得不再适用，为了更好地适应变化了的环境，人们需要重新学习新的社会知识。理论上习得了新的知识后，人也会逐渐适应新的环境，但现实中的适应往往没有这么顺利和简单，两种截然不同的文化模式冲撞带来的震撼和余波往往是难以预料与解决的。由于流动人口的人口特质是有很大差异的，这也会导致不同特质的人在面对相同的环境压力时产生的反应千差万别。农村外出务工人口这一群体，更是包含了丰富多元的人口层次。本章根据调查问卷搜集到的资料，将这一群体的文化适应情况量化为文化接受、适应行为、适应心理、适应结果四个方面的数据进行分析研究，希望能够发现这部分调查群体文化适应的某些真实情况、已经或者将会展现出来的问题。

## （三）研究内容与方法

### 1. 研究内容

文化适应内容包含诸多方面，而文化属于无形的精神产品，因此很难直接去研究某个具体的内容。在决定研究农村外出务工人口的文化适应情况后，根据相关文献和已有研究成果，将文化适应情况具体分为文化接受、适应行为、适应心理、适应结果四个方面，将其适应程度制成李克特量表，附在问卷上进行调查，然后根据收集到的数据进行分析。文化接受属于初接触或未接触不同文化模式时已有的适应潜力，适应途径是用来发现改变的重要指标，而适应行为和适应心理则是具体接触、适应不同文化环境时的具体行为和内心接受程度。从这四个方面进行调查，意在得到较全面具体的文化适应情况和影响文化适应的主要因素。

### 2. 研究方法

本章采取的研究方法主要包括文献法和问卷调查法，其中以问卷调查法为主。问卷调查法主要是根据研究目的，设计了一份农村外出务工人口文化适应状况调查表，通过直接访问和网上发放等途径，共收到问卷356份，其中有效问卷355份。调查对象的性别比为（男：女）181：174，年龄从14岁到60岁不等，以十岁为一分层，其中20～30岁和40～50岁这两层的人数较多，分别约占总调查人数的60%和20%。而20～50岁属于青壮年，前面也有柱状图显示该部分人口的文化水平。因此，比较符合此次调查所需的调查对象的特点。

## （四）研究目的及意义

农村外出务工人口属于流动人口中比较有代表性的群体，也是其中人口规模比较大的群体之一。该群体的文化适应状况的好坏，可以折射出流动人口这一大群体的文化适应状况。通过调查分析，找到影响该群体文化适应状况的因素，对于评估流动群体的文化适应情况具有一定帮助。探究影响农村外出务工群体文化适应情况的因素，对于改善这部分群体的文化适应状况具有一定的意义。个体融入组织和社会的最高境界是心理认同和文化融入，如果改善了他们的文化适应状况，对于促进他们融入城市生活也具有一定的作用。他们的融入情况得到改善，对于维护迁出和迁入地的平稳和谐发展也具有一定的现实意义。

## 二、样本及其人口社会特征描述

### （一）样本性别年龄状况描述

根据表 7-1 可以看出，被调查的这部分样本人口年龄跨度比较大，几乎涉及每个年龄层，其中 20～30 岁年龄层的人数最多，占总人数的58%，其次是 40～50 岁年龄层的人数，占总人数的20.8%。而在这两个年龄层中，20～30 岁的人口中，男性较多，有 109 人，占该年龄层总人数的 53%。而在 40～50 岁的年龄层中，女性占有较大比例，约为总人数的 58%。这可能与他们外出务工的职业有关：大多数年轻男性多从事销售行业，而女性则进城从事服务行业，显然，职业不同对他们的年龄要求也不同。

表 7-1　性别年龄状况

| 年龄 | 男 | 女 | 合计 | 百分比/% |
|---|---|---|---|---|
| <20 | 10 | 4 | 14 | 3.9 |
| 20～30 | 109 | 97 | 206 | 58.0 |
| 30～40 | 27 | 27 | 54 | 15.2 |

续表

| 年龄 | 男 | 女 | 合计 | 百分比/% |
|------|------|------|------|----------|
| 40～50 | 32 | 42 | 74 | 20.8 |
| >50 | 3 | 4 | 7 | 2.1 |
| 合计 | 181 | 174 | 355 | 100 |
| 百分比/% | 51 | 49 | | |

## （二）样本受教育程度状况描述

根据表 7-2 可以看出，这部分被调查者的教育水平是比较均匀的，从初中以下到硕士及以上均有分布。其中人数最多的是初中及以下、本科这两个层次，分别占总人数的 27.2% 和 28.9%。受教育水平的不同可能会影响个人的文化素质，从而影响其文化适应能力和状况。受教育水平高的人，知识储备量较大，他们可以选择采取不同的方式面对文化接触带来的冲突和矛盾。同样的，他们的文化适应水平相对也比受教育水平低的人要高。另外，高中以上学历的人数也比较多。

表 7-2　受教育程度状况

| 学历 | 人数 | 百分比/% |
|------|------|----------|
| 初中及以下 | 97 | 27.2 |
| 高中 | 73 | 20.5 |
| 专科 | 71 | 19.9 |
| 本科 | 103 | 28.9 |
| 硕士及以上 | 11 | 3.4 |
| 合计 | 355 | 100.0 |

## （三）样本职业状况描述

根据表 7-3 可以看出，近 80% 的被调查者工作时间低于 10 年，这可能与他们年龄年轻化有关。但也显示出，大部分的外出务工人口来到城市生活的时间较短，因此他们的文化适应和融入状况还可能尚未成熟或者正面临着文化模式急剧转变带来的冲击和矛盾。在月收入方面，处于 3 000～4 000 元和大于 5 000 元的人数是比较多的，占总人数的 26.1% 和 28.0%，也就是说，大部分被调查者在日常经济生活上是温饱甚至有所富余的，他们选择来到城市的首要动机，即获得比农村更高的经济收入已经达成，接下来他们所面临的，是从其他方面慢慢适应，来达到最终融入城市的目的。这两部分的被调查者都是在工作年数少于 10 年的情况下达到了现在的收入水平的。

表 7-3　工作年数及月收入状况

| 月收入/元 | 工作年/年 | | | | 合计 | 百分比/% |
|---|---|---|---|---|---|---|
| | <10 | 10～20 | 20～30 | >30 | | |
| <1000 | 20 | 1 | 1 | 0 | 22 | 6.2 |
| 1000～2000 | 20 | 1 | 2 | 1 | 24 | 6.8 |
| 2000～3000 | 57 | 14 | 6 | 0 | 77 | 2.2 |
| 3000～4000 | 80 | 8 | 3 | 2 | 93 | 26.1 |
| 4000～5000 | 29 | 7 | 0 | 2 | 38 | 10.7 |
| >5000 | 77 | 14 | 8 | 2 | 101 | 28.0 |
| 合计 | 283 | 45 | 20 | 7 | 355 | |
| 百分比/% | 79.7 | 12.7 | 5.6 | 2.0 | | 100 |

## （四）样本婚姻和家庭状况描述

表 7-4 展示了样本的婚姻和家庭状况。在这部分被调查群体中，未

婚且未有子女的人数较多，占总人数的 59.4%，而在已婚的人数中，拥有一个子女和两个子女的人数较多，占已婚总人数的 44%和 43%。婚姻和家庭状况会影响一个人对自我的评价，也会影响其对其他事物的看法和评论，毕竟一个人的文化适应总比一个家庭的文化适应要简单得多。

表 7-4　子女数量和婚姻状况表

| 婚姻状况 | 子女数/个 | | | | 合计 | 百分比/% |
|---|---|---|---|---|---|---|
| | 0 | 1 | 2 | 3 | | |
| 未婚 | 192 | 0 | 0 | 0 | 192 | 54.0 |
| 已婚 | 11 | 67 | 66 | 10 | 154 | 43.4 |
| 其他 | 9 | 0 | 0 | 0 | 9 | 2.6 |
| 合计 | 211 | 67 | 66 | 10 | 355 | |
| 百分比/% | 59.4 | 18.9 | 18.6 | 3.1 | | |

## 三、影响因素及分析

本章分析被调查者的文化适应情况，从文化接受、适应行为、适应途径、适应心理四个方面进行。具体分析时，采用统计软件 SPSS 作数据的回归分析。将问卷中的一个问题"总体上我感觉已经和城里人没有太大区别"作为评估文化适应情况的指标，并将其作为因变量，将受教育程度和是否为独生子女作为控制变量，探究其他的影响因素。分析结果如表 7-5 所示。

表 7-5　影响因素回归分析结果

| 影响因素 | $B$ | 显著水平 | Exp（$B$） |
|---|---|---|---|
| 受教育程度 | −0.29 | 0.00 | |
| 是否为独生子女 | −0.294 | 0.02 | |

续表

| 影响因素 | $B$ | 显著水平 | Exp（$B$） |
|---|---|---|---|
| 文化接受 | | | |
| 　认可城市生活 | −0.495 | 0.01 | 0.610 |
| 　否认农村生活 | −1.198 | 0.00 | 0.334 |
| 适应行为 | | | |
| 　交流时使用普通话 | −1.135 | 0.03 | 0.335 |
| 　有分歧协商解决 | −1.465 | 0.01 | 0.233 |
| 　交流时注意穿着 | −0.627 | 0.166 | 0.534 |
| 适应途径 | | | |
| 　提前了解城市生活 | −1.829 | 0.00 | 0.161 |
| 　通过社区活动适应 | −0.713 | 0.02 | 0.491 |
| 适应心理 | | | |
| 　感觉工作方面受到歧视 | 0.124 | 0.04 | 0.325 |
| 　感觉经济面临较大困难 | 0.198 | 0.597 | 1.220 |

分析显示，在影响文化适应的因素中，被调查对象自身的受教育程度和是否为独生子女的影响是比较大的，分别与其在 0.01 和 0.05 水平上显著相关。

## （一）受教育程度高的群体文化适应状况较好

这可能由于受教育程度越高的人在面对不同文化之间差异时，可以采取的改变措施越多，适应时间就越短，而且一个人的受教育程度往往与他的职业和经济状况成正比例关系，即受教育水平越高，可以胜任的职业就越多,经济条件越好,他们比受教育水平低的人文化适应状况要好。

## (二) 非独生子女的群体文化适应状况较好

这可能与被调查者自身的抗压水平有关。非独生子女的人群往往比较独立自主,且抗压能力强,这可能使他们在面对与独生子女相同的适应困境时,更能够克服这种困境,从而有比较好的文化适应状况。这两个因素是被调查者的社会属性且对其自身的文化适应情况有显著影响,因此将其作为控制变量,然后从文化接受、适应行为、适应心理、适应结果等四个方面,探究其他可能影响文化适应的因素。

## (三) 对城市生活认可度高的群体适应状况较好

与文化适应状况最显著相关的是认可城市生活和否认农村生活两因素,它们在 0.01 水平上显著相关,且发生概率分别为 0.610 和 0.334。也就是说,认可城市生活和否认农村生活这两个因素,明显影响到其自身的文化适应状况。它们与因变量是异方向变化的,也就是说,对城市认可度越高和对农村认可度越低的人,他们的文化适应状况越好,由此分析出被调查群体对城市生活的认可度是影响其文化适应的重要因素之一。

## (四) 采取合适的适应行为的群体适应状况较好

交流时使用普通话和有分歧协商解决与文化适应状况显著相关,它们分别在 0.05 和 0.01 水平上显著相关,且发生概率分别为 0.335 和 0.233。这表明,在与城里人交往时,采用普通话作为语言交流和遇到问题时选择协商解决的人群,往往有着较好的适应状况。这说明,某部分群体的文化适应状况与他们所采取的适应行为有显著相关,采取合适的适应行为的群体会有较好的适应状况,因此,提高这部分群体自身的素质和引导他们采取合适的适应行为会提高他们的文化适应状况。而交流时注意穿着则与文化适应状况没有显著相关性。

### （五）积极参加社区活动的群体适应状况较好

提前了解城市生活和通过社区活动适应这两个因素对文化适应有影响，它们分别在 0.01 和 0.05 水平上显著相关，且发生概率分别为 0.161 和 0.491。这表明，提前了解城市生活的群体有着较好的文化适应状况，因为他们对即将面临的不同文化交流中可能出现的冲突和矛盾有所了解与准备，也就比没有准备的人有更好的文化适应状况；通过社区活动适应的人有较好的文化适应状况，则凸显了社区在群体文化适应中的重要作用。

### （六）被剥夺感低的群体适应状况较好

与文化适应状况显著相关的因素是感觉工作方面受到歧视，它与文化适应状况在 0.05 水平上显著相关，且发生概率为 0.325。它与因变量是同方向变化的，也就是说，越有这种感觉的人，他们的文化适应状况越不好，他们感受不到公平，并且具有一定的被剥夺感，这十分不利于他们的文化适应。被剥夺感越强烈的人，越会感觉到不公平，从心里面开始抵触新环境，抵触改变，因此他们的文化适应状况就会比较差。

## 四、改善文化适应状况的建议

### （一）提高目标群体自身文化水平

根据对控制变量的分析，受教育程度和是否为独生子女对文化适应状况有影响。因此，不断提高农村外出务工人口的受教育水平是改善他们文化适应状况的一个办法。除了严格执行九年义务教育外，也要采取多种方式帮助他们学习更多更全面的知识，提高其自身文化水平。

## （二）重视改善独生子女的文化适应状况

由于独生子女的文化适应状况比非独生子女的文化适应状况要差，因此，有针对性地采取相应措施，改善独生子女的文化适应状况也是十分重要的。比如有计划地提高农村养老服务水平，使独生子女的农村外出务工人口免去后顾之忧，可以改善他们的文化适应状况。

## （三）提高目标群体对城市生活的认可程度

根据对文化接受的分析，对城市生活的认可度是影响农村外出务工人口文化适应状况的重要因素之一。对身处的新环境有着很高的认可度，是尽快融入新环境的首要因素。如果他对自己将要面对的环境有着不确定性甚至不信任感，这会降低其文化适应的积极性，从而影响其最终融入的效果。因此，要使得这部分人有较好的文化适应状况，不断提高他们对城市的认可度是一个有效的方法。对文化接受数据的回归分析，也表明了这点。这部分人既然选择了外出务工，选择了到城市里生活，不论当初的动机是主动还是被动，他们必须要面临改变与适应。如果他们自身对这种改变和适应有着较为清醒的认识和提前的准备，文化适应可能就会有一个好开端。为此，可以增加城市与农村之间的交流，无论是在经济还是文化方面。在经济方面，乡镇企业是已有比的较好的方式；在文化方面，可以通过举办类似于城乡广场舞大赛、乡村采风等活动来加深城乡居民之间的交流。广泛的沟通交流带来的是深层次的文化模式的碰撞，虽然碰撞既有火花也有闪电，但是比起一无所知或以偏概全，这种碰撞，在不同文化模式的交流中恰恰会起到重要的作用。

## （四）引导目标群体采取合适的适应行为

根据对适应行为的分析，采取的文化适应行为对文化适应状况有影响，合适的适应行为会提高文化适应水平，改善文化适应状况。根据问卷调查，这部分群体的文化水平和收入水平相对于普通农民工来说是比较高的，这就决定了他们在面对不同环境的挑战时，往往愿意选择主动去模仿，改变自己原来的行为，使自己变得"合群"，以此来减少处于新环境中的不适应感和紧张感。他们来到城市的最终目的是彻底融入城市，成为城市居民，而不仅仅是求得比农村更高的收入和丰厚的物质享受。对适应行为数据作回归分析，选择采用普通话与城里人交流说明了这点。因此，培养农村外出务工人口的适应主动性，使他们发自内心地适应城市环境，并且积极引导他们采取合适的适应行为进行文化适应，对于改善其文化适应状况有一定作用。主动性的培养和激发，除了自身的内因外，外部环境的外因刺激也十分重要。因此，可以发布具有引导性的针对这部分人群的福利方针政策，使他们感受到未来在城市拥有优质生活的可能性，这种优质生活不仅指富足的经济，还指公正平等的教育和福利，如果城市给予他们足够的善意和信心，相信他们的文化适应状况也会趋于理想状态。

## （五）积极发挥社区的作用

根据对适应途径的分析，提前了解不同的文化环境和社区对文化适应有影响。提前了解城市生活，可以通过举办各种活动来进行，同时，通过城乡居民委员会或者第三方机构诸如社会工作机构，为这部分人口作适应力评估，并针对评估情况对他们所存在的问题提出相关建议，促使他们不断改进为良好的文化适应状况奠定基础。

## （六）努力发挥政府的作用

根据对适应心理的分析，不公平感和相对剥夺感对农村外出务工人口的文化适应状况有影响。为此，政府要在提高农村外出务工人口的文化适应状况方面做些努力。如尽可能减少城乡鸿沟式差别，让文化模式之外的差距不要太大；重视社区在这方面发挥的作用，积极协调人力物力财力支持社区和其他相关组织的发展；尽可能出台相关政策保障农村外出务工人口的相关权益，无论是就业、教育还是社会保障，尽量没有遗漏。要重视城乡矛盾的调节，维护农村外出务工人口的权益的同时，也要注重城市居民的感受，尽量在全社会营造公正平等的氛围，使这部分群体减少不公平感和被剥夺感，从而改善他们的文化适应状况。

## 参考文献

[1] 焦连志. 论农民城市化进程中的文化适应[J]. 长白学刊，2009（4）：1-3.

[2] 窦殿毅. 文化融合和农业转移人口市民化的进程——基于三个不同规模城市（城镇）的调查[J]. 城市社会，2016（4）：1-2.

[3] 孙丽璐. 农民工的文化适应研究[D]. 重庆：西南大学，2011.

[4] 王亚鹏，李慧. 少数民族的文化适应及其研究[J]. 集美大学学报，2004（3）.

[5] 王思斌. 社会工作概论[M]. 北京：高等教育出版社，2007：74-75.

[6] 张文礼. 论少数民族流动人口的城市文化适应问题[J]. 西北民族大学学报，2013（3）：74-76.

[7] 王中会，张盼. 流动儿童社会认同与文化适应的相关研究[J]. 中国特殊教育，2014（12）：54-56.

[8] 史斌. 不再沉默的城市他者：新生代农民工社会距离研究[M]. 杭州：浙江大学出版社，2015：121-124.

[9] 耿玉玲. 影响少数民族学生学习策略选择的因素：以上海七宝中学内地高中班少数民族学生为例[J]. 吉林省教育学院报，2012（3）：2-3.

[10] 梁丹. 见文化之分整 见文化之异同：浅析文化适应[J]. 广东石油化工学院院报，2011（2）：76-77.

[11] 王毅. 文化适应对少数民族大学生的心理影响及对策研究[J].

改革与开放，2011（5）：5-7.

[12] 黄兆信，潘旦，万荣根. 农民工子女融合教育：概念，内涵及实施路径[J]. 社会科学战线，2010（8）：199-204.

[13] 冯帮. 流动儿童城市文化适应调查报告[J]. 上海教育科研，2011（4）：3-5.

[14] 田丽，邹丽萍. 中国城镇化进程中的文化融合问题——基于乡土文化的视角[J]. 学习论坛，2016（4）.

# 第八章 新生代农民工文化适应状况研究

## 一、引 言

### （一）问题的提出

改革开放以来国家经济状况得到了极大改善，生产力的发展以及生产方式的变革致使农村劳动力得到极大解放。农民纷纷脱离土地涌入城镇务工，投身于建筑业、制造业等。改革开放以来的"民工潮"产生了庞大的农民工群体。他们为国家的工业化和城镇化发展付出了不竭的努力。然而，他们在融入城市的过程中却存在很多问题，诸如被城市居民歧视、医疗卫生条件差、住房得不到保障等。

今天，我国农民工数量仍然庞大，但其内部结构发生了许多变化。据统计，2017 年中国农民工数量达到 2.865 2 亿人。其中"80 后""90后"在农民工外出打工的 2.865 2 亿人中占到 60%[1]。这些农民工被称为"新生代农民工"。他们很早就进入社会，徘徊在城市和农村之间。他们基本没种过地，几乎没有务农经历，他们认同城市甚于农村。然而，受经济收入和文化水平等因素的影响，他们缺乏对城市的归属感。他们出身于农村，却不像父辈那样依恋土地，与农村也日渐疏远。城市对他们来说，是一种不同的生活方式，也意味着不同的命运。随着老一辈农民工返乡浪潮的到来，新一代农民工对城市建设和工业化发挥着越来越重要的作用。外出务工的经历让他们直白地看到城乡之间存在的巨大差异，城市便利的交通条件、良好的教育条件以及高层次的医疗卫生条件，使他们执着地向往着"市民化"的生活。但城市生活成本、户籍制度、社会歧视等种种因素却摆在他们现实的面前。城市的生活方式改变着他们对农村的认同，他们成为既不能融入城市，又不能返回农村的"边缘人"，随之而来的社会认同水平低、城市居民的歧视、不公平的待遇、自卑的心理日益成为围绕在他们左右的难题。新生代农民工的城市融入与文化适应也日益成为全社会关注的焦点。

2010年，中央一号文件首次使用"新生代农民工"一词，呼吁采取针对性措施，表达了中国政府对他们的高度重视。关于农民工的问题，学术界从城市融入、身份认同等角度进行了研究，但是以农民工的生活方式、生活观念、心理归属感等作为研究背景，以新生代农民工为研究主体，以其文化适应作为城市融入的根本着手进行研究的资料还比较欠缺。因此，本章从其文化适应的角度出发，从务工动机、适应行为、适应途径、适应心理四个方面进行分析，本章概括了新生代农民工文化适应的现状和存在的问题，并探究了他们文化适应的影响因素。

## （二）研究意义

### 1. 现实意义

农民工作为中国最大的迁移群体，对国家城市化和现代化发展都有重要的作用。新一代农民工相对老一辈农民工有着其自身的特质。他们倾向定居城市，向往"市民化"的生活。然而他们在城市生活中却有大量的问题，诸如城市居民冲突之类等社会治安事件频发等。这些问题促使我们对其城市生活进行反思，努力追溯这些现象的源头。本章通过对新生代农民工文化适应的现状描述探究影响这一现状的因素，分析其文化适应存在的问题，引起有关学者和社会的广泛关注，进而寻求解决农民工文化适应问题的策略，以此促进他们的城市融入。

新生代农民工文化适应问题的根源是庞杂且多方面的，有其自身因素，也有社会的因素。本章通过对其文化适应状况的分析，寻找其自身存在的问题，探究影响其文化适应的因素，使其对自身的文化适应障碍有一个大致的体会，觉察自身存在的问题。同时为其提供解决问题可供参考的建议，以促进其自身的成长，进而更好地适应城市生活，更健康地融入城市。

2. 理论意义

新生代农民工逐渐引起社会和政府的重视，他们的城市生活和文化适应也变成社会所讨论的焦点，也应是社会工作所研究的领域。社会工作是一种以利他主义价值观为指导，使用科学方法助人的活动。研究他们的文化适应状况，分析其城市生活中的问题，追溯其文化适应问题的影响因素，探索其文化适应问题解决的策略，协助他们重拾信心、解决困境，重新融入社会，是社会工作的职责和使命。同时，这一研究，也有利于丰富社会工作对他们的认知，从而完善社会工作的学科建设。

对农民工的研究主要在经济学、社会学等领域。社会工作对农民工问题虽有涉及但仍然较少，对新生代农民工文化适应问题的研究更加缺乏。本章从社会学角度出发，运用社会工作的知识，综合分析新生代农民工文化适应的问题，在做到理性分析的同时给予他们以社会工作的人文关怀，与此同时也拓宽了社会工作的研究领域。

## （三）相关研究综述

新生代农民工作为承接与接替老一辈农民工的最大的迁移群体，已经变成社会关注的焦点。查阅有关资料发现，学术界对他们的研究大体有以下方面。

1. 对新生代农民工城市融入的研究

首先，张蕾、王燕以杭州市为例，从经济整合、行为适应、心理认同三方面对新生代农民工城市融入水平进行了研究。研究发现，新生代农民工的经济收入水平比较低，远未达到杭州市人均居民收入。在消费水平上，新生代农民工的食宿支出占其支出的比例很高。新生代农民工经济整合程度较低。大部分新生代农民工对本地的习俗不熟悉，仍处于接受和熟悉当地的生活习俗过程之中。很多新生代农民工认为他们在城市生活了很久，不属于农民的范畴。但与此同时，户籍、社会福利和社会保障等因素的阻碍使他们对本城市缺乏归属感。由此可见，他们的城市融入仍处于较低水平[2]。

其次，谢勇从就业稳定性、流动性方面着手研究新生代农民工的城市融入。研究发现，他们存在就业的稳定性差、流动性强等特点，并伴随更换工作单位和工作城市频繁的倾向。他们就业的稳定性与其城市融入有着密切的关系。在经济融入方面，新生代农民工的就业稳定对他们的工资水平具有显著的积极意义。在社会融入方面，其就业稳定有利于他们与城市居民进行社会交往。在心理融入方面，其就业稳定对其定居意愿和身份认同也有着积极的影响[3]。

2. 对新生代农民工市民化的研究

李练军对新生代农民工市民化能力进行了分析，他认为新生代农民工市民化的水平取决于他们市民化的能力。其市民化的意愿和市民化的能力是他们市民化过程中必不可少的两个因素。社会资本、人力资本、制度因素对他们市民化的能力都具有显著影响[4]。

姚植夫、薛建宏对新生代农民工市民化意愿的影响因素进行了分析。研究发现，个体发展认知、生活境遇认知、家庭资本对其市民化意愿有显著影响。其中，个体发展认知的影响最显著。因此，提高他们的家庭资本水平和促进个体认知的发展，改善他们的生活条件，可以促进其市民化意愿的提高[5]。

3. 对新生代农民工文化适应的研究

赵耀对新生代农民工文化适应问题进行了分析。研究发现，新生代农民工普遍存在选择工作困难、与人交往困难、对自我的认知比较消极、对城市缺乏归属感等问题。他们无法适应城市生活是导致这些问题的主要因素。文化水平与职业期待不匹配是导致这些问题的重要因素，城市的社会环境诸如政策和制度因素、工作单位的因素是这些问题加剧的主要推动力。解决新生代农民工的文化适应问题，首先他们要积极调整自身的状态，增强自身的文化适应力。其次政府要对农民工提供政策上的支持和保障，并且保障他们的各项权益。最后要加强对社会的引导，必须有改造社会的大环境，企业和城市居民都应该以宽容的心态来接受新生代农民工[6]。

## （四）研究方法

### 1. 文献研究法

在研究过程中通过网络、图书馆搜集有关新生代农民工及其文化适应的相关文献，并对这些资料进行整理、分析，了解他们文化适应的状况，为研究提供理论支持。

### 2. 问卷调查法

根据研究需要制定了调查问卷对调查对象进行研究。以在不同地市务工的农民工为研究对象，共发放 400 份问卷，共回收 356 份有效问卷。其中男性 181 份，女性 175 份。在整理原始数据之后进行统计分析。

### 3. 个案访谈法

在研究过程中，选取四位新生代农民工典型代表进行个案访谈，并对访谈内容进行分析，以对其文化适应状况及影响因素进行分析。

## 二、新生代农民工文化适应状况与影响因素分析

### （一）文化适应的概念

文化适应的概念最早由雷德菲尔德（Redfiled）提出。他认为文化适

应是一个过程，在此过程中，来自不同文化模式的社会群体，经过长期的、进行持续不断的、直接的接触，接触的其中一个群体或是两个群体原来的文化模式逐步发生改变的过程[7]。文化适应具体表现为生活方式、工作状况、社会交往、心理状况等方面的变化[8]。本研究从这四个方面对新生代农民工的文化适应状况进行了分析。

## （二）新生代农民工的文化适应状况

为了研究新生代农民工的文化适应状况，制定了调查问卷对调查对象进行研究。以在不同地市务工的农民工为研究对象，共发放 400 份问卷，共回收 356 份有效问卷。其中男性 181 份，女性 175 份。男女比例分别为 50.8% 和 49.2%。其中未婚者 53.9%，已婚者 43.5%，其他情况 2.5%。年龄在 25 岁及以下的样本比例为 51.6%，26～40 岁的样本比例为 34.6%，40 岁以上的样本比例为 13.8%。其中 28.7% 的人来自独生子女家庭，71.3% 的人来自非独生子女家庭。此外，学历水平为初中及以下的 27.2%，高中及专科的 40.4%，本科及以上的 32.3%。根据调查问卷及数据的分析，研究发现：

1. 生活适应状况

新生代农民工进行城市生活是其城市活动中的基础性活动，而进行城市生活的物质基础又是经济状况，而他们的城市生活适应状况不容乐观。他们在城市生活中主要面临经济状况差的困境。经济收入和城市生活经济状况是农民工城市生活的物质基础，是他们进行城市生活和文化适应的基石。问卷调查（见表 8-1）发现，他们的经济状况依然处于较低水平。虽然他们已经具备了一定的城市生活消费能力，但是他们仍然处于较低的生活水平，他们缺乏长久的城市生活能力和房屋购买能力。他们的经济收入水平也较低，调查显示，其中月收入低于 3 000 元的占比超过半数（55%）。他们的工资水平普遍较低，经济状况较差。

表 8-1　感觉在城市生活经济上面临很大困难

| 项　目 | 频　数 | 频　率 |
|---|---|---|
| 非常符合 | 56 | 15.7% |
| 符　合 | 133 | 37.4% |
| 不确定 | 97 | 27.2% |
| 不符合 | 55 | 15.4% |
| 极不符合 | 15 | 4.2% |
| 合　计 | 356 | 100.0% |

由表 8-1 可以看出，其中超过半数的人（53.1%）感觉在城市生活经济上面临很大困难。他们经济上的困难势必会对他们的城市融入和文化适应带来不良的影响。缺乏足够的经济支持，他们的城市生活并不幸福。缺乏长远的城市生活能力，无法长期在城市生活，也会导致他们对城市缺乏归属感。

2. 工作适应状况

工作是新生代农民工在城市的主要活动之一，是他们进行城市生活的主要支持力量和进行文化适应的主要途径之一。他们的工作适应存在一些问题，其中最突出的是就业稳定性差。就业的稳定性是新生代农民工文化适应状况的直接体现，更换工作的频率与在该城市工作生活的时间与农民工文化适应的状况息息相关，在该城市生活时间越长，工作越稳定，表明农民工越渴望留在该城市，也表明他们的文化适应状况是越好，反之亦然。问卷调查（见表 8-2）表明他们的就业稳定性不容乐观。

表 8-2　这是您在该城市的第几份工作

| 项　目 | 频　数 | 频　率 |
|---|---|---|
| 第一份 | 195 | 54.8% |
| 第二份 | 84 | 23.6% |

| | 频数 | 频率 |
|---|---|---|
| 第三份 | 48 | 13.5% |
| 第四份及以上 | 29 | 8.1% |
| 合计 | 356 | 100.0% |

由表 8-2 可以看出，新生代农民工在该城市从事的第一份工作的占比为 54.8%，第二份工作的为 23.6%，第三份工作的为 13.5%，第四份工作的为 8.1%。虽然从事第一份工作的占比超过半数，但仍有近半数的新生代农民工从事的工作不是第一份。由此可见，在新生代农民工中普遍存在就业稳定性差的问题。他们频繁地更换工作也表明了他们对工作岗位和工作环境的适应状况较差。

3. 交往适应状况

与城市居民进行交往是新生代农民工城市生活的重要组成部分，也是他们进行城市融入和文化适应的重要途径。只有在与当地居民交往的过程中学习当地的风俗和习惯，主动接受当地的文化，才能够更好地融入当地居民，才能更好地适应当地和城市的文化。与市民相处的过程便是主动学习和接受城市文化的过程。然而，在他们的城市生活中，他们与城市居民的交往却存在一些问题（见表 8-3）。

表 8-3　经常和城里人在日常生活中打交道

| 项目 | 频数 | 频率 |
|---|---|---|
| 非常符合 | 43 | 12.1% |
| 符合 | 67 | 18.8% |
| 不确定 | 90 | 25.3% |
| 不符合 | 113 | 31.7% |
| 极不符合 | 43 | 12.1% |
| 合计 | 356 | 100.0% |

由表 8-3 可以看出，经常和城里人在日常生活中打交道的仅有很少一部分（30.9%）。缺少和城市居民的日常相处便直接导致新生代农民工缺乏对城市文化和风俗习惯的认知，同时也减少了城市居民了解他们的机会。新生代农民工缺乏与城市居民的交往也造成了他们之间的隔绝，从而对其城市融入和文化适应造成潜在的壁垒。在与城市居民相处的过程中，他们或多或少地会感觉到与城市居民交往时有隔阂。这种隔阂造成他们更少地与城市居民交往，他们更倾向同类人（农民工）交往。这种"内卷化"或者"过密化"的交往方式，会造成他们与人交往的边际效用递减。农民工内部之间的交往过密，他们所学习和接受的文化也仅仅是农民工内部的文化和生活方式。这种交往方式会导致他们与城市居民交往更少，更加不利于他们学习和接受城市的文化和生活方式，也就意味着更不利于他们的文化适应。

4. 心理适应状况

在新生代农民工城市生活和文化适应的过程中，他们的心理适应是文化适应的较高层次的要求，也是他们进行城市生活和文化适应不可或缺的途径。心理适应简单来说是一种自我认同，这种认同具体表现为对自我身份的认同、对农村与城市生活方式的认同。然而，他们的自我认知存在偏差。在对自我身份的认同上，他们存在传统的认知，认为与城市居民相比自己出身农村，身份比较低下，也因此会对自我身份产生自卑心理。

在城市生活中，他们会很在意城市居民的看法或评价，并以此作为自己行为的参考依据。由此可见，他们在心理上没有把自己当成和城市居民平等的居民来看待，他们对城市生活和城市文化仍然缺乏归属感。新生代农民工大都较早进入城市，更倾向认同城市的工作和生活方式，他们出身农村却对农村、土地缺乏认同，不想过父辈那样的生活（见表8-4）。城乡之间的巨大差距、城市更好的生活条件使他们向往着"市民化"的生活，但自身收入水平、受教育水平、社会环境的因素却使他们与理想化的生活相背离。他们大都很少有务农经验，他们的生活方式与农村也有了差异，由此导致他们既无法成功地融入城市，也不能适应农村生活的境地，并由此产生对农村和城市文化认同的困惑。

表 8-4  不想过像祖父母、父母那一代的生活

| 项目 | 频数 | 频率 |
|------|------|------|
| 非常符合 | 98 | 27.5% |
| 符合 | 151 | 42.4% |
| 不确定 | 62 | 17.4% |
| 不符合 | 29 | 8.1% |
| 极不符合 | 16 | 4.5% |
| 合计 | 356 | 100.0% |

从新生代农民工文化接受方面来看，由表 8-4 可以看出，新生代农民工的绝大多数（69.9%）不想过祖父辈或者父辈那样的生活。他们更向往城市的生活，对农村生活和农村文化缺乏基本的认同，更无法接受农村的生活方式。他们不会像祖父辈或者父辈那样从事农业活动，他们对农村和土地缺乏依恋。所以他们无法适应农村的生活方式，也意味着他们无法也不想返回农村。

## （三）新生代农民工文化适应影响因素分析

新生代农民工在城市生活中、在文化适应过程中有着这样或那样的问题。为了探究这一问题的影响因素，本研究将生活适应结果、工作适应结果、交往适应结果、心理适应结果与可能相关的影响因素进行线性回归分析。进行回归分析的变量有性别、城市更高的收入、感觉城市生活方式更好、感觉已经和城里人没有太大区别（自我身份认同）、经常和

城里人在日常生活中打交道（与市民交往频率）、感觉在城市社会保障和城里人有很大区别（有区别的社会保障）、感觉到在城市在用工方面受到了不公平的待遇（不公平的用工待遇）七个自变量，建立了有关其文化适应影响因素的四个模型（见表8-5）。

表 8-5　新生代农民工文化适应影响因素的回归分析

| 变量 | 模型 1 生活适应 | 模型 2 工作适应 | 模型 3 交往适应 | 模型 4 心理适应 |
|---|---|---|---|---|
| 性别 | −0.019（0.072） | 0.016（0.069） | −0.023（0.079） | 0.036（0.111） |
| 城市更高的收入 | 0.105（0.043）** | 0.165（0.041）**** | 0.095（0.047）** | −0.004（0.066） |
| 城市生活方式更好 | 0.046（0.037） | 0.025（0.035） | −0.029（0.041） | −0.118（0.057）** |
| 自我身份认同 | 0.407（0.040）**** | 0.398（0.039）**** | 0.544（0.045）**** | −0.082（0.063） |
| 与市民交往频率 | 0.258（0.044）**** | 0.161（0.042）*** | 0.211（0.048）**** | 0.064（0.068） |
| 有区别的社会保障 | 0.018（0.041） | −0.002（0.040） | −0.032（0.045） | 0.249（0.064）**** |
| 不公平的用工待遇 | 0.042（0.038） | 0.167（0.037）**** | 0.015（0.042） | 0.306（0.059）**** |
| N | 356 | 356 | 356 | 356 |

注：*表示 $P<0.1$，**表示 $P<0.05$，***表示 $P<0.01$，****表示 $P<0.001$。

1. 影响生活适应的因素

在模型 1 中，影响生活适应的因素有城市更高的收入、自我身份认同、与市民交往频率。其中，城市更高的收入对生活适应的影响较小，显著性也较弱。自我身份认同和与市民交往频率对生活适应有较强的影响，显著性很强，其标准回归系数分别为 0.407、0.258（$P<0.001$）。而性别因素对生活适应基本没有影响。

2. 影响工作适应的因素

模型 2 中，影响工作适应的因素较多，主要有城市更高的收入、自我身份认同、与市民交往频率、不公平的用工待遇。其中，与市民的交往频率对工作适应的影响较弱，标准回归系数为 0.161（$P<0.01$）。城市更高的收入、自我身份认同、不公平的用工待遇对工作适应有较强影响，其标准回归系数分别为 0.165、0.398、0.167（$P<0.001$），它们的影响比较集中且具有较强的显著性。同样的，性别因素对工作适应也没有显著影响。

3. 影响交往适应的因素

在模型 3 中，影响交往适应的因素有城市更高的收入、自我身份认同、与市民交往频率。其中，城市更高的收入对交往适应的影响较小，显著性也较弱。而自我身份认同和与市民交往频率对交往适应有较强的影响，显著性很强，其标准回归系数分别为 0.544、0.211（$P<0.001$）。

4. 影响心理适应的因素

模型 4 中，影响心理适应的因素有城市生活方式好、有区别的社会保障、不公平的用工待遇。其中，城市生活方式对心理适应的影响较小，其标准回归系数为 0.118（$P<0.05$）。而有区别的社会保障和不公平的用工待遇对心理适应有显著影响，其标准回归系数分别为 0.249、0.306（$P<0.001$）。社会环境的不公平、各种不公平的待遇是影响其心理适应的主要因素。

5. 文化适应总体影响因素

通过上述四个模型可以发现，影响新生代农民工文化适应的因素主要有收入、自我认同、社会交往、社会环境。它们在其城市生活和文化适应过程中影响着他们的生活适应、工作适应、交往适应、心理适应等方面。具体影响因素如下：

第一，收入因素。在新生代农民工文化适应状况中，研究发现他们的收入水平较低且城市生活中经常会面临经济上的困难。他们与老一辈农民工相比，有更高的受教育水平。与此同时，他们的需求与老一代农民工也有较大的差别，他们不仅仅追求基本的物质保障，还向往更高层次的物质生活，也追求更加丰富的精神生活。他们的基本生存都不成问题，因此他们往往会向往较高层次的生活。

随着生产方式的变革、国家经济的发展，他们的收入也有所提高。但是综合物价水平来看，他们的收入虽然有所提高，但生活质量并没有显著提高。农民工的经济状况差，不仅是针对社会发展水平而言，与城市居民相比他们的经济生活也时常面临困难，收入水平比较低。收入水平的差距以及经济生活的差异，使新生代农民工感受到自身与城市居民的巨大差异，这种差异使他们缺少自我身份认同，从而对城市缺乏归属感，这不利于他们的城市文化适应。

"在农村的时候，2000块钱可以花很久很久。但是在城里就显得很拮据了，出去上上网，和朋友们去唱唱歌，偶尔去喝点酒。什么东西也没买，钱就莫名其妙地花光了。""城里人多好，他们可以在公司里上班，既不用出大力气又可以有很高的收入，而且他们的工作还那么稳定。哪里像我们，收入低不说，还不一定什么时候就丢了工作。"

从访谈记录中可以发现，农村和城市的收入水平、消费水平的巨大差异让新生代农民工产生强烈的差距感，他们向往城市居民的工作和生活水平。收入是新生代农民工在城市从事一切活动的物质基础，收入较低以及由此产生的差距感是影响其文化适应的关键因素。

第二，自我认同因素。新生代农民工更加认同城市的工作和生活方式，并想借此最终变成城里人。他们认为城市生活方式比农村更好，他们也不想再过祖父辈或父辈那样的生活。他们的自我认同体现了他们对自我的定位，与他们的城市文化适应紧密相关。

"我在城市里工作和生活了七八年了，我很早之前就来到了这座城市，我感觉在这里比农村生活得更好，而且我的子女可以接受比较好的教育。我想一直在这里生活，我适应不了老家的生活方式，在我来到这座城市之前我在老家就没有种过地，这么多年过去了我更不会种地了啊。而且我也不喜欢干农活。"

在访谈记录中发现，很多新生代农民工很早就进入城市，他们喜欢城市的工作和生活方式，而且喜欢城市的各种生活条件。他们中的大部分人认为，自己在城市里生活了很多年，不能称自己为农村人了。但是他们和城市居民又存在很大的差异，比如在文化水平、自身素质方面。所以，他们认为自己也不算真正意义上的"城里人"。他们对城市的认同大于对农村的认同，由于长期脱离农村，他们对农村和土地缺乏感情，也无法适应农村的生活方式。他们对自己身份认知存在障碍，导致他们对自己的未来，对自己该何去何从感到迷茫。

第三，社会交往因素。在新生代农民工文化适应状况中，研究发现他们和城市居民的交往频率较小，而且在与城市居民交往时会感觉到有隔阂。新生代农民工出身农村，其身上不可避免地带有乡土文化的特质，他们以业缘关系和地缘关系为基础来建立自己的社交网络，从而形成社交网络的差序格局。他们认为和老乡、工友、同事交往会更加自然，而且更有安全感。他们身上带有农村文化的特质，诸如农村的习俗和习惯、思维方式等。而这些特质和城市文化不可避免地会发生冲突。

"我们工作时间很长，很少有休假的机会。在日常生活中我主要接触的是我的同事和工友，在闲暇的时候我会找一些老乡喝点酒，一起唱唱歌什么的。即使我想和城里人交往也没有什么机会啊。""我感觉我们没有什么需要和城里人交往的啊，我们和他们也没有什么共同话题可以聊的，而且和他们相处我总会感觉不自然，感觉他们不如老乡和工友亲切。"

从访谈记录中可以发现，他们的工作强度大，工作时间长，休假机会很少。这些因素限制了他们的交往范围，他们交往的人群主要是老乡、工友等农民工群体。他们也没有充足的时间与城市居民进行长期、全面的互动和交往。即使他们想与城市居民交往也显得有心无力。此外，城乡文化之间的差异，使他们和城市居民很少有共同话题可以进行交往。长期保持这样的社会交往状态，使得他们的社交范围很小，社交网络质量也较差，而且缺乏扩大社交网络的节点。这些主观或客观的因素导致新生代农民工与城市居民之间的交往很少，从而导致他们很难长期、全面地地了解城市的文化和风俗习惯，使他们的文化适应变得更加困难。

第四，社会环境因素。我国长期以来实行的户籍制度导致了"城乡二元结构"的格局。虽然现在对流动人口的限制逐渐降低，但户籍制度仍然与社会福利制度、社会保障制度、教育条件紧密相关。由于户籍制度因素的影响，他们虽然离开了农村却不能摆脱"农民"的身份，在城市生活也不能平等地享受城市生活的优越条件。由于户籍制度和历史因素的影响，城市居民在教育、经济、社会福利等方面享有更好的待遇。这些现状影响新生代农民工的身份认知，使他们对自己的身份陷入困惑，也会给他们的文化适应造成心理障碍。

## 三、对新生代农民工文化适应的建议

### （一）提高自身素质，改变自我认知

自身素质和自我认知对其文化适应具有很大的影响。在其文化适应的过程中，他们自身的素质仍稍显不足。首先，他们应从自身出发，树立学习意识，努力提高自身的心理素质、文化素质以及职业技能素质。

积极主动地学习城市的文化和风俗习惯，加强自身的职业技术培训。其次，要改变对自身的认知，每个人都有自身的独特性，新生代农民工要善于发现自身的优点和良好品质，正确地认识自我。当今社会是一个民主与公平的社会，不存在身份的尊卑，新生代农民工要改变城里人优越而农村人卑微的传统思想观念，树立平等的意识。通过自身素质的提高与自我认知的转变，来改善他们身份自卑、职业自卑的状况，促进他们更好地进行城市生活。

### （二）改善新生代农民工的经济状况

经济条件是进行一切城市生活的物质基础，缺乏经济条件的支持就难以进行良好的城市生活和城市文化适应。针对新生代农民工经济收入水平低、就业稳定性差的状况，企业和用人单位应以积极主动的姿态来改善他们的经济条件，适当提高新生代农民工的工资水平，来增加他们的生活保障。与他们签订劳动合同，并严格遵守劳动合同，不对他们随意解雇，以此来增强他们的就业稳定性。为他们提供一个较为稳定的工作和生活环境，也为他们的文化适应提供有力的支持。企业和用人单位作为新生代农民工工作和生活的重要场所，也应该主动地为其提供有力的支持，为其提供知识和职业技能教育，为其创设和谐向上的文化气氛。也应为他们组织多种多样的文化活动。此外，企业和用人单位应该建立健全工作和休假制度，为他们接受与适应城市文化提供时间保障，促进他们更好地接受与适应城市文化。

### （三）主动改善社交网络

社会交往是新生代农民工进行城市生活的重要组成部分，社交网络也是影响其文化适应的重要因素。扩大社交网络、建立良好的人际关系有利于他们在城市生活中获得情感与心理上的支持。首先，在城市生活中，他们应主动地去认识和结交城市居民。在与城市居民交往和沟通的过程中，他们与城市居民相互了解，建立友谊，以此来获得情感与心理上的支持，也可以学习他们身上的城市文化特质，积极主动地学习城市文化，更有利于他们的文化适应。其次，新生代农民工应打破传统的社交网络，将交往范围扩大，而不仅仅限于和老乡或工友之间的交往，应积极主动地结识城市居民。以一种主动的态度去交往，也有利于增进城市居民对他们的了解，改变对他们的印象。最后，在与城市居民交往的过程中，改变自身所带有的农村文化特质与生活方式和生活习惯，学习城市的文化和生活方式，以此来发展自身的城市文化和生活习惯。通过改善社交网络，可以改变他们社会交往"内卷化"的困境，也可以增强他们对城市的归属感，有利于他们更好地进行城市生活和城市文化适应。

### （四）社会环境应积极接纳新生代农民工

第一，国家和政府应着手改革户籍制度。长期以来的城乡二元结构导致农村与城市的不平等待遇，国家和政府应着手进行改革，打破农民与城市居民的不平等的身份限制，消除农业户口与非农业户口的区分，从而实现农民工与城市居民身份的真正平等。

第二，完善社会保障和社会服务制度。国家和政府应该加强对他们的社会保障，将他们划入社会保障的范围，实现农民工与城市居民享受同等的社会福利和社会保障。此外，也应该加强对他们的服务，为他们提供就业与职业技能等方面的服务，切实维护农民工的各项权益。

第三，城市居民应改变对农民工的刻板印象。城市居民应主动地与新生代农民工进行交往和沟通，走进他们的生活与内心世界，加强对新生代农民工的了解，改变自身对他们的传统认知。在交往与沟通的过程中，城市居民与他们建立友谊。其次，城市居民应该对其更加包容，主动地接纳他们，正确认识农村文化和生活习惯与城市文化的差异，包容他们所带有的农村文化特质和风俗习惯，并在心理上真正地认可他们。

### （五）发挥社工的作用

社工作为专业的助人机构对新生代农民工的文化适应具有重要的作用，应加强对新生代农民工的关注，走进他们的生活，了解他们的现状，听取他们的心声和诉求。在新生代农民工面临经济与生活的困难时，社工应主动地帮助他们寻求资源帮助，联系相关部门切实解决他们的经济与生活困境。在新生代农民工出现内心冲突与心理障碍时，社工应给予他们更多的关怀，做一个积极的倾听者。发现他们的心理问题，应及时给予心理上的疏导，使他们恢复正常的社会功能，并进行正常的工作与生活。在新生代农民工文化适应的过程中，社工应该充分发挥助人自助的职能，运用专业知识与技能促进新生代农民工更好地进行城市生活与文化适应。

## 参考文献

[1] 数据来源于中华人民共和国国家统计局.

[2] 张蕾，王燕. 新生代农民工城市融入水平及类型分析——以杭州市为例[J]. 农业经济问题，2013（4）：23-28.

[3] 谢勇. 就业稳定性与新生代农民工的城市融合研究——以江苏省为例[J]. 农业经济问题，2015（9）：54-62.

[4] 周密，张广胜，杨肖丽，等. 城市规模、人力资本积累与新生代农民工城市融入决定[J]. 农业技术经济，2015（1）：54-63.

[5] 李练军. 新生代农民工融入中小城镇的市民化能力研究——基于人力资本、社会资本与制度因素的考察[J]. 农业经济问题，2015（9）：46-53.

[6] 姚植夫，薛建宏. 新生代农民工市民化意愿影响因素分析[J]. 人

口学刊，2014，36（3）：107-112.

[7] 张海钟. 中国区域跨文化心理学[M]. 北京：人民出版社，2012.

[8] 洪秋兰，林媛.新生代农民工城市文化适应的三维度评估——一份实证调研数据的发现[J].国家图书馆学刊，2018（2）.

[9] 邹显林. 新生代农民工文化适应总体状况调查研究[J]. 职教通讯，2013（16）：41-45.

[10] 赵耀. 新生代农民工文化适应问题探究[J]. 新乡学院学报，2017，34（11）：23-25.

[11] 邹显林. 新生代农民工文化适应影响因素分析[J]. 职教通讯，2012（10）：19-21.

[12] 王巧利. 生活方式视角下新生代农民工文化适应研究[D]. 长春：吉林大学，2013.

[13] 邵东珂，范叶超. 新生代农民工文化适应调查研究[J]. 集美大学学报（哲社版），2011，14（2）：114-119.

[14] 孟利艳. 新生代农民工的文化适应偏好与影响因素——基于河南省18个城市的调查[J]. 中国青年政治学院学报，2016（6）：37-43.

[15] 肖菲，邹显林. 新生代农民工文化适应问题及对策研究[J]. 职教论坛，2012（13）：34-37.

# 第九章　新生代农民工的社会心态分析

## 一、引　言

### （一）研究背景及研究意义

1. 研究背景

农民工群体是改革开放、工业化和城市化过程中出现的重要群体，也是中国非农化发展的过程中特有的群体。在社会建设发展过程中，为城市建设、国民经济发展做出巨大贡献，但是却面临诸多现实困境需要解决，如不能享受公平的社会福利政策，同工不同酬，拖欠工资等，这些现实困境使得他们无法适应城市生活，并且受环境影响，他们中有部分人面对无力解决的困境，会采取不同的应对措施，有些甚至会严重威胁城市和谐建设。中共中央、国务院也提出相应文件，要采取措施解决当前问题，推动市民化进程，完善落户政策，建立健全流动人口市民化推进机制，提高城镇建设质量，培养合格社会公民，塑造良好的社会心态[2]。

2. 研究意义

（1）理论意义。

查找文献时发现，现有文献对新生代农民工的研究比较多，专门针对本课题的文献研究有所欠缺，对新研究的指导和借鉴意义存在严重不足。通过分析新生代农民工的心态机制，基于社会工作视角提出研究对策，为进一步研究农民工的社会心态提供借鉴和参考，从而拓宽研究维度和思路，这是包括笔者在内的所有学者的责任和使命。

（2）现实意义。

本研究的调查过程中，体现了调查群体真实的社会心态状况，真切了解他们的城市生活适应情况，为政府提供专业的意见和建议，帮助有关部门制定公平合理的社会福利服务政策。从社会工作专业角度出发，提出社会工作介入的可能性，采取有效措施，塑造新生代农民工群体良好的社会心态，改变不良认知，消除潜在的危险因素，促进社会发展。

## （二）研究设计

### 1. 核心概念

（1）新生代农民工。

本研究认为，新生代农民工是指 1980 年以后出生的，年龄在 36 岁以下，20 世纪 90 年代之后外出务工经商的群体。

（2）社会心态。

界定社会心态从不同角度出发，认识和理解有所不同，本书从社会心理学角度出发，认为社会心态是社会认知和感受、社会态度和社会行为倾向的综合。

### 2. 研究方法

（1）文献研究法。

广泛收集有关新生代农民工社会心态分析的相关资料，掌握有关资料，对相关理论研究进行分析、整理和归纳，对现有观点和思维有选择地进行吸收和利用，同时拓宽自己的研究思路，探索塑造良好心态的思路和途径。

（2）问卷调查法。

针对秦皇岛市某区共发放 1 500 份调查问卷进行实地调查，回收问卷 1 470 份，有效问卷 121 份，在 16 位调查对象中选取 35 位调查对象进行深度访谈，通过两种方法对社会心态的基本情况进行归纳和整理，分析得出相关数据作为本研究的数据基础和立论依据，并从多个方面提出塑造积极健康的社会心态的措施和策略，增加本研究的应用性。

## 二、基本情况及现状分析

### （一）基本人口学特征

问卷调查（见表 9-1）发现，调查对象户籍所在地大多数为农村，充分说明农村有丰富的剩余劳动力，剩余劳动力都选择进城务工、经商，城镇化及城市化水平都在提高，对建设城市具有重要作用。新生代农民工男女比例基本持平，男性比例略高，未婚比例偏高，新生代农民工最大特点就是思想新潮、思维开阔，观念开放，爱情和婚姻观念也同样开放，向往纯真、自由的爱情和婚姻，比较排斥父辈式的相亲或者包办式婚姻。出现此种情况的主要原因有两个：一是自由和开放成为新时代的潮流，传统的"男主外，女主内"观念已经逐渐淡薄；二是新生代农民工追求城市的生活方式，深受男女平等观念的影响，女性不再完全依附男性，并将生活的中心从家庭逐渐转为事业，并且文化程度有所提高，高中及以上占六成；群体年轻，务工年龄大多处于 5 年以下，群体呈年轻化的状态。

表 9-1　基本人口学特征

| 属性 | 类型 | 人数 | 比例 | 属性 | 类型 | 人数 | 比例 |
|---|---|---|---|---|---|---|---|
| 户籍类型 | 农村 | 870 | 71.9% | 婚姻状况 | 未婚 | 710 | 58.68% |
| | 城市 | 340 | 28.1% | | 已婚 | 500 | 41.32% |
| 性别 | 男 | 670 | 55.37% | 年龄 | 30 岁以下 | 950 | 78.5% |
| | 女 | 540 | 44.63% | | 30～35 岁 | 260 | 21.8% |
| 文化程度 | 初中及以下 | 400 | 33.06% | 务工年龄 | 5 年以下 | 730 | 60.33% |
| | 高中 | 370 | 30.58% | | 6～10 年 | 270 | 22.31% |
| | 专科及本科以上 | 440 | 36.36% | | 10 年以上 | 210 | 17.36% |

## （二）生存状况分析

### 1. 从业类型主要是服务业

调查发现，从事建筑业和制造业比例下降，服务业人数增加，占34.71%，建筑业占 19.01%，而制造业仅占 2.48%，餐饮业占 11.57%，个体经营占 20.10%。他们已经不仅仅是单纯解决温饱问题，而是追求自身发展，能够实现自身价值，他们向往大城市的生活环境，追求现代的生活方式。

### 2. 收入增加、生活状况提高

调查显示，月收入为 3 000 元左右的样本占比 35.4%，在 2 000 元左右的是 23.97%，1 000 元以下的仅占 2.48%，3 000 元以上的占比 12.54%。研究发现，他们收入水平提高，经济有所提升，其在解决温饱的同时有能力追求现代生活方式（详细情况见表9-2）。

表 9-2　收入状况

| 项目/元 | 频数 | 频率 |
|---|---|---|
| 1 000 及 1 000 以下 | 30 | 2.48% |
| 1 001 ~ 1 500 | 150 | 12.39% |
| 1 501 ~ 2 000 | 160 | 13.22% |
| 2 001 ~ 2 500 | 290 | 23.97% |
| 2 501 ~ 3 000 | 430 | 35.4% |
| 3 000 以上 | 150 | 12.54% |

### 3. 职业心理预期高

121 位调查对象中有新生代农民工 78 人，占 64.5%，反映现有的收入水平与自身的技术素质不相符，仅有 35.5% 的调查对象认为现有的收入水平与自身的技术素质相符。他们对工作环境、生活条件、工资待遇都有高水平的要求，渴望从事工作轻松，待遇优越，能够拓宽视野，有利于自身发展的职业，对职业的心理预期很高。这也是新生代农民工高频率跳槽的主要原因。

4. 生活压力大，承受能力基本乐观

调查显示，新生代农民工倍感压力的两项内容是物价上涨和住房，分别占 38.02%和 37.19%，而医疗费用占 10.74%，子女教育占 9.09%，其他占 4.96%。他们面对生活压力，33.88%的调查对象表示自己一般情况下承受，33.88%的人基本能够接受，16.53%的调查对象能够接受。因此在面对物价上涨和住房这样的生活难题时，新生代农民工也承受巨大的压力，所承受的压力在自己的能力范围之内（详细情况见表 9-3、表 9-4）。

表 9-3　压力表现

| 项目 | 频数 | 频率 |
|------|------|------|
| 物价上涨 | 460 | 38.02% |
| 住房 | 450 | 37.19% |
| 子女教育 | 110 | 9.09% |
| 医疗费用 | 130 | 10.74% |
| 其他 | 60 | 4.96% |

表 9-4　承受能力

| 项目 | 频数 | 频率 |
|------|------|------|
| 完全不能承受 | 90 | 7.44% |
| 不能承受 | 200 | 16.53% |
| 一般 | 410 | 33.88% |
| 能承受 | 450 | 37.19% |
| 完全能够承受 | 60 | 4.96% |

5. 实际参保率有所提高

参加医疗、养老、工伤、人生意外保险的比例达 69.42%，没有参保的占 20.66%。这说明他们的实际参保程度较高，对社会保障制度比较满意。调查对象参加的医疗保险，所在地为老家，正是国家实施的农村医疗保险。对于外出务工群体而言，在务工所在地无法享有农村医疗保险的相关政策内容，这需要改革相关制度。

## 三、新生代农民工的社会心态分析

关于社会心态的分析，许多学者给出了独特的论点，为后人的研究提供了经验。本章依据杨宜音、李杰等几位学者的观点，从社会情绪、社会认知、社会态度和社会行为倾向四个角度对新生代农民工进行社会心态分析。

### （一）社会情绪

社会情绪是一种感情性因素，是社会成员对生活现象的态度与观点，其变化范围一般在消极与积极之间。所以，在本研究中，一个重要的任务就是，确定新生代农民工在哪些问题上有积极肯定的情感，在哪些问题上产生消极否定的情感。

1. 积极肯定的社会情绪

（1）进取精神。

数据表明，进取精神在新生代农民工中广泛存在。对"您认同'教育成就人生，知识改变命运'的说法吗？"这一问题的调查中，有 73.39% 的调查对象持有认同的态度，只有 26.61% 的调查对象持不认同的态度。这说明新生代农民工能够以积极健康的心态规划人生，能够在工作期间学习先进的生产方式和劳动技能，实现自身的现代化，并且他们能将先进文化带回农村。

（2）具有社会责任感。

有 53.49%的调查对象回答"是否会向特大洪涝灾区捐款？"的问题时表示会主动捐款，有 29.92%的调查对象表示自己也不容易，会少捐或不捐，有 20.08%的调查对象则表示完全不理会。从调查数据分析，新生代农民工具有较强的社会责任感，对提高城市化质量、建设和谐社会具有重要作用。

（3）相信科学。

有 94.7%的调查对象相信科学，仅有 5.7%的调查对象不相信科学。进行深度访谈时，笔者了解到，对"生病是否就医"这一问题的回答，大多数人会选择相信医生，但仍有少部分人思想迷信，盲信鬼神之说。笔者认为大部分新生代农民工思想积极健康，相信科学，理智冷静，但小部分人仍存在思想愚昧，因此，必须积极弘扬社会主义核心价值观，传播优秀文化，抵制腐朽文化，建设文明社会。积极的社会心态对社会的发展有良好推动作用，新生代农民工积极的社会心态居于主导地位，有利于社会整合，有利于促进社会主义市场经济的健康发展，有利于社会风尚建设，有利于农村和城市的交流与传播。

2. 消极否定的社会心态

（1）仇富心态。

对"当今的富人是否为富不仁"这个问题，59.63%的调查对象认同，40.37%的反对。数据表明，新生代农民工群体之间存在较严重的仇富现象。笔者在访谈中了解到新生代农民工认为当今的富人，不少是"不仁而富""为富不仁"，不讲求个人诚信和社会责任感，仇富现象严重。

（2）"金钱至上"的消极心态。

1210 位调查对象中，有 760 人，占 62.9%的调查对象认同，在当今市场关系下，认可"金钱至上""没有钱是万万不能的"说法，还有调查对象表示"有钱好办事"在当今社会中仍然适用。数据显示，传统文化中的金钱理念对他们仍然具有根深蒂固的影响，对发扬社会主义核心价值观具有不利影响。目前，在以习近平同志为核心的党中央的领导下，中国的反腐工作进展势头良好，有助于新时代的年轻人形成积极健康的金钱观和价值观。

（3）法律认同和维权意识淡薄。

法律认同和维权意识的调查中，对"您和您家人的权益得到损害时，您会选择哪一种方式维护自己的权益？"这一问题的回答，40.78%的人表示"告上法庭，通过法律途径解决"，38.89%的调查对象倾向"忍了算了，息事宁人"，20.33%的人则表示会"自己找关系解决"，有50.30%的调查对象认同"中国是一个人情主导的社会，办事情跑关系送礼"的说法，这说明他们维护权益方式水平普遍较低。新生代农民工是不断壮大的群体，存在非良性的社会心态会对社会造成不利影响，会导致信任缺失，造成社会不和谐，阻碍社会变革的进程。

## （二）社会认知

社会认知一般指个体对他人、他人行为及其规律的感知和认知，也指社会成员对某一个社会对象形成的某种共识。在本研究中，社会认知主要指个体之间的相互知觉、归因判断等心理活动。

1. 相对剥夺感

（1）相对剥夺理论。

所谓相对剥夺，指个人将自身的处境及资源，与某一个对象做比较，认识到个人位于不利境地时而有相对剥夺感。当前，随着我国经济发展、法律健全，危及某一个群体生存的绝对剥夺已经不存在，但由于我国处于社会转型期，人们丧失了在过往的社会状况下能够获得的利益，在现有的社会状况下，人们所期望的利益无法满足，所以人们更容易产生相对剥夺感。

（2）相对剥夺心态。

本章针对新生代农民工遭受不公平对待情况及主要表现进行着重分析，一定程度上反映了新生代农民工普遍存在被剥夺心态。被问及"是否遇到不公平的现象"时，有 83.2%的人表示曾遭遇到不公平的对待，从数量上看，绝大多数新生代农民工曾遭遇不公平的对待。当被问及不公平的主要表现时，有 30.5%的人表示自己"无法得到相应的社会福利"，有 20.1%的人表示遇到"同工不同酬"的现象，有 19.8%的人表示"工作机会不平等"，"拖欠工资"占 16.2%，"工作种类不平等"占 12.6%，其他占 0.8%。在访谈中，笔者了解到，女性遭受工作机会不平等的现象多于男性，有些用人单位存在女性歧视，甚至招聘标准中直接表明仅招聘男性。由此可见，新生代农民工群体无法享有公平的社会福利、工作机会和工资待遇，这种情况如果长期持续下去，被剥夺感会在该群体中蔓延。

2. 外部归因倾向

美国学者维纳对归因进行了系统的探讨，将归因分为内部归因和外部归因，内部归因是个体认为当前的处境是由个人的性格、态度、品质、动机等内部的因素决定的，外部归因指个人的处境是由客观条件、他人影响、社会环境等外部因素决定的。

对 1210 位新生代农民工的归因倾向分析发现，仅有 4.13%的人认为不公平的遭遇是由"自身原因"引起的，42.96%的人认为主要是"他人的原因"，而 52.89%的人则认为是"两者原因"。不同的归因倾向会对个体的社会心态和社会行为产生不同的影响，通过数据分析可以发现，新生代农民工倾向外部因素，认为社会政策、社会现实和不可控的社会环境导致不公平的社会现象，从而减少通过自身的努力来改变现状。

3. 底层认同心态

本章主要通过新生代农民工群体评价自身社会地位，定位自身状况，从而了解他们在社会分层中的位置。调查显示，在自我总结中，没有一位调查对象认为自己属于上层，有 33.88%的人认为自己位于中下层，而有 35.54%的调查对象认为自己位于底层。

4. 自我效能感

自我效能感是指当个体通过自身努力达到一定目标，并且随着目标完成，自我效能感会逐步提升。在不公平的现实面前，自我效能感强的人，会相信自己，并且调动一切有利的资源扭转不利的现实，而自我效能感弱的人，会消极逃避，认为现实无法改变或者自己无力改变。他们认为自身尊严程度低，在不公平的现实面前无力改变，会选择逃避或沮丧。调查显示，有 8.26%的人认为自己非常有尊严，有 30.31%的人认为自己有尊严，而有 6.61%的人认为自己没有尊严，有 0.83%的人认为自己非常没有尊严，尊严程度"一般情况"的比例占 53.99%。总的来说，自尊程度评价过低，自我肯定不高（详情见表 9-5）。

表 9-5　自尊程度

| 项目 | 频数 | 频率 |
|------|------|------|
| 非常有自尊 | 10 | 8.26% |
| 有自尊 | 37 | 30.31% |
| 一般 | 65 | 53.99% |
| 没有自尊 | 8 | 6.61% |
| 非常没有自尊 | 1 | 0.83% |

## （三）社会态度

1. 归属感

一般来讲，归属感是被他人或集体认同时产生的感觉。1210 位调查对象中，当被问及"是否觉得自己是城里人"时，有 72.73%的人认为自己不是城里人，并且有 49.54%的人感觉自己"受到城里人的排斥"，说明新生代农民工在城里的归属感程度比较低。但是，调查数据显示，60.33%的人外出务工时间在 5 年以下，有 39.67%的人外出务工时间在 5 年以上，已经接受了城里的生活方式，相对来说缺乏农村生活经验，且仅在过春节等传统节日时才与家人团聚，这方面来说他们很大程度上与农村出现"脱嵌"现象。因此，新生代农民工处于"边缘化"状态，缺乏归属感，长期下去，很可能出现"游民化"危机[13]。

2. 风险认知

近年来，研究发现，在民众担忧食品、医疗和社会治安等方面，居民对各项的安全感很低[15]。本调查中，新生代农民工对医疗、食品安全、劳动报酬、财产安全、人身安全、个人信息和隐私安全，都存在很大担忧，被问及"您认为最没有安全感（最多三项）"的问题时，食品安全占66.94%，医疗安全占 65.99%，劳动报酬安全占 31.19%，个人信息安全和隐私，人身安全都占 27.27%，财产安全占 15.7%。这说明，他们风险认知感很强，对社会表现出强烈的不信任。

3. 社会公正感

当被问及"您认为我国总体上的社会风气和道德状况如何"时，共有 15.67%的人认为非常好和比较好，有 47.69%的人认为一般，有 36.64%的人认为不好和非常不好，但是，被问及应该如何改变时，大多数人认为"不仅仅是自己的事，是大家的事"，仅有少部分人表示会"从自身做起"，说明新生代农民工不满现在社会的风气和道德状况，但是积极主动改变的人很少。

## （四）社会行为倾向

社会行为倾向是一种行动因素，不是行动本身，是最接近显性行为的部分，是个体或者群体对社会各方面的态度以及采取的社会行为意向。

1. 公共参与

调查数据显示，有 68.6%的调查对象表示没有参加过城市社区居民的活动。在深度访谈中了解到，大部分人不想参加城市居民的社区活动，当被问及"不想参加社区活动的原因"时，绝大多数人表示"会怕城里人笑话"，少部分人认为"与己无关"。这说明，新生代农民工社区活动参加意愿比较低，存在自卑心理，适应城市生活存在困难，需要社区社会工作者或者居委会的辅导和帮助。

2. 矛盾和冲突的应对措施

新生代农民工在城市生活过程中，与城里人或者农民工群体会产生矛盾和冲突，121 位新生代农民工被问及"如何处理矛盾和冲突时"，有42.98%的人认为"无可奈何，忍一下"，有 32.23%的人倾向"与之理论"，而 8.26%的人表示"没有任何办法"，还有 2.48%的人选择"武力解决"。这说明，新生代农民工在处理矛盾和冲突时存有隐忍态度，大部分人表示"多一事不如少一事"，维权意识淡薄，自我效能感低。

3. 人际沟通模式

移动化、即时化的通信方式正在改变中国人的人际沟通模式，电话是熟人社会的人际沟通的主要方式，那么互联网则是适应陌生人的沟通渠道。QQ、微信成为通信方式的重要补充，博客、微博满足了人们表达自己的空间。在本次调查中，新生代农民工除了 QQ、微信、微博等这样的普通的社交网站之外，还有的调查对象使用陌陌、比邻等网站，交友的方式和形式在不断变化。当问到"对您的人际关系是否满意"时，52.07%的人表示一般，33.88%的人表示满意，6.61%的人表示非常满意，同时有6.61%的人表示不满意，仅有 0.88%的人表示非常不满意。这说明，新生代农民工比起老一代农民工，其交友的形式和范围都在发生变化，但是数字化的交友方式对增进感情、形成健康的交往模式存在诸多隐患。

## 四、新生代农民工不良心态产生的原因

### （一）新生代农民工自身原因

首先，个人定位不当，主客观出现偏差。新生代农民工自认为是佼佼者，心理上有巨大优势，不愿意留在农村，愿意到大城市接受现代的生活方式，并且对职业有较高的心理期待，想要从事工作轻松、待遇丰厚的工作，对城市有美好的向往。但是，城市的生活使他们始料未及，城市企业的门槛很高，竞争力很大，他们的文化水平不足以给他们带来有力的竞争力。城乡消费水平有差距，他们想要接受城市生活方式，经济压力很大。在残酷现实的冲击下，主观意愿和客观现实产生巨大落差，可能导致新生代农民工产生不良的社会心态。

其次，农村和城市价值观的冲突。新生代农民工大多受过良好教育，思想先进。但是，传统生活环境，严重影响着其价值观和生活观的形成。农村的价值观一直是自给自足，满足现状，人与人之间缺乏交流。而城市的价值观是开放和包容的，人与人之间不断融合。两种观念冲突会使部分新生代农民工陷入农村不愿回、城市融不进的尴尬境地，因此会产生边缘化的社会心态，甚至出现游民化的危机。

### （二）体制性因素

#### 1. 城乡二元的社会保障制度

我国的社会保障制度是计划经济时期建立的，是国家和社会用于保障社会正常运行、保护弱势群体的主要机制。农民工群体对促进经济增长、扩大内需、转移剩余劳动力、缩小城乡差距做出巨大贡献，但是目前的社会保障制度对他们显然还不够友好，他们依然无法享受公平的社会福利政策。城乡二元制度下，他们可能会产生心理落差和失落感，造成归属感缺失。

## 2. 城乡二元的户籍制度

城乡二元结构影响了新生代农民工的身份认同。随着经济发展，现行户籍制度与社会发展不统一，政府出台了很多新措施对现行制度进行改革，但相对来说改革比较滞后，具有不彻底性。目前新生代农民工仍然无法平等地享有城市的福利政策。

## （三）教育的缺失

### 1. 对教育重视程度不够

一直以来，我们单纯地关注农民工群体的生存状况，对农民工的思想状况关注不足，有的地方和部门对农民工的思想及心理状况没有足够关注，也未能及时制定出行之有效的措施来应对农民工存在的思想和心理问题，因此农民工在城市基本上属于无组织状态。农村的村委会由于距离的原因，无法进行管理，加上他们身份的特殊性，城市部门也没有关注他们的思想状况。各个部门的不重视，对农民工的思想不能进行及时的正确引导，导致农民工产生不良的社会心态。

### 2. 教育方式单一、缺乏针对性

对新生代农民工的思想教育一直采用传统的方法——宣传教育，宣传教育的内容大都是对新生代农民工进行城市的文明制度和道德规范的教育，展示城市文明先进性，忽视了他们传统文化背景，没有将传统与现代的文化相结合。一味地宣传，并不能解决其的困扰，并不能给予他们人生价值观的引导。物欲横流的现代社会，各种思想纷繁复杂，很容易产生金钱至上，仇富的不良心态。

## （四）缺少必要的人文关怀

我国长期存在的城乡二元制度，农村在发展过程中诸多先天薄弱的劣势，户籍门槛的限制，以及相对而言，城里人享受更优势的教育环境、基础设施和社会福利政策，这些客观条件使城里人产生天生的优越感。调查结果显示，大部分新生代农民工表示城里人对自己态度一般，10.75%的调查对象表示态度非常不友善。说明城市社区居民对他们缺少人文关怀，存在歧视，使其无法融入社区，致使其不想参加居民的社区活动。并且在日常生活中，被贴上"农民工"标签的新生代农民工群体，进入商场购物，或饭店吃饭时，也可能会遭遇一定的歧视。在本次调查中，56.2%的人反感被称为农民工。

因此，一定程度上存在的城里人的不友好和歧视，导致农民工群体无法体会城市的人文关怀，对城市产生不良的社会认知和社会感受，从而影响他们的社会行为倾向，会隐藏不安分因素。

## 五、推动新生代农民工树立良好社会心态的途径

### （一）加强制度建设、保障新生代农民工的基本权益

当前，城乡二元制度下，新生代农民工无法享有公平的社会福利服务政策，基本权益无法保障。因此只有加强制度建设，实现城乡公平，他们才能融入城市，找到归属感。首先完善法律体系，为其市民化过程提供保障，为塑造新生代农民工良好的社会心态提供法律基础；其次，完善现有的社会保障制度和户籍制度，要改变现有的制度不是一蹴而就的，应该采取渐进式的方式方法逐步完善，从而吸引农村劳动力到大城市，建设城市，促进社会的稳定和发展。社会工作是一门应用型学科，注重实践和发展，制定政策时，社会工作者作为倡导者，分析新生代农民工的实际生活状况，针对新生代农民工的需求，提出相应的政策建议，帮助政府部门制定完善合理的制度和政策。

## （二）完善教育培训体系、提高综合素质和能力

由于教育培训的忽视和教育方式的单一，加之不利的客观条件，新生代农民工在思想水平以及就业优势方面，与城里人相比不具有竞争力，容易产生落差和相对剥夺感。因此应加强对其的教育培训，提高培养程度以及师资队伍质量，充分利用现有资源，降低训练成本，以提高他们的素质。同时培训内容要以市场需求为导向，要有针对性和时效性，遵循实用原则，将传统文化和现代文化结合起来，提高其综合素质和社会竞争力。同时，社会工作者要充分发挥指导者的角色，合理利用现有资源，借助社区、社会工作机构组织相关活动，为新生代农民工提供培训的机会，学习社会技能，实现全面发展。

## （三）新生代农民工自身的努力

新生代农民工由于对主体和客体的错误认知，对自身定位不准，容易产生不合理的社会心态。因此，新生代农民工要正确认识自我和社会，培育理性平和的社会心态，要正确分析自身的优点和缺点，与他人合理比较，找准参照物，相信自己，不要妄自菲薄。还要加强心理健康教育，养成开放包容的社会心态，要与家人常联系，多沟通交流，学会释放压力，增强自身的心理素质，寻找精神寄托以开放的心态面对世界。新生代农民工是农村的佼佼者，但仍然无法满足城市的要求，因此新生代农民工要学习科学文化知识，充实自己，提高自身竞争力。同时，社会工作者要发挥赋权者和鼓励者的角色，帮助新生代农民工发现自身优势资源，利用自身能力走出困境，实现自身发展。

## （四）注重人文关怀、减少歧视现象

社区是城市居民最小的生活单位，在城市基层管理中占据重要的地位，因此，要以城市社区为根本，对新生代农民工进行关怀和指导。开

放公共及文化设施，让他们与城市居民公平地享受城市的公共文化生活，参与城市的社区活动，实现与社区居民的互动，增加了解，改变过去刻板印象，消除误会和歧视，慢慢接受他们。同时，新生代农民工也要真诚接受城市社区居民，消除抵触心理，共建和谐家园。社会工作者应发挥倡导者的角色，倡导城市社区居民发挥人文精神，倡导社会大环境以人为本，注重人的发展。

## （五）社会工作的介入

### 1. 践行社会行政理念

社会工作者要充分了解当今社会的经济、政治和科技的情况，树立社会行政理念，为政府制定政策提供建议，同时将政府的政策化为具体地行动，最后落实到农民工个体，帮助农民工获得与城里人相同的社会福利待遇。社会工作者要站在新生代农民工的立场上，了解他们的现实诉求，帮助他们减少政策歧视，实现资源的再分配。社会工作者还可以通过相关的社会机构和社会组织，为新生代农民工在资源分配和政策立场等方面提供支持与帮助，要将政策转变成对农民工群体有利的社会福利资源，提供有力信息，提供技能培训，提高素质。

### 2. 逐步完善社会工作服务机构的建设

我国目前针对农民工的社会服务机构总量偏少并且分布不均匀，服务质量不高，社会服务机构本身的运行也存在一些问题。但是近年来，政府"购买福利服务"的逐步增多，以他们为服务对象的服务机构也逐步建立起来。政府出台了一系列发展社会工作机构的政策和措施，鼓励民办社会工作机构的建立和发展，逐步实现社会服务的市场化。同时，加强民办社会工作机构服务人员的专业素质，培养具有丰富的实践经验，能够提供专业化及人性化服务的专业人才，完善服务队伍。社会服务机构的建立，为他们提供专业的指导和帮助，有助于对他们心理疏导，使他们养成良好的社会心态。

3. 运用社会工作专业方法，使其适应城市生活

通过个案工作的介入，关注新生代农民工心理层面，注意其反社会的心理，并帮助其进行行为矫正。新生代农民工进城务工过程中，与城市居民沟通交流很少，生活压力大，人际关系失调，很容易产生心理问题。社会工作者通过心理咨询或个案工作，帮助新生代农民工疏导情绪，促进彼此的沟通和交流，减少社会矛盾。

运用小组工作，引导组员之间互相帮助，分享经验和技巧，增进彼此沟通，使组员在小组活动中发现自身不足。小组成员融入城市生活，增强归属感。小组工作的目的就是通过成员之间的互动，从小组活动中找到自我存在的缺点和不足，有意识地进行改变以恢复自身的社会功能。社会工作者通过有趣的游戏活动，营造轻松的活动氛围，使成员释放自身压力。

运用社区工作的技巧，帮助所有居民进行沟通，建立和谐的人际关系，使得在社区中保持良好的社会心态。新生代农民工自身带有农村文化的烙印，同时又感受城市的时代气息，在两种文化的冲击下，会产生一定社会心态问题。社会工作者从专业角度出发，利用社会工作专业方法，对居民人际交往关系进行协调。对新生代农民工聚集的社区进行走访，了解他们的心理动态，及时给予指导和帮助，避免出现不和谐的社会因素。

# 六、小　结

新生代农民工的问题是老一代农民工问题的衍生，是社会变革过程中不容忽视的问题。本章对新生代农民工进行研究调查，探析新生代农民工人口学的基本情况和社会心态的相关问题，记录新生代农民工的生

活状况，特别是思想状况。接着分析新生代农民工不良社会心态的原因，找到相应的措施和对策，目的是防止由新生代农民工问题引发社会层面的问题，促进社会和谐。核心是对其进行积极的指导，帮助其形成正确的世界观及价值观，为社会主义现代化的发展贡献力量。此外，对政府制定相关政策，提供参考，消除歧视，实现公平。

本研究的创新之处在于将文献调查和问卷调查相结合，尽可能客观地呈现新生代农民工的社会心理状况，有理有据，在数据支撑之下，分析不良的社会心态，根据实际情况，提出解决办法。本研究的不足之处在于，在调查的过程中不能保证样本的随机性，并且样本数量较少，调查数据的代表性大打折扣。期望本研究对以后的相关研究起到指引作用，使更多的人研究新生代的农民工的社会心态问题。

## 参考文献

[1] 中共中央、国务院. 关于加大统筹城乡发展力度 进一步夯实农业农村发展基础的若干意见. 2009 年 12 月 31 日.

[2] 中共中央、国务院. 国家新型城镇化规划（2014—2020 年）. 2014 年.

[3] 王思斌. 社会工作概论[M]. 3 版. 北京：高等教育出版社，2014.

[4] 王春光. 新生代农村流动人口的社会认同和城乡融合关系[J]. 社会学研究，2001（3）.

[5] 邓大才. 农民打工：动机与行为逻辑—— 劳动力社会化的动机—行为分析框架[J]. 社会科学战线，2008（9）.

[6] 简新华，黄锟. 中国工业化和城市化进程中的农民工问题研究[M]. 北京：人民出版社，2008.

[7] 马广海. 论社会心态、概念辨析及其操作化[J]. 社会科学，2008（10）.

[8] 杨宜音. 个体与宏观社会的心理关系：社会心态概念的界定[J]. 社会学研究，2006（4）.

[9] 胡红生. 社会心态论[M]. 北京：中国社会科学出版社，2011：55-56.

[10] 张红郎. 新生代农民工社会心态研究——以 WH 区为例[D]. 济南：山东大学，2014.

[11] [15] 王俊秀，杨宜音. 2011 年中国社会心态研究报告[M]. 北京：社会科学文献出版社，2011：2，4.

[12] 马广海. 我国社会转型期的阶层分化与社会心态问题研究[D]. 济南：山东大学，2010：31.

[13] 王春光. 新生代农村流动人口的社会认同与城乡融合的关系[J]. 社会学研究，2001（3）.

[14] 史柏年. 城市边缘人——进城农民工家庭及其子女问题研究[M]. 北京：社会科学文献出版社，2005：205-206.

[16] 黄锟. 中国农民工市民化制度分析[M]. 北京：中国人民大学出版社，2011：6.

# 第十章 迁出地家庭压力对农民工留城意愿的影响研究

## 一、引 言

在当代，农民工进城应该是影响最为深远、最为广泛的重大事件之一。一方面，城市较多的就业机会大大增加了进城农民工的收入，从而在经济上丰裕了数以千万计的农村家庭。另一方面，大批青壮年劳动力源源不断地流入城市，为优化产业结构以及城市的建设与发展做出了巨大贡献。也正因为如此，2012 年，中共中央政治局会议提出城镇化作为经济增长的引擎，并将农民工市民化作为城镇化的重要内容。但是，由于我国长期城乡分离制度（户籍、社会福利供应等）的限制，农民工身份的个人认同与社会认同冲突使他们的生存状态处于较为尴尬的境地，离开城市回归农村还是摆脱羁绊融入城市生活，成为众多农民工不得不面临的选择。

学界通常用城市融入来表征农民工与城市的亲和状态，城市融入程度越高，农民工的市民化程度也就越高。从农村劳动力转移过程看，要达到最终融入城市包括两个过程，首先是从迁出地迁移出去，然后能够在城市定居下来。[1] 当前对农民工绝对数量的统计说明，农村劳动力从迁出地的外迁已经不存在较大的障碍，但是能否在城市中定居下来，则是他们融入城市生活至关重要的一步。杨菊华认为，农民工融入城市的过程分为经济融入、文化融入、社会适应以及接纳等阶段，且这几个阶段之间存在逐层渐进关系。[2] 从现实情况来看，经济融入是当前户籍制度存有差异下最容易完成的一个阶段，且这一阶段基本可以通过农民工在劳动环节独立完成，而其他类型城市融入必须在与城市居民和城市生活环境的充分互动下完成。这意味着，要想完成农民工的城市融入，农民工的留城意愿至关重要，只有愿意继续留在城市中居住和生活，才能使得他们融入城市且最终完成市民化。

农民工是否继续留城生活，受到多种情境性因素的制约。其中既包括隐藏性因素，也包括暴露性因素，这些因素既有来自迁入地的，也有来自迁出地的。因此，农民工的留城意愿是个人与社会结构因素的系列互动结果。

当前研究普遍认为，年龄、文化程度等个体特征是影响农民工在城市定居的重要因素。总体来看，年龄与留城意愿成反比，而文化程度与留城意愿则呈同向关系。[3]-[5]此外，家庭特征也影响着农民工的留城意愿，与家庭成员一起流动的农民工留城意愿更强。婚姻状况对留城意愿也有重要影响，已婚农民工留城意愿反而有所降低。[6]

社会结构的因素主要表现为户籍制度，普遍认为以户籍制度为核心的制度性壁垒是农民工留城乃至融入城市的最大障碍。[7][8]城市的生活成本也影响着农民工在城市的定居，由于城市房价的不断攀升，住房成本成为农民工生活成本的重要组成部分。[9] 陈春、冯长春通过对重庆的调查，发现房价与农民工定居意愿成反比关系。[10]房价因素已经成为影响在城农民工是否留城的重要因素，因此，相比房价高昂的大城市，中小城市和小城镇、大城市周边的卫星城镇更能吸引农民工定居。[11]

此外，农民工的职业选择也影响着农民工的留城意愿。戚迪明、张广胜指出，农民工职业转换越多，离开城市的可能就越大[12]。李树茁等发现，相对于受雇者，自雇者农民工更倾向居留城市。[13]

近些年来，由于越来越多的新生代农民工到城市务工，对新生代农民工留城意愿的研究逐渐纳入学界的视野中。与老一代农民工相比，新生代农民工留城意愿更高，并有较强的城市融入倾向[7]。也有研究结果显示，新生代农民工城市融入程度更高。[14]而留城意愿的影响因素，结果大致与前述文献相同。钱文荣、李宝值发现，城市务工初衷的实现程度对两代农民工留城意愿的作用存在代际差异。[15]

以上研究为了解农民工留城意愿影响因素提供了较为全面的资料，但在以下方面仍需进一步完善：第一，作为"家乡"的农村迁出地因素尤其是迁出地家庭压力对于农民工留城意愿的影响，还没有受到应有的关注。无论是老生代还是新生代农民工，都与迁出地有着难以割舍的联系，除了承包的土地需要耕种，留守老人的赡养、孩子的抚育以及配偶生活状况等，势必会影响他们对城市去留的选择。第二，不同于老生代农民工，多数新生代农民工没有在家乡务农的经历，一般在完成不低于基础教育的学校生活后，就直接进入城市打工，他们对土地、农村生活与价值的认同要远低于老生代农民工。[16] 因此，来自迁出地的家庭负担对他们留城意愿的影响应当与老生代农民工有着一定差异。基于此，本章利用 2014 年国家卫计委（现国家卫生健康委员会）"流动人口动态监测数据"，对农民工迁出地家庭压力与留城意愿关系进行实证研究。探讨迁出地的不同类型家庭负担对农民工留城意愿的影响，并针对这一主题的两代农民工的代际差异进行比较。

## 二、数据、变量与模型设计

### （一）数据来源

研究数据来自 2014 年国家卫计委流动人口管理司组织实施的"流动人口社会融合专题调查"。调查样本数量为 15 999 个，将非农户籍筛选剔除后，得到样本 13 053 个。该调查自 2013 年开始，每年举行一次，但每次调查城市并不相同，城市选择中，兼顾不同经济特征以及地域分布特征。2014 年调查的 8 个城市分别是：北京市、嘉兴市、厦门市、青岛市、郑州市、深圳市、中山市、成都市。虽然各城市没有经过随机抽取，但市内农民工样本均采用 PPS 抽样方式获取，因此数据具有一定代表性。[17]

## （二）变量选择与描述

### 1. 因变量

本研究的因变量"农民工留城意愿"用"未来 5 年打算在哪儿工作和生活"这一问题进行测量，为二分类变量，愿意留在当前城市的用"1"表示，想回老家的则用"0"表示。

### 2. 核心自变量

核心自变量由一组代表来自农民工迁出地家庭的压力变量构成，包括老人赡养、子女教育费用、家人有病缺钱治疗、干活缺人手、土地耕种、配偶生活孤独、子女照看等 7 项。其中第 2 项和第 3 项可以看作是农民工迁出地的经济压力，第 4 项和第 5 项可以看作是农民工迁出地的劳动压力，第 6 项和第 7 项可以看作是农民工在迁出地的情感压力。其中，老人赡养既是经济压力，也有情感压力的成分。以上各项均以"在家乡有无对应操心的事情"为问题，原答案选择项为三种："有""无""不适用"。根据农民工的实际生活，第三种一般存在于如老人已经过世、尚未有子女出生等情况，这其实就意味着农民工没有这方面的压力。因此，研究将"不适用"直接转换为"无"，即各个核心自变量也为二分变量，"无"=0，"有"=1。

### 3. 控制变量

根据已有研究成果，将性别、流动范围、婚姻状况、年龄、收入（取对数）、教育水平、子女数量、流动时间作为控制变量。其中，性别为二分变量，根据问卷原有设置，将"男性"赋值为"1"，"女性"赋值为"2"。流动范围分为"跨省流动""省内跨市流动""市内跨县流动"三种，分别赋值为 1~3。婚姻状况分为"未婚""已婚有配偶""离婚""丧偶"，分别赋值 1~4。教育水平分为"小学及以下""中学""大专及以上"三种情况，分别赋值 0～2。流动时间则为实际流动年数，不足一年的按一年计算。子女数量中对超过 2 个孩子的家庭统一赋值，因此描述统计中没有将此变量列出。

各变量的描述性统计结果如表 10-1 所示。

表 10-1　变量的描述性统计

| 变量 | N | 极小值 | 极大值 | 均值 | 标准差 |
|---|---|---|---|---|---|
| 留城意愿 | 13 053 | 0 | 1 | 0.89 | 0.307 |
| 年龄 | 13 053 | 15.00 | 60.00 | 32.648 | 8.77 |
| 年龄平方/100 | 13 053 | 2.25 | 36.00 | 11.428 | 6.109 |
| 收入对数 | 12 074 | 4.61 | 12.21 | 8.073 | 0.493 |
| 婚姻分类 | 13 053 | 1.00 | 4.00 | 1.763 | 0.464 |
| 教育水平 | 13 053 | 0.00 | 2.00 | 0.992 | 0.444 |
| 流动时间 | 13 053 | 1.00 | 34.00 | 5.257 | 4.444 |
| 流动范围 | 13 053 | 1 | 3 | 1.51 | 0.566 |
| 迁出地家庭压力 | | | | | |
| 老人赡养 | 13 053 | 0 | 1 | 0.69 | 0.463 |
| 子女教育费用 | 13 052 | 0 | 1 | 0.16 | 0.368 |
| 干活缺人手 | 13 053 | 0 | 1 | 0.24 | 0.424 |
| 土地耕种 | 13 053 | 0 | 1 | 0.28 | 0.450 |
| 家人有病缺钱治疗 | 13 052 | 0 | 1 | 0.21 | 0.406 |
| 配偶生活孤独 | 13 053 | 0 | 1 | 0.02 | 0.153 |
| 子女照看 | 13 053 | 0 | 1 | 0.20 | 0.398 |

## （三）模型选择

由于被解释变量为农民工是否是在城市工作或生活，属于二元分类虚拟变量，且核心自变量也属于二元分类变量，因此本章选用二元

Logistic 模型进行数据分析。模型设定为

$$\ln\left(\frac{P_i}{1-P_i}\right) = a + \sum_{i=1}^{n}\beta_i X_i + \varepsilon$$

其中：$P_i$ 为农民工五年内留在城市工作和生活的概率；$P_i(1-P_i)$ 为在城市工作生活与回农村工作和生活的概率比；$X_i$ 为影响留城意愿解释变量的向量组；$\varepsilon$ 为扰动项；$\beta_i$ 为待估计的各自变量参数；$a$ 为常数。

为避免出现自变量之间的多重共线性，在回归分析前，对核心自变量之间的相关性进行了检验。结果表明，所有自变量之间的相关系数极小，其中最大的是"干活缺人手"与"家人疾病缺钱治疗"，相关系数也仅有 0.277，远低于 0.5，因此可以判定核心自变量之间基本不存在多重共线性问题。但是，婚姻分类与子女数量两个控制变量却高度相关，对全样本的 Logistic 回归分析也发现，这一变量由于"子女数量"的存在而没有被纳入，考虑到核心自变量中已经有了对配偶进行关注的变量，因此，研究中将婚姻这一变量进行剔除。

## 三、实证结果

### （一）基于全样本的分析结果

为验证已有文献对农民工留城意愿影响因素的结论，本章对全体样本的 Logistic 回归分析分两步进行，其中模型 1 为只包含有控制变量的回归结果，模型 2 则加入了代表迁出地压力的核心自变量。分析结果如表 10-2 所示。

年龄是影响农民工留城意愿较为显著的个人因素，年龄和年龄平方系数分别在 0.1 和 0.05 的水平上显著，前者为正、后者为负，这说明从整体上看，年龄越大留城意愿越强，但呈现出明显的倒"U"形关系，这与李珍珍等研究成果较为一致。[18]有研究证明，新生代农民工比老一代

农民工留城意愿更强烈，[19]究其原因是，随老一代农民工年龄增加，身体机能下降，承担建筑、装修等重体力劳动会让他们越发吃力从而萌生回乡之意。

性别对农民工的影响并不显著。当前对性别与留城意愿关系的研究大致有两种意见，一种认为女性比男性更倾向留城[6][19]，另一种则认为农民工留城意愿并没有性别差异[20][21]，但这些研究一般样本量较小，多是基于同一省市内进行抽样。相比而言，本章结果可能更加稳健。

和以往研究成果较为一致，收入是影响农民工留城意愿的重要因素。根据"推拉理论"，收入既是来自农村的推力，也是来自城市的拉力。农业边际收入下降、提高家庭收入正是第一代农民工去城市打工的背景与动机。而新生代农民工留城虽然与他们对城市生活方式的向往有关，但毋庸置疑，城市更多的收入机会也是他们留城的重要原因。

教育水平一直被认为是影响农民工留城意愿乃至市民化的重要因素，这在本研究中也得到了验证。通过优势比较可以看出，受过中学教育的农民工留城的发生比是小学以下水平的 1.453 倍，在加入了核心自变量的模型 2 中，发生比增加到 1.466，而具有大专及以上学历的农民工留城的发生比更是达到了小学以下对照组的大约 3 倍。通过表 10-2 数据不难发现，教育水平是所有变量中发生比最高的。

表 10-2　农民工留城意愿影响因素的 Logistic 回归结果

| 变量 | 模型 1 | | 模型 2 | |
|---|---|---|---|---|
| | $B$ | Exp ($B$) | $B$ | Exp ($B$) |
| 常量 | −3.314 | 0.036 | −3.614 | 0.027 |
| 年龄 | 0.117* | 1.124 | 0.154** | 1.166 |
| 年龄平方/100 | −0.172* | 0.842 | −0.223** | 0.800 |
| 性别（女） | −0.046 | 0.955 | −0.062 | 0.939 |
| 收入对数 | 0.321*** | 1.378 | 0.303*** | 1.354 |

续表

| 变量 | 模型 1 | | 模型 2 | |
|---|---|---|---|---|
| | $B$ | Exp（$B$） | $B$ | Exp（$B$） |
| 教育水平（小学及以下） | | | | |
| 中学 | 0.374** | 1.453 | 0.383*** | 1.466 |
| 大专及以上 | 1.100*** | 3.003 | 1.074*** | 2.926 |
| 流动时间 | 0.130*** | 1.139 | 0.112*** | 1.118 |
| 流动范围（跨省） | | | | |
| 省内跨市 | 0.438*** | 1.549 | 0.389*** | 1.476 |
| 市内跨县 | 0.646* | 1.908 | 0.687* | 1.988 |
| 子女数量 | 0.044 | 1.045 | 0.142 | 1.153 |
| 迁出地家庭压力 | | | | |
| 老人赡养 | | | 0.107 | 1.113 |
| 子女照看 | | | −.631*** | 0.532 |
| 子女教育费用 | | | −0.036 | 0.964 |
| 配偶生活孤独 | | | −1.018*** | 0.361 |
| 干活缺人手 | | | −0.051 | 0.950 |
| 家人有病缺钱治疗 | | | −0.095 | 0.909 |
| 土地耕种 | | | −0.145 | 0.865 |
| Cox & Snell $R^2$ | 0.027 | | 0.041 | |
| Chi-Square | 230.939 | | 355.294 | |

注：括号内为参照组；*表示 $p<0.1$，**表示 $p<0.05$，***表示 $p<0.01$，二
　　分变量的参照组为第 1 组。

　　流动时间和流动范围也影响着农民工的留城意愿。流动时间在两个
模型中都通过了 0.01 的显著水平检验，从发生比来看，流动时间增加一
年，留城意愿的概率就增加 13.9%。流动时间越长，农民工就会对迁入

城市越熟悉，更好地适应城市生活。省内跨市流动的农民工留城概率高出 54.9%，且在两个模型中都通过了 0.01 的显著水平检验，而市内跨县的农民工虽然只通过了 0.1 的显著水平检验，但发生比更高，几乎是对照组留城概率的 2 倍。一般来说，跨省流动农民工不仅意味着与家乡的空间距离更远，还意味着与家乡在生活习惯与文化上的隔离，这也成为农民工和城市相融的巨大障碍。

在核心自变量中，"子女照看"和担心"配偶生活孤独"两项通过了 0.01 的显著水平检验。从发生比来看，相比没有这两项问题的农民工，担心子女照看的农民工留城意愿只是他们的 53.2%，担心配偶生活孤独的农民工留城意愿更是低至 36.1%。由于当前农民工家庭式流动存在着比如子女入学、城市住房价格与租房价格较高等各种困难，大多数农民工都过着与子女和配偶长期分离的生活，这势必成会对农民工留城意愿产生较强的负向作用。这和当前对留守儿童以及留守妇女的研究在某种程度上是同一主题不同侧面的切入，留守儿童的生活适应、心理发展、学业成绩，留守妇女的情感问题，既是学界当前研究的热点，也是农民工最为关注的迁出地家庭压力。同时我们看到，相比配偶和子女，"老人赡养"却没有通过显著水平检验，一方面可能是因为多数农民工父母处于 70 岁以下，生活尚可自理；另一方面也可能是因为农民工兄弟姐妹较多，在某种程度上分担了他们的养老顾虑。当然，这更说明当前核心家庭不仅在形式上成为我国农村主要家庭结构模式，而且在功能上也已经和传统大家庭有了较大的区别。此外，"子女教育费用""家人有病缺钱治疗""干活缺人手""土地耕种"等 4 个变量也没有通过显著水平检验。表明：第一，农民工通过城市劳动收入已经可以解决家庭中的教育费用与医疗费用[1]；第二，土地和其他农业产出不再是家庭收入的主要来源。

---

① 新农合报销也在某种程度上减轻了农民工家庭成员的医疗费用压力。

## （二）基于不同代际农民工的分析结果

当前，学界把 1980 年以前出生的农民工称老生代农民工，1980 年以后出生的农民工称为新生代农民工。那么，两代农民工留城意愿及其影响因素有没有差异？新生代农民工中，1990 年后出生的农民工队伍日益庞大，即使同属于"新生代"，留城意愿及其影响因素是不是也有区别？这也是本研究需要关注的问题。

表 10-3 显示的是不同年龄组留城意愿比例。可以看出，相比老生代农民工，具有留城意愿的新生代农民工比例反而比老生代低了 2.8 个百分点，而在新生代农民工中，"80 后"[①]农民工与老生代农民工的留城意愿大致相当，具有留城意愿的"90 后"农民工比"80 后"低了 5.6 个百分点，这和上文提出的农民工留城意愿在年龄上呈现倒"U"形特征较为一致。一般来说，"90 后"农民工虽然大多有着更高的教育水平，但由于在城市中工作、生活时间较短，工作生涯还不够稳定因而收入较低，加之对城市生活适应需要时间，留城意愿低于较大年龄组。

表 10-3　不同年龄组留城意愿比例

| 项目 | 全样本 | 老生代农民工 | 新生代农民工 | 80 后农民工 | 90 后农民工 |
|---|---|---|---|---|---|
| 留城 | 89.4% | 91.2% | 88.4% | 90.1% | 84.4% |
| 回乡 | 10.6% | 8.8% | 11.6% | 9.9% | 15.6% |
| $N$ | 13 053 | 5 052 | 8 001 | 5 522 | 2 479 |

为检验不同组间农民工留城意愿影响因素的不同，本章对老生代与新生代以及新生代中的"80 后""90 后"两组进行 Logistic 回归分析。由于"90 后"农民工结婚比例不高，拥有子女的比例也较低，因此在回归时没有纳入子女数量这一变量。回归结果如表 10-4 所示。

---

[①] 按照惯例，文章中"80 后"农民工是指出生于 1980—1989 年的农民工，"90 后"农民工是指出生于 1990 年及以后的农民工。

表 10-4 不同组别农民工留城意愿影响因素的 Logistic 回归结果

| 变量 | 模型 3<br>（老一代） | 模型 4<br>（新生代） | 模型 5<br>（80 后） | 模型 6<br>（90 后） |
|---|---|---|---|---|
| 常量 | −12.178 | 4.626 | 3.154 | −2.624 |
| 年龄 | 0.569** | −0.430 | −0.339 | 0.099 |
|  | （1.766） | （0.651） | （0.713） | （1.104） |
| 年龄平方/100 | −0.720** | 0.807 | 0.668 | −1.191 |
|  | （0.487） | （2.241） | （1.950） | （0.826） |
| 性别（女） | −0.176 | 0.016 | 0.013 | −2.294** |
|  | （0.838） | （1.017） | （1.013） | （0.745） |
| 收入对数 | 0.351*** | 0.244* | 0.250* | 0.268* |
|  | （1.420） | （1.277） | （1.284） | （1.307） |
| 教育水平（小学及以下） | | | | |
| 中学 | 0.291** | 0.576** | 0.590** | 0.726** |
|  | （1.338） | （1.779） | （1.803） | （2.067） |
| 大专及以上 | 0.816* | 1.372*** | 1.356** | 0.862** |
|  | （2.262） | （3.942） | （3.883） | （2.368） |
| 流动时间 | 0.105*** | 0.123*** | 0.130*** | 0.191*** |
|  | （1.111） | （1.131） | （1.138） | （1.210） |
| 流动范围（跨省） | | | | |
| 省内跨市 | 0.400*** | 0.383*** | 0.405*** | 0.404*** |
|  | （1.492） | （1.467） | （1.499） | （1.498） |
| 市内跨县 | 0.516 | 0.924** | 1.094** | −0.159 |
|  | （1.675） | （2.519） | （2.986） | （0.853） |
| 子女数量 | 0.085 | 0.176* | 0.166* | |
|  | （1.089） | （1.193） | （1.180） | |

续表

| 变量 | 模型 3<br>（老一代） | 模型 4<br>（新生代） | 模型 5<br>（80 后） | 模型 6<br>（90 后） |
|---|---|---|---|---|
| 迁出地家庭压力 | | | | |
| 老人赡养 | 0.222 | 0.014 | −0.013 | 0.031 |
| | （1.248） | （1.014） | （0.988） | （1.032） |
| 子女照看 | −0.646*** | −0.624*** | −0.678*** | 0.360 |
| | （0.524） | （0.536） | （0.508） | （1.433） |
| 子女教育费用 | −0.179 | 0.106 | 0.136 | 0.241 |
| | （0.836） | （1.112） | （1.145） | （1.273） |
| 配偶生活孤独 | −.896*** | −1.197*** | −1.154*** | −1.161** |
| | （0.408） | （0.302） | （0.315） | （0.313） |
| 干活缺人手 | 0.127 | −0.214 | −0.228 | −0.319** |
| | （1.136） | （0.807） | （0.796） | （0.727） |
| 家人有病缺钱治疗 | −0.107 | −0.110 | −0.153 | −0.007 |
| | （0.899） | （0.896） | （0.858） | （0.993） |
| 土地耕种 | −.314** | 0.026 | −0.009 | 0.205 |
| | （0.731） | （1.027） | （0.991） | （1.227） |
| Cox & Snell R 方 | 0.047 | 0.05 | 0.043 | 0.031 |
| Chi-Square | 201.666 | 382.524 | 172.610 | 71.755 |

注：括号内为参照组，二分变量的参照组为第 1 组，*表示 $p<0.1$，** 表示 $p<0.05$，*** 表示 $p<0.01$，（）内数据为优势比。

和全样本结果相同，个人特征中，收入、教育水平、流动时间、流动范围仍然是影响不同组别农民工留城意愿的显著性因素。但也看到，在全样本中通过显著性检验的年龄因素只在模型 4 中的 0.05 水平上显著，而在和新生代农民工相关的 3 个模型中都不显著。由此可以看出，对于新生代农民工，年龄不再是影响他们留城意愿的重要因素，这是由于他们正处于精力和体力较为旺盛的生命段，年龄对此的边际效应还不明显。和老生代农民工相比，新生代农民工选择在城市生活很大程度上是因为对城市生活方式的向往，而不仅仅是为了更多的收入，这在收入对数变量的发生比和显著水平上可以得到印证。新生代收入对数的发生比减少了 14.3 个百分点，并且也只在 0.1 水平上显著。

值得一提的是，性别因素在模型 6 中的 0.05 水平上显著且系数为负，即"90 后"的女性比男性留城意愿高出 25.5%（=1-0.745），这可能和女性越来越高的教育水平有关，良好的教育使女性人力资本得到提升，从而在城市也拥有了更多的就业机会。

教育水平对不同组别间农民工留城意愿的影响程度具有差异。相比小学以下教育水平，拥有中学、大专以上教育水平的新生代农民工留城意愿的发生比分别为 1.779、3.942，而老生代农民工这两项发生比分别为 1.338、2.262。总体来看，教育水平对新生代农民工留城意愿的影响更大。其中可能的原因是大部分农民工在城市工作时间较长，工作与生活较为稳定，教育水平为他们带来的边际收益已经大大降低。但是也不难看出，"90 后"农民工和"80 后"农民工相比，教育水平的作用减弱，这与近十几年来大学不断扩招以及高中不断普及有关，拥有高学历文凭人数的增加使"90 后"在城市的工作与生活中并没有更加突出的优势。

四个模型中，流动范围这一变量仍然都在 0.01 水平上显著，不同组别间的差异在于：模型 3、模型 4、模型 5 中"市内跨县"的系数均为正，而模型 6 中该系数为负，这说明"90 后"农民工对流动目的地的选择，不再将离家远近作为参考因素，有了更大的流动空间。

子女数量在模型 4 和模型 5 中是显著的，并且系数为正，这标志着新生代农民工尤其是"80 后"农民工，留城意愿随子女数量的增加而增加。其原因可能是随家庭收入的增加，农村抚养孩子的经济成本不断上升。此外，"80后"农民工相对老生代农民工受过更好的教育，会更加注重对孩子质量的投资。为获得更多的收入，他们更倾向选择留城工作。

在核心自变量中，除了"子女照看"与"配偶生活孤独"，其余变量包括"老人赡养"仍然没有通过显著性检验，从发生比来看，各个年龄组中，"子女照看"对留城意愿的影响大体相当，但比较"配偶生活孤独"这一变量的发生比，会发现担心这一问题的新生代农民工留城意愿比不担心这一问题的降低了近70%，而老生代农民工发生比只降低了约40%。这是由于老生代农民工随年龄增加，夫妻关系趋向稳定平和，而新生代农民工多处于成年早期，既有对夫妻共同生活的渴望，也担心留守配偶会因为长期分离的原因造成感情淡化，甚至家庭破裂。值得一提的是，"土地耕种"变量在模型3中通过0.05的显著水平检验，担心土地耕种的老生代农民工比不存在这一问题的老生代农民工留城意愿降低26.9%，而在后面3个方程中均不显著，这与老一代农民工成长和生活经历有关，长时期的农业生产培养了他们与土地的感情，而新生代农民工少有土地耕种的经历，在他们眼里，土地耕种只是一种收入来源，但这种收入方式相比在城市打工的收入显得微不足道。此外，与日常生活经验相悖，模型6中"干活缺人手"变量在0.05水平上显著且系数为负，而这一变量在老生代和"80后"农民工中影响均不显著，这说明担心家庭劳动力缺乏的"90后"农民工更倾向回到农村而不是留在城市。其中最大原因可能是来自他们父母：第一，"90后"农民工的父母已经开始步入成年后期甚至老年早期，身体机能下降，在农忙时期人手不够时，会对在外务工的子女产生抱怨；第二，"90后"农民工中独生子女比例较高，会让父母投注更多的牵挂，甚至有父母担心子女脱离正常生活轨道，从而以此为借口让子女返回农村。

## 四、主要结论与启示

本章利用 2014 年国家卫计委流动人口管理司"流动人口社会融合专题调查"数据，分析了迁出地家庭负担对农民工家庭留城意愿的影响，并对老生代、新生代以及新生代内部留城意愿影响因素进行比较，研究发现：年龄、收入、流动时间、教育水平是影响农民工留城意愿的重要因素且呈同方向变动关系，其中教育水平影响最大；和跨省流动相比，省内流动的农民工更倾向留在城市工作与生活；迁出地家庭负担中，配偶生活孤独与子女照看也影响着农民工的留城意愿且呈反方向变动关系。

通过不同组别的比较发现，不同年代农民工之间留城影响因素存在差异：在性别方面，"90 后"的女性农民工比男性更倾向留城；教育水平对新生代农民工尤其是"80 后"农民工留城意愿影响更大；从流动范围来看，"90 后"更倾向在跨省和跨市城市中工作与生活；子女数量只对"80 后"农民工影响显著，子女数量越多，越倾向留城；而在迁出地家庭负担中，配偶生活孤独与子女照看仍是重要因素，对新生代农民工影响更大；迁出地土地耕种对老生代农民工留城意愿有一定的负性影响；劳动缺乏人手在"90 后"农民工中有显著影响，担心家庭劳动力缺乏的"90 后"农民工留城意愿较低。

为保证新生代农民工分组的意义，我们根据留城意愿对年龄进行了最优离散化，发现 1988 年出生的农民工可以作为离散化界限，亦即在这个年度前后，留城意愿分布有着很大不同，考虑到社会对同期群标签的设置，本研究将"90 后"单独分组接近离散最优年龄。因此，分组比较基本保证了上述结论的意义。

通过研究可以看出，在未来一段时期内，农村养老问题将会面临更加严峻的形势。随着家庭结构和功能的核心化，无论是新生代还是老生代农民工，老人的赡养都没有成为他们留城意愿的显著影响因素，相比配偶与子女，老人在农民工的生活与情感支持中处于相对"缺席"地位。

而我国福利设计属于依附于经济政策的"生产型福利体制",多承担着扶贫救助功能,导致一些农村老人的隐性需求难以得到满足,[22]自我养老就成为养老的主要方式。有研究显示,我国农村男性老人大多还在农业生产第一线,甚至有的年过八旬仍然处于劳作状态。[23]更为重要的是,老生代农民工也逐渐开始步入老年,从当前趋势看,依赖子女养老已经不太可能。因此,构建覆盖广、养老内容完整的农村社会保障体系,是政府与社会亟待解决的重要问题。

虽然当前农民工市民化已经提上了国家发展战略的重要日程,但促进农民工向市民转变,前提条件是他们要有在城市工作与生活的强烈愿望从而定居下来。虽然留城意愿不能完全替代留城行为,但可以推断,多数影响留城意愿的因素在某种程度上也影响着农民工的留城行为。因此,要推进农民工留城并完成市民化,除进一步推进户籍制度改革外,还要着力做好以下两点:第一,要解除农民工的后顾之忧。当前影响农民工留城意愿较为显著的因素主要有对配偶的情感挂牵以及子女的照护。虽然当前家庭式流动已经占到一定比重,但多数农民工的妻子儿女仍然以留守状态在农村生活,这成为掣肘他们选择留城的重要障碍。解决这些问题,需要各城市对农民工制定出更加开放的政策,比如进一步实现农民工的市民化待遇,解决农民工子女入学以及住房问题等。第二,影响农民工留城意愿的因素具有差异性,因此,在推动农民工留城工作中,要充分考虑这些差异,保证相关政策措施的精准性。比如,对于新生代农民工来说,收入对留城意愿的影响已经远低于老生代农民工,他们追求的是城市生活方式,对土地的感情已经渐行渐远。因此,只要城市制定出有利于工作和生活的保护性措施,他们可能就会顺利完成市民化。而老生代农民工,仍然还保持着一定的"乡土记忆",意味着他们的市民化道路可能更加崎岖,这不仅需要农村土地的确权与流转能够充分保证他们的利益,还需要他们摆脱原有生活方式以适应城市生活。

通过对迁出地家庭压力与留城意愿关系的研究,不难发现经济压力的作用并不突出，相比之下，情感压力才是真正的压力源。这启发我们对农民工留城意愿进行进一步研究时，他们的情感与精神生活应当成为重点关注的内容。

## 参考文献

[1] 章铮. 进城定居还是回乡发展？——民工迁移决策的生命周期分析[J]. 中国农村经济，2006（7）：21-29.

[2] 杨菊华. 从隔离、选择融入到融合：流动人口社会融入问题的理论思考[J]. 人口研究，2009，33（1）：17-29.

[3] 马九杰，孟凡友. 城市农民工第二市场择业——关于深圳市的个案剖析[J]. 开放时代，2003（4）：106-116.

[4] 吴兴陆. 农民工定居性迁移决策的影响因素实证研究[J]. 人口与经济，2005（1）：5-10.

[5] 钱文荣，张忠明. 农民工在城市社会的融合度问题[J]. 浙江大学学报（人文社会科学版），2006，36（4）：115-121.

[6] 李强，龙文进. 农民工留城与返乡意愿的影响因素分析[J]. 中国农村经济，2009（2）：46-54.

[7] 王春光. 农村流动人口的"半城市化"问题研究[J]. 社会学研究，2006（5）：107-122.

[8] 刘传江，徐建玲. 第二代农民工及其市民化研究[J]. 中国人口·资源与环境，2007，17（1）：6-10.

[9] Hiroshi Sato Sato，Hiroshi. Housing inequality and housing poverty in urban China in the late 1990s[J]. China Economic Review，2006（17）：37-50.

[10] 陈春，冯长春. 农民工住房状况与留城意愿研究[J]. 经济体制改革，2011（1）：145-149.

[11] 周建华，周倩. 高房价背景下农民工留城定居意愿及其政策含

义[J]. 经济体制改革，2014（1）：77-81.

[12] 戚迪明，张广胜. 农民工流动与城市定居意愿分析——基于沈阳市农民工的调查[J]. 农业技术经济，2012（4）：44-51.

[13] 李树茁，王维博，悦中山. 自雇与受雇农民工城市居留意愿差异研究[J]. 人口与经济，2014（2）：12-21.

[14] 何军. 江苏省农民工城市融入程度的代际差异研究[J]. 农业经济问题，2012（1）：52-59.

[15] 钱文荣，李宝值. 初衷达成度、公平感知度对农民工留城意愿的影响及其代际差异——基于长江三角洲16城市的调研数据[J]. 管理世界，2013（9）：89-101.

[16] 景晓芬，马凤鸣. 生命历程视角下农民工留城与返乡意愿研究——基于重庆和珠三角地区的调查[J]. 人口与经济，2012（3）：57-64.

[17] 杨菊华. 中国流动人口的社会融入研究[J]. 中国社会科学，2015（2）：61-79.

[18] 李珍珍，陈琳. 农民工留城意愿影响因素的实证分析[J]. 南方经济，2010（5）：3-10.

[19] 卓玛草，孔祥利. 农民工留城意愿再研究——基于代际差异和职业流动的比较分析[J]. 人口学刊，2016，38（3）：96-105.

[20] 陈春，冯长春. 农民工住房状况与留城意愿研究[J]. 经济体制改革，2011（1）：145-149.

[21] 钱龙，钱文荣. "城镇亲近度"、留城定居意愿与新生代农民工城市融入[J]. 财贸研究，2015（6）：13-21.

[22] 乐章. 风险与保障：基于农村养老问题的一个实证分析[J]. 农业经济问题，2005（9）：68-73.

[22] 贺书霞. 养老资源社会动员的框架分析[J]. 社会科学辑刊，2014（1）：52-56.

# 第十一章 社区参与对农民工城市融入的影响研究

社区融入是农民工融入城市社会的基础，对农民工的市民化具有重要意义。早在 2011 年，民政部就下发了《关于促进农民工融入城市社区的意见》，首次从国家层面勾勒了农民工参与社区生活的"路线图"，认为农民工的城市融入是维护社会正义、构建社会主义和谐社会的重要条件。国家统计局相关数据显示，2016 年我国农民工数量已达 27 395 万人，虽然他们分布在不同的行业，但生活必然依附于城市的某一社区。因此，社区参与对满足农民工多样性需求具有重要意义，是他们融入城市社会以及完成市民化的前提条件。

当前对社区参与理论的研究主要有两种路径：一种是基于结构功能主义视角，认为社区参与是为适应国家治理所产生的一种自上而下的制度安排[1]；另一种是从社会互动论视角出发，将社区参与视为蕴含于社区居民社会互动中的关系运作方式[2]。由此关于社区参与主体也产生了狭义和广义两种理解：前者偏重社会治理，因此政府、社会组织、社区企事业单位等均为社区参与的主体；后者则认为社区参与的主体主要是社区中的居民，政府、社会组织、社区企事业单位等主体的广泛参与只是为社区建设提供宏观的制度架构与更大的发展空间。由于居民的社区参与接近个体在社区情境中的日常生活，近些年来受到研究者的更多关注。但总体来看，我国居民社区参与不足的现象非常明显[3][4]，这既有来自社区建设自治性不足的因素[5]，也有来自居民自身的因素，比如有学者认为年龄、性别、职业、收入等个体经济特征是影响居民社区参与的重要因素[6]。从外部来看，对社区的了解、熟悉以及依赖程度也影响着居民的社区参与[7]。

作为由上而下进行意义表达与自我完善的积极主动过程[8]，社区参与对于社区成员的社会融入具有重要作用。2003—2004 年英国政府就开展"社区行动"，通过社区学习包（Community Learning Chest），激励个人及各种社会组织参与社区生活，培育社区成员能力，实现社会融入[9]。由于我国城乡二元结构所造成的进城务工人员身份的二重性特征[10]，国内相关研究主要将农民工作为研究对象。社区可以为农民工提供生活帮助，帮助农民工重塑文化价值取向、转变生活方式，为他们的市民身份认同提供社会空间[11]。 刘建娥构造了从社区融入到城市融入的机制模型，认为农民工可以以参与社区活动为平台，增加对社区的归属感、提高社区的接纳度，在此基础上，通过横向社会资本的获得和社会网络的延展实现跨社区融入，最终完成整体城市融入[12]。时立荣则从社区的服务性质出发，认为城市社区应当为农民工提供正式社会服务，以超越户籍制度形成的障碍，促进他们融入于城市生活方式之中[13]。

虽然社区参与对农民工的城市融入具有重要作用，但农民工在社区参与中也存在着参与不足的问题[14]。有研究认为，当前农民工的人际关系出现了"内卷化"特征，社区交往半径较短，与社区内城市居民缺乏实质性的互动，导致其社区参与不足，难以得到社区城市居民的认同，成为他们融入社区的障碍[15]。肖云、邓睿通过对重庆城区新生代农民工的调查，分析了新生代农民工城市社区融入的影响因素，认为农民工经济状况、社区参与程度、享受社区服务程度等因素都影响着新生代农民工对城市社区融入程度的主观判断[16]。

总体来看，相关文献指出了农民工社会参与对于其社区融入以及城市融入的作用，分析了农民工在社会参与、社区融入中存在的问题及其影响因素。但也不难看出，已有研究通常将社区参与作为一个变量来研究它对社区融入的影响，事实上，社区参与包括经济参与、政治参与、文化娱乐参与等多种形式，不同形式的社会参与对社区融入的影响也不尽相同。忽视了社区参与内容的多样性，难以细致考察社区参与对社区融入的具体作用机制。因此，文章在对社区参与进行分类的基础上，着重研究农民工社区参与对其城市融入的作用。此外，鉴于当前新生代农民工已经成为农民工的主体，以及文化水平、成长经历的差异，新生代农民工和老一代农民工的社区参与会表现出不同特征，本章将对不同年龄阶段农民工社区参与的特征进行比较，以期为社区服务的精准供给提供依据。

## 一、变量选择、数据来源及其描述

### （一）主要研究变量

#### 1. 因变量

本章将农民工城市融入作为因变量。当前学界主要从农民工与城市关系的主观感受上来描述其城市融入水平，较多关注他们的融入意愿而非融入结果。比如，王胜今和许世存用社会融入感来考察流入者对其社会融入状况的感受，认为融入感包括融入意愿、融入体验和深化融入决策三个层次[17]。同时，融入意愿也是流动人口的动态心理融入过程，是农民工对过往城市生活经历的一种经验认知，也是其追求城市生活方式的积极心理状态[18]。但融入意愿是无法代替融入结果的，遗憾的是，对城市融入结果的测量在学术界没有一个统一的标准，本研究利用问卷中"你认为自己是不是本地人"这一问题来表征农民工城市融入结果。事实上，当农民工感觉自己已经是本地人的时候，意味着他们与城市居民不存在明显的社会距离与心理距离，表示他们已经较好地融入了城市生活之中。

#### 2. 核心自变量

本章将社区参与分为社区文化参与、社区公益参与、社区政治参与、社区管理参与、社会交往参与、社区表达参与等六种形式。其中，社会文化参与、社区公益参与在问卷中以直接问题"是否近期在（社区）本地参加过文化（公益）活动"进行测量。

参与以社区为单位进行的选举工作，是农民工参与社区公共生活、影响社区公共权力的重要因素，有利于社区公共决策的科学化、民主化[19]。因此，本研究将以问题"是否在社区参与工会以及居委会的选举工作"，测量农民工社区政治参与程度。

社区管理参与，是指农民工直接参与管理社区基础建设、社区环境等公共事务的活动，而社区内的管理多通过社区居委会运作，问卷中"是否参与了社区居委会的管理活动"这一问题能够反映农民工社区管理参与的实际情况。

在"社会交往参与"这一变量中，本章选择了问题"是否参与过社区评优活动"。一般来说，农民工社会交往通常在较为封闭的"我群"中进行，但社区组织的评优活动，比如"最孝顺儿媳""文明家庭"等，却不限于农民工的"我群"，而是面向整个社区，能够参与的农民工，客观上已经对社区内人员有了一定的了解，而这必须建立在有一定互动的基础上。基于此，我们认为用"是否参与过社区评优活动"来考察农民工的社会交往参与是合适的。

社区表达参与指在和农民工有关的社区服务中，农民工能够拥有话语权，通过一定的渠道表达自己的声音，为自己和相关群体争取利益，研究中用"是否参加过业主委员会"这一问题对农民工的社区表达参与程度进行测量。

3. 控制变量

本章将农民工的个体社会人口学特征作为控制变量，主要包括年龄（年龄平方/100）、性别、婚姻状况、收入对数等。表 11-1 为各变量的名称、具体问题以及变量属性。

表 11-1　变量类型及属性

| 变量名称 | 变量类型 | 测量问题或属性 | 赋值 |
|---|---|---|---|
| 因变量 | | | |
| 城市融入 | 虚拟变量 | 你认为自己是不是本地人 | 是=1，否=0 |
| 核心自变量 | | | |
| 社区文化参与 | 虚拟变量 | 是否参与过社区文体活动 | 是=1，否=0 |
| 社区公益参与 | 虚拟变量 | 是否参与过社区公益活动 | 是=1，否=0 |
| 社区政治参与 | 虚拟变量 | 是否参与过选举活动 | 是=1，否=0 |
| 社区管理参与 | 虚拟变量 | 是否参与过居委会管理活动 | 是=1，否=0 |
| 社会交往参与 | 虚拟变量 | 是否参与过社区评优活动 | 是=1，否=0 |
| 社区表达参与 | 虚拟变量 | 是否参与过业主委员会活动 | 是=1，否=0 |
| 控制变量 | | | |
| 性别 | 虚拟变量 | | 男=1，女=2 |
| 年龄 | 定距变量 | | |
| 婚姻状况 | 虚拟变量 | 未婚、已婚、其他（离婚或丧偶等） | 分别赋值 1～3 |
| 受教育程度 | 定序变量 | 小学及以下、中学、大专及以上 | 分别赋值 0～2 |
| 流动时间 | 连续变量 | 调查年份减去迁入年份 | |
| 流动类型 | 虚拟变量 | 跨省、省内、市内 | 分别赋值 1～3 |

## （二）数据来源及一般性描述

本研究数据来自 2014 年国家卫计委流动人口管理司组织实施的"流动人口社会融合专题调查"。该调查针对东部、中部和西部地区 8 个城市流动农民工的一般社会经济属性以及其社会融入状况，这 8 个城市分别是：北京市、嘉兴市、厦门市、青岛市、郑州市、深圳市、中山市、成都市。虽然城市没有经过随机抽取，但市内样本均采用 PPS 抽样方式获取，因此数据具有一定代表性[20]。各变量的描述性统计结果如表 11-2 所示。

表 11-2　变量的描述性统计

| 变　量 | $N$ | 极小值 | 极大值 | 均值 | 标准差 |
|---|---|---|---|---|---|
| 城市身份认同 | 13 053 | 0 | 1 | 0.20 | 0.403 |
| 年　龄 | 13 053 | 15.00 | 60.00 | 32.648 | 8.77 |
| 年龄平方/100 | 13 053 | 2.25 | 36.00 | 11.428 | 6.109 |
| 收入对数 | 12 074 | 4.61 | 12.21 | 8.073 | 0.493 |
| 婚姻分类 | 13 053 | 1.00 | 3.00 | 1.752 | 0.437 |
| 教育水平 | 13 053 | 0.00 | 2.00 | 0.992 | 0.444 |
| 流动时间 | 13 053 | 1.00 | 34.00 | 5.257 | 4.444 |
| 流动范围 | 13 053 | 1 | 3 | 1.51 | 0.566 |
| 社区参与 | | | | | |
| 社区文化参与 | 13 053 | 0 | 1 | 0.25 | 0.436 |
| 社区公益参与 | 13 052 | 0 | 1 | 0.21 | 0.405 |
| 社区政治参与 | 13 053 | 0 | 1 | 0.03 | 0.158 |
| 社区管理参与 | 13 053 | 0 | 1 | 0.10 | 0.298 |
| 社会交往参与 | 13 052 | 0 | 1 | 0.04 | 0.206 |
| 社区表达参与 | 13 053 | 0 | 1 | 0.02 | 0.134 |

## 二、模型选择与实证研究结果

### (一)模型选择

本章的被解释变量为二元分类虚拟变量，且核心自变量也属于二元分类变量，因此本文选用二元 Logistic 模型对数据进行分析。模型设定为

$$\ln\left(\frac{P_i}{1-P_i}\right) = a + \sum_{i=1}^{n} \beta_i X_i + \varepsilon$$

式中：$P_i$ 为农民工已经融入城市的概率；$(1-P_i)$ 为农民工没有融入城市的概率；$X_i$ 为影响农民工城市融入解释变量的向量组；$\varepsilon$ 为扰动项；$\beta_i$ 为有待估计的自变量参数；$a$ 为常数。

为避免出现自变量之间的多重共线性，在进行回归分析前，对核心自变量之间的相关性进行了检验。结果表明，所有自变量之间的相关系数极小，其中"社区公益参与"与"社区文化参与"相关系数最大，为 0.467，而其他各个核心自变量之间相关系数均低于 0.3，据此可以判断 6 个核心自变量之间基本不存在多重共线性问题。

### （二）基于全样本的分析结果

对于农民工城市融入影响因素的验证，本章将控制变量和核心自变量逐步纳入 Logistic 回归方程，回归结果如表 11-3 所示。

表 11-3　农民工城市融入影响因素的 Logistic 回归结果

| 变量 | 模型 1 | | 模型 2 | |
|---|---|---|---|---|
| | $B$ | Exp（$B$） | $B$ | Exp（$B$） |
| 年龄 | 0.021 | 1.021 | 0.018 | 1.019 |
| 年龄平方/100 | −0.022 | 0.979 | −0.019 | 0.981 |
| 性别（女） | 0.023 | 1.023 | 0.008 | 1.008 |
| 收入对数 | 0.021 | 1.021 | 0.000 | 1.000 |
| 教育水平（小学及以下） | | | | |
| 中学 | 0.189** | 1.208 | 0.154* | 1.166 |
| 大专及以上 | 0.423*** | 1.526 | 0.344*** | 1.411 |
| 流动时间 | 0.029*** | 1.030 | 0.028*** | 1.028 |

续表

| 变量 | 模型 1 | | 模型 2 | |
|---|---|---|---|---|
| | *B* | Exp（*B*） | *B* | Exp（*B*） |
| 婚姻状况（未婚） | | | | |
| 已婚 | 0.181** | 1.199 | 0.225*** | 1.252 |
| 离婚或丧偶 | 0.924** | 2.519 | 0.940** | 2.560 |
| 流动范围（跨省） | | | | |
| 省内跨市 | 0.577*** | 1.781 | 0.528*** | 1.696 |
| 市内跨县 | 1.305*** | 3.689 | 1.262*** | 3.534 |
| 农民工社区参与 | | | | |
| 社区文化参与 | | | 0.119** | 1.126 |
| 社区公益参与 | | | 0.324*** | 1.383 |
| 社区政治参与 | | | −0.026 | 0.974 |
| 社区管理参与 | | | −0.052 | 0.949 |
| 社会交往参与 | | | 0.082 | 1.086 |
| 社区表达参与 | | | 0.694*** | 2.001 |
| Cox & Snell R $^2$ | 0.027 | | 0.034 | |
| Chi-Square | 331.319 | | 415.681 | |

注：括号内为参照组；*表示 *p*<0.1，**表示 *p*<0.05，***表示 *p*<0.01，二
　　分变量的参照组为第 1 组。

从表 11-3 可以看出，年龄、性别等个人因素对农民工城市融入的影
响并不显著。而"年龄平方/100"这一因素产生的影响虽然不显著，但
系数为负且与年龄系数相反，表明农民工城市融入水平与这一群体在年
龄上的分布呈倒"U"形关系。作为先赋性个人条件，年龄和性别可能在
农民工城市融入意愿中发挥作用，但城市融入结果却是农民工与城市社
会生活空间中的诸多主体持续互动的积累，这在"流动时间"变量的估

计系数中可以得到印证。流动时间在两个方程中均通过 0.01 水平的显著性检验，流动时间每增加 1 年，农民工融入城市的概率会上升大约 3 个百分点。收入对数的影响也不显著，印证了城市融入是一个包括文化、心理等方面共同作用的多维结果，经济融入只是农民工城市融入的一个组成部分，文化融入和心理融入相对于经济融入，是一个更加复杂和长期的过程。教育因素是影响农民工城市融入的重要因素，相比小学及以下教育水平的农民工，受过中学和大专以上教育的农民工城市融入概率分别增加了 20.8% 和 52.6%，即使加入核心自变量后，发生比有所下降，但仍然达到 16.6% 和 41.1%。中学水平的农民工已经通过学校教育具备了一定的城市融入能力，而大专以上教育水平的农民工，除了有更高的知识水平，多数具有在城市学习、生活的经历，因此城市融入的水平更高。婚姻状况也对全体样本的城市融入水平有显著的影响，已婚农民工融入城市的概率明显高于未婚农民工，已婚农民工一般年龄稍大，在城市中生活时间较长，且已婚农民工也容易得到来自配偶及其家人的社会支持，有利于他们投入更多精力到城市的工作和生活中去，尤其是与配偶一起外出务工的农民工。值得一提的是，离婚和丧偶农民工融入城市的发生比最高且通过 0.05 水平的显著性检验，这可能是由于样本中丧偶比例极小。离婚的发生有两种情况，农民工与农村配偶离婚或农民工与城市配偶离婚，前者意味着农民工对城市生活方式和价值观已经接受，而后者虽然发生情况较少，但也表示农民工在城市生活中具有了较强的主动性。此外，流动类型在两个方程中均通过 0.01 水平的显著性检验，相比跨省流动的农民工，省内跨市和市内跨县农民工的城市融入发生率分别增加 78.1% 和 268.9%，可以看出，跨省流动农民工在城市面临着迥异于迁出地的社会自然环境、生活方式和语言习惯等诸多障碍。

核心自变量中，农民工的社区文化参与、社区公益参与以及社区表达参与分别在 0.05 和 0.01 水平上影响显著。通过在城市务工取得高于迁出地农业生产的收入，只是农民工融入城市的第一步，社区才是农民工日常生活的基本场域。无论是流水线工人还是快递员、建筑工等，农民工面临的要么是机器，要么是同事，与城市居民互动机会较少。因此，在工作以外的生活空间，社区发挥着重要作用，社区才是农民工开始了解城市生活真实面貌的重要窗口，也是他们习得城市生活方式的重要场所。从社区参与的几种形式来看，从社区文化参与到社区表达参与，是农民工在社区中的话语权不断增强的过程，相比之下，社区文化参与、社区公益参与因其参与门槛较低而对农民工有更大的吸引力。在社区文化参与中，农民工通过与城市居民的互动，既能习得城市生活方式，也是展示自己、让城市居民了解自己的重要机会。通过这些互动，会消除城市居民对他们的"刻板印象"，从而在心理上更好地认同和接纳农民工。而社区公益参与给了农民工进一步彰显其社会价值的契机。基于以上原因，社区文化参与、社区公益参与使农民工融入城市的发生比分别上升了12.6%和38.3%。社区表达参与意味着农民工在社区中的话语权不断增强，通过相关活动，农民工可以发出自己的声音，消除社区或者城市对他们的歧视性差别，为自己争取更多的利益。因此，参与社区表达的农民工融入城市的概率是没有参与农民工的2倍。

## （三）不同代际农民工城市融入影响因素分析

近些年来，新生代农民工在农村外出务工人员中的比例不断上升，且新生代农民工与老生代农民工生活环境、成长经历、教育水平等方面不同，因此两代农民工的城市融入情况势必也会存在一些差异。基于此，研究新生代农民工城市融入影响因素及其与老生代农民工的差异非常必要。

表11-4显示的是不同代际农民工城市融入情况的比例。在老生代农民工中，"感觉自己是本地人"的比例明显高于新生代农民工，比"90后"农民工甚至高出5.3个百分点，可见，不同代际农民工的城市融入水平存在明显差异。

表 11-4　不同年龄组城市融入比例

| 项目 | 全样本 | 老生代农民工 | 新生代农民工 | "80后"农民工 | "90后"农民工 |
|---|---|---|---|---|---|
| 感觉自己是本地人 | 20.4% | 22.1% | 19.3% | 20.5% | 16.8% |
| 感觉自己不是本地人 | 79.6% | 77.9% | 80.7% | 79.5% | 83.2% |
| N | 13 053 | 5 052 | 8 001 | 5 522 | 2 479 |

为检验不同组别农民工城市融入影响因素的差异，本章对老生代、新生代以及新生代中的"80后""90后"分别进行 Logistic 回归分析。"90后"农民工"丧偶或离婚"的个案极少，因此没有将其纳入方程。回归结果如表 11-5 所示。

表 11-5　不同代际农民工城市融入影响因素的 Logistic 回归结果

| 变量 | 模型 3（老生代） | 模型 4（新生代） | 模型 5（80后） | 模型 6（90后） |
|---|---|---|---|---|
| 年龄 | -0.017 | 0.112 | 0.381 | 0.405 |
| | （0.983） | （1.118） | （1.464） | （1.500） |
| 年龄平方/100 | -0.720 | -0.002 | -0.661 | -0.010 |
| | （0.487） | （0.998） | （0.516） | （0.990） |
| 性别（女） | -0.053 | 0.049 | 0.059 | 0.028 |
| | （0.948） | （1.050） | （1.061） | （1.029） |
| 收入对数 | -0.040 | 0.024 | 0.031 | 0.094 |
| | （0.960） | （1.025） | （1.031） | （1.099） |
| 教育水平（小学及以下） | | | | |
| 中学 | 0.131 | 0.217 | 0.205 | 3.342 |
| | （1.140） | （1.242） | （1.227） | （1.408） |
| 大专及以上 | 0.199 | 0.413*** | 0.300 | 0.856* |
| | （1.220） | （1.511） | （1.350） | （2.354） |

续表

| 变量 | 模型 3<br>（老生代） | 模型 4<br>（新生代） | 模型 5<br>（80 后） | 模型 6<br>（90 后） |
|---|---|---|---|---|
| 流动时间 | 0.023*** | 0.039*** | 0.033*** | 0.078*** |
|  | （1.023） | （1.040） | （1.034） | （1.081） |
| 婚姻状况（未婚） | | | | |
| 已婚有配偶 | 0.098 | 0.213** | 0.176* | 0.282 |
|  | （1.103） | （1.238） | （1.192） | （1.326） |
| 丧偶或离婚 | 0.192 | 0.218 | 0.321 | |
|  | （1.211） | （1.243） | （1.378） | |
| 流动范围（跨省） | | | | |
| 省内跨市 | 0.538*** | 0.518*** | 0.498*** | 0.572*** |
|  | （1.713） | （1.679） | （1.645） | （1.772） |
| 市内跨县 | 1.253*** | 1.273*** | 1.337*** | 1.153*** |
|  | （3.502） | （3.570） | （3.809） | （3.169） |
| 社区参与 | | | | |
| 社区文化参与 | 0.067 | 0.154*** | 0.064 | 0.344** |
|  | （1.069） | （1.167） | （1.156） | （1.411） |
| 社区公益参与 | 0.385*** | 0.276*** | 0.187** | 0.477*** |
|  | （1.470） | （1.318） | （1.205） | （1.612） |
| 社区政治参与 | 0.240 | −0.274 | −0.151 | −0.554 |
|  | （1.271） | （0.761） | （0.860） | （0.574） |
| 社区管理参与 | −0.065 | −0.043 | −0.067 | 0.074 |
|  | （0.937） | （0.958） | （0.935） | （1.077） |
| 社会交往参与 | 0.104 | 0.045 | 0.007 | 0.134 |
|  | （1.110） | （1.046） | （1.007） | （1.143） |

| 变量 | 模型 3<br>（老生代） | 模型 4<br>（新生代） | 模型 5<br>（80 后） | 模型 6<br>（90 后） |
|---|---|---|---|---|
| 社区表达参与 | 0.455*** | 0.899*** | 0.963*** | 0.699 |
|  | （1.576） | （2.456） | （2.620） | （2.012） |
| Cox & Snell $R^2$ | 0.034 | 0.034 | 0.029 | 0.048 |
| Chi-Square | 162.431 | 255.029 | 150.696 | 112.713 |

注：括号内为参照组，二分变量的参照组为第 1 组；*表示 $p<0.1$，**表示 $p<0.05$，***表示 $p<0.01$，（ ）内数据为优势比。

控制变量中，与全样本的研究结果较为一致，年龄、性别以及收入因素的影响均不显著。但是，也可以看出，受教育水平对两代农民工城市融入的影响大不相同，教育因素对老生代农民工城市融入影响并不显著，但受过大专以上教育的新生代农民工城市融入的概率却大大增加，相比小学以下文化水平的新生代农民工，大专及以上新生代农民工城市融入的发生比上升了 51.1%，这一因素在"90 后"农民工中也通过了 0.1 的显著水平检验且作用更强。这是由于老生代农民工的平均受教育水平较低，他们融入城市的方式不是通过自己原有的知识、眼界和城市认知水平，而是通过较长的城市生活时间逐渐融入。"90 后"农民工中，具有大专及以上文化水平的农民工融入城市的概率是小学及以下文化水平农民工的 2.354 倍。流动时间在 4 个模型中均通过 0.01 的显著水平检验，但流动时间对新生代农民工城市融入的作用也非常明显，尤其是"90 后"农民工，同样是流动时间增加 1 年，其融入城市的发生比老生代农民工高出了 6.1 个百分点，这意味着受过良好教育的"90 后"农民工市民化的进程比老生代农民工更快。婚姻变量只在模型 4 和模型 5 中影响显著，这可能是由于新生代农民工和配偶一起进城务工比例较高，而"90 后"农民工结婚比例较低且家庭生活尚不稳定。流动范围变量对不同组别农民工城市融入的影响作用也不相同，主要表现为"90后"农民工市内跨县流动的城市融入发生比比老生代和"80后"农民工低，这是因为"90后"农民工更年轻、文化水平更高，有着更强的环境适应能力。

在核心自变量中，社区文化参与只在新生代农民工与"90后"农民工组别中分别通过了 0.01、0.05 的显著水平检验，且在"90后"农民工群体中发生比更高，在"90后"农民工中，相比不参与社区文化活动的农民工，参与者融入城市概率提升了 41.1%，这可能是"90后"农民工更加热衷于文化活动，并在活动中善于和当地居民进行异质性互动。社区公益参与在各个组别中都通过了显著性检验，但在"90后"农民工中的发生比更高，这可能是由于相对于老生代和"80后"农民工，"90后"农民工进城的动机不限于追求高收入，而是出于对城市生活方式的向往，所以也更加注重自我价值的实现，公益活动有助于他们实现城市身份认同、促进其融入城市。社区表达参与在模型 1 至模型 3 中通过了 0.01 的显著水平检验，且在"80后"农民工中发生比更高，"80后"农民工比老生代农民工高出 1.06 倍。"80后"正处于年富力强的阶段，工作能力增强，生活阅历丰富，因此，更倾向表达自己意见、为自己争取利益，而老生代农民工进城务工多为"经济驱动型"，对社区表达参与缺乏热情。与"80后"农民工相比，"90后"农民工年龄稍小，工作状况尚不稳定，收入较低，加之在城市生活时间短，因此，其社区表达参与的条件尚不具备，参与的主观意愿不够强烈。

## 三、主要结论与启示

本章利用 2014 年国家卫计委流动人口管理司的"流动人口社会融合专题调查"数据，对农民工城市融入影响因素进行 Logistic 回归分析。结果显示，年龄、性别以及收入水平对农民工城市融入影响并不显著，流动时间、受教育水平、流动范围是影响农民工城市融入的重要因素且存在同方向变动关系，即农民工流动时间越长，越有利于实现其城市融入；文化水平越高，城市融入的可能性就越大；跨省流动不利于农民工的城市融入，与之相比，省内跨市和市内跨县流动的农民工更容易完成城市融入。在社区参与因素中，文化参与、公益参与以及表达参与对农民工城市融入影响显著，有上述几种社区参与的农民工城市融入发生比明显提高，其中表达参与影响程度最大，其次为公益参与和文化参与。

为考察农民工内部社区参与对城市融入影响的差异，本章对新生代与老生代农民工进行了区分，并进一步将新生代农民工细分为"80后"和"90后"两个组别，对以上组别分别进行 Logistic 回归分析。比较发现，受教育水平、流动时间对新生代农民工尤其是"90后"农民工的城市融入影响更大；婚姻变量对新生代农民工尤其是"80后"农民工影响显著；跨省和省内跨市流动的新生代农民工城市融入概率显著提升，而市内跨县流动的农民工城市融入概率降低。社区文化参与对老生代农民工城市融入影响并不显著，而对新生代尤其是"90后"农民工的城市融入影响较大；社区公益参与对所有组别农民工城市融入影响显著，但对新生代农民工作用更加明显；社区表达参与对两代农民工城市融入都有显著影响，但在"80后"农民工中发生比最高，而对"90后"农民工的城市融入没有显著影响。

综上所述，社区在农民工城市融入中起着重要的作用。虽然收入水平对于农民工来说意义重大，但收入提高并不等同农民工融入城市并完成市民化。城市融入是一个复杂的动态过程，受到来自城市、农民工个人以及城市居民等多种主体因素的影响，但无论如何，社区参与是农民工融入城市的前提条件之一，日常生活才是农民工融入城市的重要机制。社区是构架农民工与城市生活连接的主要通道，通过社区参与，农民工可以更好地适应城市生活，也能促进城市居民对他们的了解，从而扫除他们城市融入的内外心理障碍。因此，农民工城市融入和完成市民化，社区因素无法绕过。

以上结论对推动农民工城市融入的政策性启示体现在以下几个方面，第一，城市应保障农民工生活的必需条件，使得他们愿意在城市中居住下来，随着留城时间的增加，农民工城市融入的能力会不断增强，为他们实现市民化奠定基础。第二，积极推动农民工社区参与。社区事务或社区活动的开展要具有开放意识，为农民工参与敞开大门。当前，很多社区活动往往定位于社区市民，地方政府以及社区要树立平等意识，在社区活动的开展中对农民工一视同仁。比如充分考虑社区活动的类型、时间，既要将活动的意义进行针对性宣传，使农民工有积极参与的愿望，也要充分考虑农民工参与的条件，使他们有机会和能力去参与；此外，社区活动中也要充分注重不同活动类型对不同年龄段农民工的差异作用，以实现社区活动对推动农民工社区参与、城市融入过程中的效果最大化。同时，应根据不同年龄农民工的教育文化水平、价值观等，循序渐进地引导农民工进行社区管理参与、社区政治参与以及社区交往参与，使他们最终能够全方位参与到社区事务中，促进他们完成社区融入，这也是他们进一步全面融入城市的必由之路。

## 参考文献

[1] 杨敏. 公民参与、群众参与与社区参与[J]. 社会，2005（5）：78-95.

[2] 肖富群. 居民社区参与的动力机制分析[J]. 广西社会科学，2004（5）：161-163.

[3] 刘朱红. 我国社区参与的现实分析[J]. 岭南学刊，2002（4）：43-45.

[4] 张亮. 上海社区建设面临挑战：居民参与不足[J]. 社会，2001

（1）：4-6.

[5] 吴巍. 中国城市社区居民自治参与不足的原因及对策[J]. 福建行政学院学报，2002（3）：34-38.

[6] 马卫红，黄沁蕾，桂勇. 上海市居民社区参与意愿影响因素分析[J]. 社会，2000（6）：14-16.

[7] 刘晋飞. 新生代农民工社区参与意愿的影响因素分析[J]. 广东行政学院学报，2013（6）：22-27.

[8] PAUL S. Community participation in development projects: the world bank experience[R]. World Bank Discussion Papers. No 6, Washington, D. C., The World Bank, 1987：2.

[9] TAYLOR M. Communities in partnership: developing a strategic voice[J]. Social Policy and Society, 2006（2）：24-38.

[10] 郭星华，李飞. 漂泊与寻根：农民工社会认同的二重性[J]. 人口研究，2009（6）：74-84.

[11] 柯元，柯华. 基于社区融入视角的农民工市民化问题探析[J]. 农村经济，2014（8）：105-109.

[12] 刘建娥. 乡—城移民社会融入的实践策略研究：社区融入的视角[J]. 社会，2010，30（1）：127-151.

[13] 时立荣. 透过社区看农民工的城市融入问题[J]. 新视野，2005（4）：64-65.

[14] 刘建娥. 中国乡-城移民的社会融入研究[D]. 天津：南开大学，2009.

[15] 王春光. 农村流动人口的"半城市化"问题研究[J]. 社会学研究，2006（5）：107-122.

[16] 肖云，邓睿. 新生代农民工城市社区融入主观判断的影响因素——基于重庆市新生代农民工调查数据的分析[J]. 城市问题，2015(4)：91-99.

[17] 王胜今，许世存. 流入人口社会融入感的结构与影响因素分析——基于吉林省的调查数据[J]. 人口学刊，2013（1）：5-14.

[18] 宋月萍，陶椰. 融入与接纳：互动视角下的流动人口社会融合实证研究[J]. 人口研究，2012（3）：38-49.

[19] 项继权. 中国村民的公共参与——南街、向高、方家泉三村的考察分析[J]. 中国农村观察，1998（2）：42-49.

[20] 杨菊华. 中国流动人口的社会融入研究[J]. 中国社会科学，2015（2）：61-79.

# 第十二章　农民工城市融入的社会工作增能
## ——基于 A 机构的案例

　　社会融入起源于涂尔干对社会团结机制的研究，后在帕森斯、哈贝马斯、吉登斯的社会整合理论中亦多有论述。随着全球移民规模与距离的不断扩大，社会融入的研究精彩纷呈，逐渐形成了几种影响较大的理论：一是线性融合论。该理论认为，经由语言、经济、文化等适应过程，移民族群会最终融入当地主流社会。然而，伴随第二代移民在融合中出现的问题，这一理论受到了多元文化论的挑战。二是多元文化论。这一理论认为，移民倾向保持原有文化，并在新的文化环境中进行调试，最终导致多元文化形成。三是区隔融合论。该理论强调移民者的特征对社会融入的影响，融合结果或融入主流社会，或融入下层社会，或在社会文化的某一方面进行选择性融合。

　　在借鉴西方社会融入理论的基础上，结合本土实际，我国学者围绕农村迁移人口的社会融入也做了大量研究。蔡昉、任远和邬民乐、徐祖荣等对影响融入的结构性因素进行了分析。[1]-[3]李强、朱力、王春光、郭星华等认为流入地居民的排斥影响了务工者的社会融入。[4]-[7]张文宏和雷开春、关信平、刘建娥等研究了社会融入的过程。[8]-[10]以上研究从宏观到微观、从制度到家庭乃至个人，对流动人口的融入障碍以及融入的动力机制进行了详细的梳理，与之相对，提出解决问题的方式涵盖了从二元户籍制度的破除、城市友好社区的构建以及提升流动者的个人素质等各个方面。总体来看，以上成果极大地丰富了社会融入的研究内容，也在一定程度上为解决农民工社会融入问题提供了实践启示，但也应当看到，包括制度在内的结构性因素的改变不会一蹴而就，尤其是在当前我国各个城市之间社会发展和建设水平存在较大差异的情况下。同时，对于提高农民工素质或能力的相关建议主要关注他们的教育水平或职业技能训练，但这只是农民工社会融入的基本条件，更为重要的是，社会融入是两种社会力量的碰撞与有机融合，在当前宏观社会背景下，要有力促进农民工的社会融入，必须找到既能提高他们融入能力的技术手段，又要具备改变其社会环境的倡导力量，在这个意义上，不能不说，专业社会工作在农民工社会融入研究中的缺席令人遗憾。

## 一、社会工作价值观下农民工社会融入的再认识

社会工作要将实务方法建立在如何能让关注的对象获得最佳服务的信念之上，以此为基础，对服务对象所呈现出的"问题"以及所处情境进行甄别、鉴定，从而找到最适合的专业方法，进而对他们进行帮助。当前，对社会工作的核心价值观尚没有统一的认定标准，但毋庸置疑，在讨论农民工社会融入这一现象时，要面临的首要问题是，在社会工作的专业判断中，农民工的社会融入"应该是什么"。

当前相关研究认为，人力资本、社会资本、经济资本以及制度资本是影响农民工社会融入的重要因素，而在以上各种资本类型中，农民工都处于劣势状态，因而导致其社会融入程度不足。将农民工作为弱势群体对待，这虽然是学者社会问题意识的高度体现，但却与社会工作的价值观相去甚远。过度关注各种资本类型在农民工社会融入中的作用，就暗含着必须要将所有的资本匮乏问题解决后，作为农民工群体的社会融入才成为可能，显然，这种论断在逻辑上是站不住脚的。比如，有学者认为经济融入是社会融入的先决条件，[11]但更为系统的研究却发现，当前我国城市流动人口中文化和心理融入水平较高，而经济和社会参与融入水平较低，四个维度融入的进程和国际上移民融入规律（文化习得和心理上的认同较难，而经济融入相对容易较易）恰恰相反。[12]那么，在

社会工作价值观下，应如何认识农民工的社会融入呢？

首先，要尊重作为案主的农民工，排除农民工的"标签化"。要想利用社会工作的专业方法促进农民工的社会融入，就必须将他们视为实务工作的中心，充分尊重作为群体和个人的农民工的尊严。当前，部分大众传播媒介有将农民工"问题化"的倾向，有人认为农民工素质低下由此引起的生活方式较为落后，影响了城市的形象；有的甚至认为农民工是城市犯罪的高发群体，对社区以及城市安全带来隐患，类似论调不一而足，这在某种程度上成为农民工社会融入的极大障碍：无论是作为融入主体的农民工还是作为接纳主体的城市原有居民，都极易受到这些"负面形象"的心理暗示，会造成两者在社会心理上的对立状态，相互间社会认同缺乏。

与之相反，这个群体中的每一名成员都有着与生俱来的尊严，农民工是为城市社会和经济发展做出巨大贡献的社会群体，理应受到全社会的尊重。作为专业社会工作，要充分理解他们的生活方式，认识到他们的价值所在，相信每一名案主都是独特的个体，并有责任将此价值观有意识地向全社会进行传达，只有这样，才能使得他们感受到来自社会工作的尊重，从而更好地帮助他们融入城市。

其次，要尊重农民工和城市居民的差异。农民工的社会融入，不仅包括了自身对城市社会和市民生活的适应，也包括了被城市社会和市民的认同接纳。因此，农民工的融入过程也是两种价值观念和生活方式的碰撞过程，而产生碰撞的原因，就在于二者之间的差异。这些差异由根植于长期生活环境下的习得所致，因此，社会工作的重点不是判断此种差异的优劣，也不应该对任何一种生活方式进行针砭，而是要尊重这种差异。在具体的社会工作中，不要求农民工的生活方式加以转变，也不对城市居民的社会排斥加以指责，而是要设计出一套操之可行的个案、社区方法，引导二者向社会工作的价值观看齐，即做到相互尊重，彼此接纳。

再次，要致力于发展农民工自助能力。农民工社会融入程度较低，是由于工作、生活中与城市居民具有"区隔"，抛去收入、工作性质等外在因素，融入应该是一个他们参与城市社会生活的主动过程。但是，当前农民工的社会交往多以同乡、家人为主（有的城市还形成了以老乡共同生活的城中村，比如北京的"浙江村"），这些虽然在某种程度上减少了他们对城市生活的不适应感，但也极大地影响了他们对城市社会和生活的融入。要改变这一社会境况，就要致力于改变他们的行为，使他们树立积极参与改变的信心，相信他们具备改善自己生存状态的能力。

收入、社会地位等外在属性并不必然导致农民工游离于城市认同之外。城市融入的一个根本性特征是，农民工与城市居民情感上的相互接纳，社区融入是城市融入的前提，也是城市融入的关键所在。因此，对农民工自助能力的发展，首先要发展他们确信自身至少具备某一方面的品质，可以帮助他们参与到城市生活之中。有时，一个简单的生活事件，就可以称为他们融入城市的重大线索，而他们要改变融入不畅的社会环境，就是要坚持找到这种线索，在树立信心的基础上，察觉到自己所具有的力量，学会使用这些力量积极参与到城市生活中去。

## 二、社会工作对农民工城市融入的推动——基于 A 机构的例证

当前，社会工作作为"助人自助"的专业救助力量，在诸多领域多有开展，作为成熟的三大工作方法——个案、小组以及社区工作，在对特殊人群的救助中也发挥了重要力量。但是，在农民工的城市融入这一宏大主题中，却很少见到社会工作的影子。究其原因，可能是：其一，农民工在城市社区中的居住非常分散，致使社会工作机构在开展工作时缺乏物理空间条件；其二，当前的社会工作重点领域以弱势群体的生存

状况改善为主，比如空巢老人、残疾人等，而农民工往往处于生命周期中的中间阶段，且其融入问题当前还不被认为是生存问题，而是一个发展问题，因而，社会工作机构以及政府所购买的社会服务对此领域没有给予应有的关注。

A机构是一个关注农民工的社会工作服务机构，曾经从事农民工社会工作的实务，并取得了一定成效。

A机构的服务可以分为农民工直接服务与社会支持服务两部分。

直接服务主要包括促进农民工的城市生活适应、农民工多发问题的解决等活动。相比之下，农民工多发问题的解决多为农民工的短期需求，而农民工城市生活的融入影响极大，因此，机构着重围绕需求解决农民工多发问题。这主要表现为社会工作者从农民工的需求与问题入手，直接面对农民工或其家属，运用有关的专门知识和技巧为个人和家庭提供物质、情感或社会资源这方面的支持与服务，协助其解决个人问题，并达到案主个人意识的提升和解决问题的能力。而社会支持服务主要是通过社区，挖掘他们可能汲取到的资源，为他们提供融入城市生活的支持性力量。下面是A机构的专业工作的开展状况。

**【个案工作】**

1. 情绪疏导

社会个案工作的理念是基于工人是具有独立人格的个体，有表达其行为、言说其意愿、受尊敬的权利，通过服务者与被服务者之间的交流沟通，双方建立起相互信赖的关系，从而个人问题得到有效的解决，工人个人得以成长和发展。通过与工人面谈等方式，让工人感到关怀。也可鼓励工人写文章，参加一些集体活动，扩大人际网络。

2. 法律咨询

由于获得法律知识的渠道少，多数农民工不清楚如何依法维权，维权的信心与能力较弱。因此，社工机构通常通过电话咨询、QQ咨询或面谈咨询等方式，设立咨询热线，针对案主的法律个案问题，提供有效的法律知识或维权方案，协助工人增长维权的意识与能力。

（1）接案或转介：社会工作按照工伤案咨询指引，先了解工人基本信息，初步判断介入方案。这一环节，社工主要是判断个案咨询的类型，大体包括工伤、讨薪等咨询，此外社工要注意了解工人的基本信息，以便于日后联系与跟进；了解来工地上的时间，可以判断他对工地上的了解，以及收集证据的困难程度来分析；了解公司信息，给工人查询公司注册信息等。

（2）收集资料：收集基本的法律资料，评估服务对象的问题；对法律知识不了解，不清楚处理程序；对法律维权没有信心；家里经济困难；缺乏社会支持网络。

（3）制订计划：向案主讲解相关的政策法规，讲解维权的处理程序与方法，分析案主面临的法律问题，如证据的收集等，与案主讨论解决的方法并帮助其分析利弊，鼓励案主自决介绍其他相似工人的维权经历，鼓励案主维权的信心，寻找案主工作地的司法援助机构或公益性机构，考虑案件转介。

（4）签订（或告知）服务协议：社会工作者介绍可为其提供的服务，及双方的权利与义务。

（5）开展服务：电话跟进服务对象维权过程中面临的问题，为其提供维权知识、技巧、信心；介绍服务对象工作地的法律援助机构，案件转介。

（6）结案与评估：工作者实施评估，服务对象参与评估（电话回访）。

【小组工作】

对于小组的定义是由两个或两个以上的工人、师傅们来参加培训，工作人员带领参与小组的成员学习相关知识，引导大家进行讨论。每一次培训的主题都要提前计划好。一次小组活动的计划书如表 12-1 所示。

表 12-1　小组活动的计划书

| 内容 | 准备资料 | 分工 |
|---|---|---|
| 认识参加者，介绍本次小组内容 | | |
| 引入：讲述一次成功帮助城市居民的例子 | 结合上一节内容 | |
| 现场征集：<br>你所在社区的住户都是哪些类型？<br>你所在社区的负责人？<br>你曾经接触过的本地居民？<br>讲一个小故事。 | 贴纸、大头笔、环保胶 | |
| 能力的类型讲座 | PPT | |
| 大家一起来讲述 | | |
| 讲解故事中的沟通及正面影响 | | |
| 城市需要不需要我们？ | | |
| 你愿意和哪种类型的本地居民打交道？为什么？ | 贴纸 | |
| 总结本节内容 | | |

　　机构高度重视农民工与城市社区沟通的途径挖掘。通过以上小组活动，能够增强农民工对城市的认识以及自身对城市的意义。更为重要的是，在故事叙述中可以促使农民工将城市居民的抽象印象变得具体化、生动化，可以在心理上打破他们与城市居民的藩篱，从而为他们的生活融入奠定基础。

　　【社区工作】

　　以社区和社区居民为案主，通过发动和组织社区居民参与集体行动，确定社区的问题与需求，动员社区资源，争取外力协助，有计划、有步骤地解决或预防社会问题，调整或改善社会关系，加强社区的凝聚力，培养社区居民的民主参与意识和能力，以提高社区的社会福利水平，促进社区的进步。

1. 社区考察

在开展社区服务前，需要概括地了解社区的现状和问题，并且作需求分析，然后设定工作目标。社区考察的工作流程与计划内容如表 12-2 所示。

表 12-2 社区考察的工作流程与计划内容

| 观察 | 地理，人口，经济，商业，就业，劳动条件，行业管理（公/ 私）<br>服务：医疗，学校，生活消费（档次，种类），住房，交通，环境、卫生，休闲娱乐，消费者群体<br>社区聚脚点，社区资讯，社会资源是否可用 |
|---|---|
| 访谈 | 对象（可选多种）　　男/女　　　数量　　　地点<br>访谈内容、访谈技巧（启动谈话策略） |
| 预计困难 | 给当地人带来的弊端　　给当地发展带来的弊端<br>是否得到当地的配合　　具体活动开展中的问题 |
| 目的 | 初步但近距离接触社区，观察社区组成部分，初步了解社区需要。<br>尝试建立关系，自我融入具有人性的社区生活 |

2. 社区教育

农民工社会关系单一，业余生活单调，缺少教育、娱乐的场所等，因此机构在社区教育方面，通过整合社区资源，为工人们提供更多的社会学习、交往场所。关于社区教育的主要内容，除了社区通常进行的文化科学教育、社会公德教育之外，机构还侧重于对农民工社区参与能力的培训，主要包括：社区的管理参与、社区文体活动参与以及政治参与，通过参与能力的培训和参与活动的开展，向社区展示农民工群体的另一面，即作为社区生活者的农民工，是城市社区不可或缺的一部分。此外，加强对城市居民的社区教育，通过各种联谊活动，构架农民工与城市居民的沟通桥梁，为农民工的城市生活融入提供条件。

## 三、社会工作推动农民工城市融入的进一步思考

### （一）和其他人群的社会工作不同，农民工城市融入的社会工作是一种过程工作

一般的社会工作，比如老年社会工作、儿童社会工作或者残疾人社会工作，都是为了解决特定人群的某一类型特定问题，而这些问题往往是以某一个事件样式出现。与这些社会工作相比，农民工社会融入的社会工作虽然是面向农民工这一群体，但关注的是其过程，在这个过程中，个体农民工的起点参差不齐，融入意愿不一，涉及生存与发展、隔离到参与的整个进程，而且还要将这一进程置于个体、群体、社区甚至社会的宏观环境之中。当然，发展是这一社会工作的基调，从这个基调出发，必须抛却"问题视角"，充分利用增权理念，侧重于农民工的能力提升。需要注意的是，这里的能力，不是通常强调的收入、工作能力，而是一种善于沟通、积极参与城市社会和生活的能力。对于社会工作来说，提升能力的关键在于提高他们城市融入的自信水平，通过有意识的活动激发他们的参与意愿。

### （二）推进农民工城市融入需要社会资源的整合

农民工城市融入问题，是改革开放以来社会变迁的重要产物，理应引起整个社会的重视，要建立以社区为基础的综合性农民工服务体系，社会、教育、非政府组织、政府、司法部门等各方形成合力，明确承担相应责任，在当前形势下，仅凭哪个部门或哪个城市的单独力量，推动农民工顺利融入城市生活是不可能的。因此，社会工作在利用自身专业优势进行介入的同时，也应该扮演好社会倡导者的角色，通过各种渠道反映农民工的需求以及在社会融入中遇到的种种问题，推进有关农民工社会政策的发展。可惜的是，当前以政府引导为主的社会服务，对农民

工的关注还远远不够，购买的针对农民工的项目类别更是寥寥无几，使得社会以及其他第三方组织也难以投入较多的人力资源和物质资源，这也是社会工作在进入农民工城市融入中所面临的巨大障碍。

## （三）社会工作的重点在于发展农民工的融入能力

当前有研究侧重对农民工能力的探讨，比如职业培训、工作搜寻等，但对融入能力还没有引起足够关注。根据对农民工与城市居民的调查，工作能力、收入水平的提升并不必然导致农民工较高的融入水平，因此，在引导农民工融入城市生活的社会工作中，要进行必要的转向，找到能够推动他们融入的最直接路径。融入能力至少包括以下内容：农民工自身的融入信念、沟通能力与沟通渠道的获得、参与社区生活能力。农民工的融入信念蕴含于农民工自身，农民工与城市居民的壁垒很大程度上是一种观念壁垒，而且这种壁垒多生发于农民工自身，面对新的生活情境，必须要使得他们树立"I may""I can""I want to try"的信心；沟通能力和沟通渠道，是农民工融入城市生活的中介，包括农民工对当地语言的运用能力、对城市生活的认知水平等；参与社区生活的能力，主要指在社区管理与社区活动中，农民工能够积极主动参与，不能无动于衷，将自我排除与生活社区之外。在以上能力提升中，相比于其他社会力量，社会工作具有天然的专业优势和技巧，个案、小组和社区工作方法能够很好地契合农民工的能力需求层次与水平。

当然，社会工作推动农民工城市融入，还有许多在实践中值得总结与尝试的方法，这有待于政府对社会工作的引导和社会工作对这一领域的更为深入的积极干预。

## 参考文献

[1] 蔡昉. 劳动力迁移的两个过程及其制度障碍[J]. 社会学研究，2001（4）：44-51.

[2] 任远，邬民乐. Social Integration of Floating Population in Urban China: A Literature Review[J]. Population Research, 2006, 30(3): 87-94.

[3] 徐祖荣. 流动人口社会融合问题研究[J]. 北京城市学院学报，2008（4）.

[4] 李强. 关于城市农民工的情绪倾向及社会冲突问题[J]. 社会学研究，1995（4）：63-67.

[5] 朱力. 论农民工阶层的城市适应[J]. 江海学刊，2002（6）：82-88.

[6] 王春光. 新生代农村流动人口的社会认同与城乡融合的关系[J]. 社会学研究，2001（3）：63-76.

[7] 郭星华，储卉娟. 从乡村到都市：融入与隔离——关于民工与城市居民社会距离的实证研究[J]. 江海学刊，2004（3）：91-98.

[8] 张文宏，雷开春. 城市新移民社会认同的结构模型[J]. 社会学研究，2009，24（4）：61-87.

[9] 关信平，刘建娥. 我国农民工社区融入的问题与政策研究[J]. 人口与经济，2009（3）：1-7.

[10] 刘建娥. 乡—城移民社会融入的实践策略研究　社区融入的视角[J]. 社会，2010，30（1）：127-151.

[11] 咸星兰，金喜在. 新生代农民工的城市融入：问题与路径[J]. 税务与经济，2016（1）：38-41.

[12] 杨菊华. 中国流动人口的社会融入研究[J]. 中国社会科学，2015（2）：61-79.

# 03 第三篇

## 农村社会发展与增能

# 第十三章 广义资本与农民社会分化

## 一、布迪厄的广义资本理论

资本的概念是布迪厄学术思想中的一个核心范畴，但他的资本概念已经超出了单纯的经济领域，而是把非经济领域中的人类行为也看作追逐资本的行为。当然，后者所指的资本不再是经济理论所认定的那一种形式，而是资本的其他形式（符号资本），他认为，只有了解了资本的所有形式，才能够对社会的结构和作用做出全面的解释。

布迪厄对资本做了这样的定义："资本是积累的（以物质化的形式或'具体化的''肉身化的'形式）劳动，当这种劳动在私人性，即排他的基础上被行动者或行动者小团体占有时，这种劳动就使得他们能够以物化的或活的劳动的形式占有社会资源"。[1]关于布迪厄对资本的定义，可以做出如下解读：第一，资本的表现形式有两种，一种是以物质形式存在的，另一种是内化在人们身体或精神中的通过环境和教育所产生的知识、修养、技能、趣味等文化产物（布迪厄所谓的"惯习"）。第二，无论何种形式的资本，都需要一个长期积累的过程并付出心智体力或精神上的代价。第三，资本的功能是获得社会资源。第四，资本拥有形式上应具备排他性。这一定义体现了资本的所有与使用、资本的生产与实现的统一。在此基础上，布迪厄对资本概念进行了不遗余力的类型学研究。起初，他认为资本包括三种主要形式：经济资本、社会资本、文化资本，每一种资本类型还可以再细分出层次更低的类型。后来，他又补充了象征资本，或译符号资本。特纳曾经根据布迪厄的解释，对这四类资本给出了简明易懂的定义：① 经济资本，指可以用来获得商品与服务的金钱和物质性财富；② 社会资本，指在群体或社会网络中的位置与联系；③ 文化资本，指那些非正式的人际交往技巧、习惯、态度、语言风格、教育素质、品位与生活方式；④ 象征资本，指运用符号使各种层次上的占有合法化，使其他三种形式的资本合法化[2]。至此，资本概念的内涵得以丰富，外延得以扩展，形成了布迪厄的广义资本概念[3]。

与马克思一样，布迪厄没有否认经济条件在决定人们的社会位置中的客观作用，所以，在资本的诸多类型中，布迪厄认为最为基本的类型是经济资本，因为经济资本是同基本的生存条件相联系的资本，是人们赖以生存的关键因素，但布迪厄提出了文化资本也是区分阶级的一个标志，是仅次于经济资本的第二个重要的资本[4]。布迪厄对文化资本的存在形式进行了探讨，他认为，文化资本有三种存在形式："① 具体的状态，以精神和身体的持久性情的形式；② 客观的状态，以文化商品的形式（图片、书籍、词典、工具、机器等），这些商品是理论留下的痕迹或理论的具体显现，或是对这些理论、问题的批判，等等；③ 体制的状态，以一种客观化的形式，这一形式必须被区别对待（就像我们在教育资格中观察到的那样），因为这种形式赋予文化资本一种完全是原始性的财产，而文化资本正是受到了这笔财产的庇护。"[5]这三种形式可以分别称作能力式文化、商品式文化和体制式文化。能力式文化指行动者通过家庭环境及学校教育获得并成为精神与身体一部分的知识、教养、技能、趣味及感性等文化产物。这和舒尔茨的人力资本的概念比较接近，不同的是，舒尔茨更加关注教育和健康，而布迪厄还关注了个体的"精神财富"。商品式文化指文化的物化状态，具体地，就是书籍、绘画、古董、道具、工具及机械等物质性文化财富。体制式文化是将行动者掌握的知识与技能以某种形式（通常以考试的形式）正式予以承认并通过授予合格者文凭和资格认定证书等社会公认的方式将其制度化[6]。

## 二、农民"广义资本"状况分析

### （一）农民的经济资本状况

改革开放以来，农民的收入有较大幅度的增长，1978—2006 年农村居民家庭人均纯收入从 133 元增长到 3 587 元，按可比价格计算增长了 5 倍多，28 年里平均每年递增 7%。在农村人口基数巨大的情况下，取得这样的成就固然令世人瞩目，但从绝对水平看，我国农村居民家庭人均纯收入略高于世界银行早年提出的每人每天 1 美元的贫困线水平，却低于世界银行 2011 年来提出的每人每天 2 美元的贫困标准。然而，社会分化中考察某一阶层的经济状况是以其他阶层为参照的。1978—1985 年农村居民家庭人均纯收入按可比价格计算增长 168.9%，同期城镇居民家庭人均可支配收入增长了 60.4%，城乡居民家庭人均收入的差距大体上从 2.57∶1 降到 1.86∶1（分别按当年价格计算）。然而，1985—2004 年农村居民家庭人均纯收入按可比价格计算增长了 107.5%，城镇居民家庭人均可支配收入增长了 245.1%，城乡居民家庭人均收入的差距按当年价格计算从 1.86∶1 扩大到 3.21∶1，甚至大大超过了改革开放前的水平。从统计数据还可以看到，农村居民家庭人均纯收入中来自农业的部分自 20 世纪 90 年代中期以来基本停滞不前，农民收入的增长几乎完全来自非农经营和外出打工[7]。

人均收入仅仅说明了农民的一般经济状况，而收入能否最后变成"资本"，必须还要观察收入的流向。从表 13-1 我们可以看到，随着农民人均收入的增长，农民的生产性支出并没有太大的变动，而生活消费支出一直居高不下，这并不表明农民有强烈的消费偏向，而是自 20 世纪 90 年代以来家庭的教育和医疗卫生支出不断增加的结果，可见，即使在农民收入大幅增长的情况下，农民整体转向"发展型"社会还需要进一步努力。可喜的是，生活消费支出比例呈现出逐年下降的趋势，这说明农民摆脱"温饱型"转向"发展型"已经取得了一定的进展。

表 13-1　农村家庭平均每人年支出构成（%）

| 年 份 | 2000 | 2006 | 2007 | 2010 | 2015 |
|---|---|---|---|---|---|
| 家庭经营费用支出 | 24.67 | 27.70 | 27.89 | 27.40 | |
| 购置生产性固定资产 | 2.41 | 3.11 | 2.86 | 2.76 | |
| 生活消费支出 | 62.97 | 63.07 | 62.75 | 62.67 | 58.70 |

资料来源：根据中国统计年鉴（2008）得出。

## （二）农民的文化资本状况

### 1. 能力式文化资本

费孝通先生的"差序格局"说可以算作分析农民持久性情的经典理论，"……格局……好像把一块石头丢在水面上所发生的一圈圈推出去的波纹。每个人都是他社会影响所推出的圈子的中心，被圈子的波纹所推及的就发生联系。每个人在某一时间某一地点所动用的圈子是不一定相同的"[8]。孙立平在此基础上总结了这种由血缘或地缘为纽带的连接的社会结构所具有的特点："自我主义"；公私、群己的相对性；特殊主义伦理；人治社会；长老统治[9]。应该说，整个中国传统社会中的制度安排和权力运作，都是以这样的一种社会关系模式为基础的。长期生活于这种社会关系下的传统农民，其"心智结构"可能产生以下倾向：① 忽视现代社会中网络关系的构建，对人们的信任多集中于与亲属、老乡等的强关系。②（制度）纪律意识薄弱，做事多讲"规矩"，对法律等正式制度重视程度不够。③ 平等意识较差。④ 解决困难，多求助于"关系"，忽视对自身人力资本的积累。而这种心智结构，恰恰是现代城市社会所难以"容忍"的，流动到城市当中的农民，难以融入城市生活之中，固然有来自城市人群观念上的壁垒，但和农民长期传承的这些心理特点也不无相关。这些心理特点正是布迪厄所谓文化资本中的能力式文化的重要组成部分，体现在人们身心的根深蒂固的性情倾向中，是社会文化在不同社会个体中的主观内化，一经形成，就会在个体的行动中持久的、稳定地发挥作用。

除此以外，能力式文化还包括那些内存于行动者的技能水平。在布迪厄提到的三种能力式文化中，以上所分析的农民心理特点属于"修养"和"文化"的表现形式，还有一种形式是教育，上文已经提到，这和舒尔茨对人力资本的概念较为接近，农民的教育可以分为两种方式，即学校正规教育、日常生活中在家庭和社会中的"习得"，而家庭中的习得，主要是从先代的言行举止中进行对自己价值观和世界观的积淀，这种积淀往往又同前面提到的农民整体所表现出来的"心智结构"结合在一起，加之由于地域的闭塞性特点和生产方式的自然性特点而产生的较弱的商品意识，它可能成为农民进一步社会分化的障碍。

学校教育对文化资本的产生有着特殊的作用，但当前农民的整体文化教育素质并不令人满意。根据第五次全国人口普查的数据 2000 年全国农村劳动力的平均受教育年限为 7.33 年，相当于初中一年级文化程度，而同期城市劳动力的平均受教育年限为 10.2 年，相当于高中一年级文化程度，城乡之间的教育状况相差很大。在一个连大学生找工作都比较困难的环境里，以如此的教育水平完成群体外的社会分化，其难度可想而知。

### 2. 商品式文化资本

商品式的文化资本是在物质和媒体中被客观化的文化资本，诸如文学、绘画、纪念碑、工具等，其物质性方面是可以传递的，商品式文化资本不仅表现为一种可以感知的事物，也是行动者一定社会地位的体现，具有相当强的象征性意味[10]。农民作为社会地位较低的群体，其商品式文化资本是比较匮乏的，因为商品式文化资本需要经济资本来投资，只有在收入达到一定水平、基本生存问题完全解决以后，才有可能对商品文化进行消费。

### 3. 体制式文化资本

体制式文化是将行动者掌握的知识与技能以某种形式（通常以考试的形式）正式予以承认并通过授予合格者文凭和资格认定证书等社会公认的方式将其制度化。目前，在我国体制式的文化资本主要表现为国民教育系列文凭和各种资格证书，由于我国普及义务教育，且高中文凭在社会中难以作为"通行证"得到各方的认可，可以把大专以上文凭作为体制式文化的代表，以这个标准，农民的体制式文化资本非常缺乏，诚然，农村人口在考上大学毕业后，能够回乡就业的人微乎其微，但通过考上大学来选择农业外其他职业仍然是农民向群体外社会分化的主要途径之一。

但是，通过这种体制性的文化资本完成社会身份的改变仍然受到种种障碍，一是农村学生升入大学的比率较低，二是农民子女升入重点大学的机会相比更少。

农民要完成群体外的社会分化，即在非农行业中找到一份属于自己的稳定职业，完成全部身份的转变，抛去家庭中的其他因素，具备相当的学历是必不可少的。由以上材料可以看出，如果把大学尤其是重点大学当作培养社会精英的一个主要机制，那么，目前社会可能要陷入一个"精英再生产机制"，或许会构成农民向上分化的一个极大障碍。

## （三）农民的社会资本状况

社会资本的概念是从布迪厄对社会空间的研究中逐渐发展起来的，"社会资本是实际的或潜在的资源的集合体，那些资源是同对某种持久性的网络的占有密不可分的，这一网络是大家共同熟悉的、得到公认的，而且是一种体制化关系的网络。换句话说，这一网络是同某团体的会员制相联系的，它从集体性拥有的资本的角度为每个会员提供支持，提供为他们赢得声望的凭证，而对于声望可以有各种各样的理解"[12]。布迪厄的定义清楚地表明，社会资本由两部分组成：一部分是社会关系本身，它使个人可以摄取群体拥有的资源；另一部分是这些资源的数量和质量[13]。由于当前我国属于典型的城乡二元结构，当今的农村社会仍然封闭性较强，其社会结构下的人们的社会关系模式具有较强的惯性，因此，考察农民的社会资本状况，就不能不考察农村社会传承下来的社会关系特点。

"小农人数众多，他们的生活条件相同，但是彼此间并没有发生多种多样的关系。……因而也就没有多种多样的发展，没有各种不同的才能，没有丰富的社会关系。"[14]。法国著名农村社会学专家 H.孟德拉斯在谈到农村社区时说："每个社区都是一个互识的群体，其中每个人都认识所有的人和他人的所有特点，社会关系是人格化的、非功能性的和分割成部分的……"[15]由以上论述可以看出，一定空间下的农民相互间是不缺乏认知的，缺乏的是在认知基础上所产生的关系网络，而其中社会网络一经产生，就可以"体制化"地提供给每个成员相应的所需资源。

农民对社会资本的投资是欠缺的。社会资本需要投资，林南认为社会资本的理论模型应该包括三个过程：社会资本中的投资；社会资本的摄取和动员；社会资本的回报[16]。社会资本中的投资当然不是经济上的投资，它的一个重要特点是社会成员之间的互动模式，虽然这些互动也包含有经济成分，但究其根本，还是一种在长期互动中建立起来的以诸如信任、合作等为基础的社会关系。但农民的封闭性特点阻碍了他们可用的社会网络的建立和社会关系的拓展。

并不是说农民就没有社会资本，因为社会资本也是以不同的类型存在的，以血缘关系为基础纽带连接起来的社会单元，容易形成"强关系"型的社会资本[17]。所谓强关系，通常指亲属或关系亲密的朋友形成的关系网络，但由强关系连接起来的社会单元，因其成员之间具有相似的社会经济背景，所以他们所拥有的信息和资源往往也没有大的区别，这些高度重复的信息资源对人们工具性行为的帮助并不太大，但可以提供给人们所需要的认同、信任、情感等社会支持，有利于表达性社会行为的实现。李培林和王毅杰的研究也证明了强关系是农民社会资本一个重要的特点[18][19]。

强关系的社会资本虽然有利于人们的表达性行为，但格兰诺维特在研究就业过程中却发现，当个人运用他们所拥有的个人网络找工作时，弱关系发挥着更重要的作用，因为弱关系往往连接的是不同关系网络的行动者，在社会资本含量相异的关系网络中起着较强的桥梁作用，致使拥有较多弱关系的行动者能从网络中得到更充分的有用信息和资源。随着市场经济的进一步成熟和完善，弱关系在人们社会经济地位提升中的作用会逐渐加强。

## 三、资本在农民社会分化中的作用

农民社会分化的社会基础是其所面临的社会空间，而"在阶层化的社会里，社会空间表现为一个结构化的坚固整体：行动者被赋予了共同和不同的特性，而且这些特性是系统的相互关联的"[20]。如何摆脱社会空间所施加的各种限制，布迪厄提出了"结构主义的建构论"或"建构主义的结构论"，否认了社会结构是外在于人的主体世界的，亦即人们在结构化的社会空间中通过所拥有的资本，不断建构着自己在其中的社会位置，并以此推动社会结构的改变。

由此可见，农民产生社会分化，首先要面对已经形成并对他们的行动有着深刻影响的既有的农村社会结构形式，然后拓展他们在社会空间中的位置，以此使自己的社会地位不断上升，并以此带动整个农村系统的结构变化。但是，在原有结构下脱颖而出和拓展新的社会空间需要一个基础条件：农民必须拥有相应的"资本形式"——农民拥有的资本数量和资本类型结构。

资本的数量和类型结构既决定了农民的现有社会位置，也是农民社会分化的条件，但从上文分析可以看出，农民经济资本积累较少，文化资本单薄，社会资本构建偏重强关系，无疑，这些因素严重影响着农民群体的社会分化。经济资本单薄限制了农民在群体内的分化，即在不离乡的情况下转变自己的职业身份是相当困难的，因为农业外的生产经营者一般需要一定数量的经济资本作为投资。文化资本单薄致使农民在向城市转移时面临观念、技术上难以适应城市工作的要求，从而只能以"候鸟式"从事以劳动力为主的产业和行业；社会资本尤其是弱关系的缺乏，使得农民难以获得对自己转变职业有用的信息。

## 四、小　结

尽管"农民"问题已经成为目前中国社会变革中最值得关注的问题之一，但令人欣喜的是，相比改革开放以前，农民正在从过去整齐划一的封闭结构不断向其他阶层分化，以至于学术界"培植一个庞大的社会中间阶层，实现橄榄型的社会结构"的呼声日渐兴起。通过本章的分析，我们认为：在当前的国情下，农民分化的制度空间相对狭窄，追求社会整体性橄榄式结构只具有理论上的意义，因为这一数量占绝对优势的群体经济资本、文化资本和社会资本不足，难以参与向上流动的竞争。笔者认为，解决的途径在于：充分发挥政府的作用（单纯靠市场配置更容易造成农民和社会精英分子的社会地位差距拉大），千方百计增加农民收入，解决农民教育、医疗等与生活相关的后顾之忧，使农民群体整体利益增加，建立以农民为主体的行业协会或其他民间组织，借以提高他们的社会资本，为他们提供更大的、有利于社会流动的制度空间。

## 参考文献

[1] 皮埃尔·布迪厄，华康德. 实践与反思——反思社会学导论[M]. 李猛，李康，译. 北京：中央编译局，1998.

[2] 乔纳森·特纳. 社会学理论的结构[M]. 邱泽奇，译. 北京：华夏出版社，2001：192.

[3] 林克雷，李全生. 广义资本和社会分层[J]. 烟台大学学报，2007（10）：63-65.

[4] Bourdieu. What Makes a Social Class? On the Theoretical and Practical Existence of Groups[J]. Berkley Journal of Sociology, 1987（32）.

[5] 包亚明. 文化资本与社会炼金术[M]. 上海：上海人民出版社，1997.

[6] 朱伟珏. 资本的一种非经济学解读[J]. 社会科学，2005（6）：17-119.

[7] 钟甫宁，何军. 增加农民收入的关键：扩大非农就业机会[J]. 农业经济问题，2001（1）：2-69.

[8] 费孝通. 乡土中国[M]. 上海：三联书店，1985.

[9] 孙立平."关系"、社会关系与社会结构[J]. 社会学研究，1996(5)：20-30.

[10] 包亚明. 文化资本与社会炼金术[M]. 上海：上海人民出版社，1997.

[11] 张玉林. 2004 中国教育不平等状况蓝皮书[J]. 校长阅刊，2005（5）.

[12] 包亚明. 文化资本与社会炼金术[M]. 上海：上海人民出版社，1997.

[13] 转引自张文宏. 社会资本：理论争辩与经验研究[J]. 社会学研究，2003（3）：23-33.

[14] 马克思，恩格斯. 马克思恩格斯选集[M]. 1 卷. 2 版. 北京：人民出版社，1995.

[15] [法]孟德拉斯. 农民的终结[M]. 李培林，译. 北京：中国社会科学出版社，1991.

[16] Nan Lin. Building a Netwoek Theory of Social Capital[J]. Connections, 1999, 22(1): 28-51.

[17] 边燕杰. 社会网络与求职过程[M]//改革开放与中国社会：西方社会学文献述评. 香港：牛津大学出版社，1999.

[18] 李培林. 流动民工的社会网络和社会地位[J]. 社会学研究，1996（4）：42-51.

[19] 王毅杰，童星. 流动农民社会支持网探析[J]. 社会学研究，2004（2）：42-48.

[20] 雷米·勒努瓦，杨亚平. 社会空间与社会阶级[J]. 东南学术，2005（6）.

# 第十四章　职业教育对精准扶贫的意义
## —— 基于能力理论视角

职业教育对弱势群体摆脱贫困具有重要作用。[1]党的十八大以来，党和国家高度重视教育培训对于扶贫工作的意义，明确要求全面实施教育扶贫工程，并指出要加强对新成长劳动力的职业技能培训。这为职业教育的发展提供了前所未有的机遇。2016 年 4 月，习近平总书记在安徽金寨县视察时，指出贫困人口"学习一技之长才能有更好的保障"，虽然这不是专门针对职业教育所做出的指示，但在突出技能培训对脱贫意义的同时，也饱含对职业教育在扶贫中应当发挥更大作用的期望。

自我国"精准扶贫"战略提出后，职业教育作为这一战略实施的重要途径，[2]在实践层面和学术层面都呈现出蓬勃景象。其中较为著名的莫过于国务院在全国推行的"雨露计划"，它作为一种人力资源开发项目，已经在提高贫困人口发展能力、促进农村劳动力转移及增加收入等方面取得成效。[3]河北阜城县针对农民进行具有针对性的技能培训，促进农民脱贫，并在一定程度上改善了区域性农业经济结构。[4]当然，更多学者对职业教育精准扶贫的内涵以及推进措施进行了理论研究，[2][5]或针对贫困落后地区职业教育发展状况进行反思，大多认为贫困地区职业教育发展严重不足，职业教育的发展要加大投入，构建包括政府、职业教育主体之间的多元协同发展机制。[6][7]

职业教育在精准扶贫中的作用已经在理论与实践中获得了充分的证据。和基础教育、高中教育以及普通高等教育相比，职业教育在教育目的、教育内容以及教育参与主体上的独特性决定了它在扶贫中的独特作用。[5]

微观上看,通过职业教育,受教育者可以短时间习得技术性知识和技能,创造更好的生存性条件,以便摆脱贫困;宏观上看,职业教育可以斩断贫困的代际传承,对消除社会收入不平等、弥合社会矛盾具有重要意义。因此,对于职业教育与精准扶贫关系的研究,在不同学科视野中进行深入探讨显得必要而迫切,尤其是在当前国家加大职业教育资金、制度支持的宏观背景下。本章意在引入"能力"视角,进一步深化人们对职业教育与精准扶贫的关系,并提出如何推动职业教育在发展教育对象能力中更好地发挥作用。

## 一、精准扶贫与可行性能力

贫困的发生类型多种多样,但对贫困的认定一般分为两种:收入贫困与能力贫困。收入贫困主要针对物质性条件,指人们缺乏维持基本生存的必需生活资料。这一认定标准在较长时期内被各个国家所接受。但随着欧美国家经济发展状况以及社会福利政策水平的提升,人们意识到,仅仅用最低生活标准来衡量贫困已经不能准确反映生活贫富分化的状态。虽然社会保障可能足以维持一个人的生存状态,但不同社会阶层生活质量的反差会增加社会的不安定因素,因此,相对贫困理论开始滥觞。相对贫困不是指个人在物质条件上的绝对匮乏,而是指与社会平均水平的相对状态。毋庸置疑,相对贫困仍然是将物质条件作为衡量贫困的核心标准。

以上对贫困的认识导致了政府、社会在扶贫政策上的单一性,即将经济扶贫作为扶贫的重要手段,通过国民收入再分配,对贫困发生地域与人口进行输血式救济。经济扶贫虽然能够短时间内使得被救助人员获得了更多的生活资料,但扶贫效果却难以保证,往往会陷入"扶了再贫、贫了再扶"的循环之中。20世纪80年代中期以前,我国基本上采取了此种扶贫策略。1986 年后，由于意识到贫困发生的异质性特征，国家调整了扶贫的政策导向，开始向贫困多发区域进行开发式扶贫且取得了良好效果。随着我国经济结构调整以及社会力量在扶贫中的参与不足，贫困发生更为多样，贫困人口社会保障需求进一步提升。开发式扶贫的边际效应逐渐减弱。2013 年后，精准扶贫开始成为国家的扶贫战略。

不难发现，国家对于扶贫政策的调整呈现出越来越强的靶向性特征，主要表现在对扶贫对象的识别上，经历了由整体到区域再到家户与个体并重的发展分期，[8] 扶贫手段也由单一的经济扶贫转向侧重于地域和个人的发展。精准扶贫战略则是这一趋势发展的集中体现。

通常来看，精准扶贫包括以下三个含义：第一，政策精准。国家出台的扶贫政策能够准确有效地对贫困地区、贫困人口摆脱贫困起到作用。第二，扶贫手段精准。虽然多数时候，贫困作为一种结果可以用统一的标准进行衡量（比如收入），但贫困发生的类型多种多样，使用统一的手段来解决贫困问题显然不能取得良好效果。第三，扶贫对象精准。准确确定贫困人口，是精准扶贫工作的基础，无论是扶贫政策还是扶贫手段，必须要围绕贫困人口的特征进行制定。

相比经济扶贫以及开发扶贫，精准扶贫在解决贫困问题上更有针对性。但综观当前对精准扶贫的研究，还有一个值得注意的问题，即无论是政策制定、手段选择还是扶贫对象的确定，大多关注了政府在扶贫中的作用，而对扶贫对象本身有忽略，这会使精准扶贫的效果大打折扣。那么，在精准扶贫中如何深化对扶贫对象的认识？经济学家阿马蒂亚·森的"可行性能力"理论给我们提供了一个良好的视角。

与传统的以结果认定贫困不同，森更多的是观察贫困产生的个人与社会根源。他发现，贫困并不仅仅意味着收入的低下，而是由于人们缺乏满足某些基本需求的能力，正是这些能力的被"剥夺"，才造成了个人在资源利用与转化中的困难，从而导致贫困。因此，在考察他们是否处于贫困状态时，不能只探究其当前所处的功能性状态，更要关注他们是否具备了这样一种"权利"，即能够选择自己所希望的生活或实现合理目标的自由，从而过上对自身有意义和价值的生活。[9]

可见，经济资源的拥有并不必然与较强的可行性能力正相关。能力作为对贫困测度与分析的重要概念，主要表现为对生活状态选择的自由程度。而对生活的选择，除了受个人禀赋的制约，还受到社会环境尤其是制度的约束。个人是可行性能力的基础性主观条件，社会环境则构成了可行性能力形成的客观约束。因此，森所提出的能力呈现出丰富的多重含义：第一，整体能力是能力的重要内容。整体能力就是除了个人知识、技能、品德以外一系列生活状态的组合形式。这种组合形式越丰富意味着个人的可行性能力越强，比如一个拥有良好经济收入的人，如果社会资本比较丰富，则他可以在多个生活状态中进行选择。第二，权利也是能力的重要内容。权利是能力实现的保障，也是能力本身的一部分，这反映了社会环境对生活状态的约束水平。在一个没有保障的社会中，失业是可怕的事情，失业人员为忙于生存基本就不会获得自我提升的机会。另一个权利形式是社会为人们所提供的物理设施，比如社区中的无障碍措施等。

综上可知，能力既是人们生活状态，也是生活福利水平的重要标志。在这个意义上，森关于能力的理论和当前国家所采取的精准扶贫有着高度相关性。根据精准扶贫战略的实施背景与政策预期，关注能力是其必然选择。对于扶贫对象来说，精准扶贫的政策效果应该至少包括以下两个：第一，使其具有基本的生存能力，即要能够满足他们最基本的生活需求；第二，要使他们最终有自我发展与选择生活的自由。显然，作为扶贫治理发展的高级阶段，精准扶贫更加关注后者。可见，精准扶贫战略与发展人们的可行性能力在价值意蕴和最终目的上高度一致。

## 二、职业教育对发展可行性能力的意义

### （一）与精准扶贫相契合，职业教育的对象正是能力亟待发展群体

当前我国职业教育的对象主要分为两类：一类是面向小学毕业生、初中和高中毕业生所采取的学历和非学历教育；另一类则为职业教育所承担的非常规性培训所面对的社会人员。从某种程度上说，二者均属于社会弱势群体，具有一定的能力贫困特征。应当说，面向学生的学历和非学历教育是我国职业教育的主要组成部分。而他们恰恰是由于学习成绩较差难以进入相应的高中或大学进行深造，如果没有职业教育对这些学生进行技能培训，他们多数将在初中毕业或高中毕业之后进入二级劳动力市场。因此，获得的劳动性收入较低，且工作也不够稳定，存在较强的生活脆弱风险。从其家庭构成来看，这些学生多数来源于弱势贫困家庭，2015 年的一项调查数据显示，95%以上中等职业学校毕业生来自农村家庭和城市经济困难家庭，91%的高等职业院校毕业生是家庭所产生的第一代大学生，52%的毕业生为"农民与农民工"的子女。[10]

职业教育所承担的功能不仅在于对这些学生进行技能性培训，更为重要的是，对贫困的代际传递也会产生阻断作用。此外，临时性职业培训的对象也多来自城市失业人员、农村外出务工人员等，他们在劳动力市场中本身就处于弱势地位，需要通过各种方式来增强工作能力。从以上分析不难看出，职业教育对精准扶贫对象有着"天然的"识别能力。

### （二）技能培养为教育对象生存能力发展提供了保障

虽然森认为经济收入与可行性能力没有必然联系，但他从来没有否定经济收入在其中的重要性。相反，他认为经济收入不仅是福利的物质基础，还是获取福利的重要途径。[11]

上文关于教育对象来源的分析已经说明，他们很难通过资产、物质性投资获得收入，那么，劳务收入（工资）就是他们收入的主要形式。劳务收入的获得是以一定的生产技能为条件的。而职业教育就是以技术知识为主的专业技术教育，教学内容强调技能化。一般来说，由于培养周期较短，职业学校对市场需求反应更加敏捷，多数专业都能与就业市场紧密相关。甚至有的学校通过各种方式与企业进行合作，以"企业"定制的方式培训人才。这为学生顺利就业、凭借所学技能取得一定收入提供了保证，也会极大地改善他们和家庭的生存条件。技能培养也是他们进一步提高与转化能力的基础，只有收入稳定，他们才有可能通过多种渠道获得更加广泛的健康能力、适应能力以及社会参与能力。

## （三）教育方式的多样化提升了教育对象的信息获得能力

当前社会信息高度发达，有人将经济发展特征赋予信息工业化时代的名称。可见，信息在人们的工作生活中具有重要意义。由于职业教育对象多来自农村或城市贫困人口，信息工具的使用往往具有一定的缺陷，甚至有的农村地区还没有互联网接入覆盖。当然，互联网使用只是信息功能的部分实现，更为重要的是，职业教育所能给予的信息中还包括企业生产运行的特征，比如企业生产的具体流程、企业科层制度运行状况等。

当前，为使教育对象能够快速适应用人单位的需求，职业教育采取了灵活多样的教学形式。一般来说，通过慕课、网络视频等远程教学方式已经较为普遍，有的学校与学校之间、和企业之间形成了网络共享信息平台。借由此平台，教育对象可以获得较为丰富的信息资源，也因此提高了自身信息获得的能力，这些能力基本可以保证他们在工作以后不断保持学习的态度以及找到所需知识的信息源。职业学校与企业的合作，使企业甚至是生产车间都变成了课堂，这更使教育对象在学习能力提升的同时获得了相应的工作生活信息。尤其是现代学徒制的倡导，在某种意义上，学徒制就是一种实践默会知识的信息传承。另外，职业教育的一个方式就是将企业中的技术能手、熟练工人请进课堂进行带教，相比普通高中和大学教育中的课堂教学为主的教学模式，职业教育的这些教学方式使学生所获得的信息来源更加丰富、立体。

以上信息的获得对于职业教育学生有着重要意义：第一，信息技术手段在课堂内外得到了强化。第二，这些信息技术作为一种能力，可以为教育对象的进一步学习打下基础。第三，来自企业或车间的信息作为信号传达给他们，他们可以感知市场对劳动力的需求状态、现代化企业的生产流程乃至企业的制度、不同工种间的相互配合等。这些信息能力的获得为他们技术能力的提高以及工作搜寻将带来很大帮助，从而能够为稳定提升经济收入水平创造条件。

## 三、职业教育提升教育对象能力的途径

### (一) 注重职业教育的教育特征，以完整的能力观对待教育对象

职业教育最基本的功能是能使被教育者获得至少一种工作技能，这是构成他们能力的基础条件。但职业教育过多强调技能的掌握，强调技能对于教育对象就业的意义，虽然为解决贫困人口基本生存保障起到很大作用，甚至使他们获得较为理想的收入，但这只是可行性能力的一部分。很多情况下，一个拥有了较高技能的学生未必能够被用人单位所认可。即使被单位认可增加了收入，由于其他能力的缺乏也会造成个人资源转换能力不足，生活方式的选择组合仍然受到约束。因此，要使他们真正摆脱贫困，就不能忽视对其他类型能力的培养，比如品德、健康能力、社会参与能力等。

当前对于职业教育的扶贫功能，无论从理论还是实践来看，都注重了对受助人职业技能的培养，甚至认为技术性手段是他们获得更多收入、摆脱贫困的根本措施。这其实是片面理解了职业教育在扶贫中的功能。

职业教育至少包含了两种属性：职业性和教育性。对职业性的强调虽然使所培养出来的人才可以获得一份工作，甚至与企业的合作保证了他们的就业岗位，但一个不容忽视的问题是，在工业化日渐演进尤其是后工业时代特征越来越明显的宏观背景下，仅靠职业教学所得到的一技之长很难保证他们能够一劳永逸。因此，在加强职业技术培训的同时，更要充分发挥职业教育的教育功能。

发挥职业教育功能，首先不能放松对教育对象的品行、道德教育，这是个人能力的重要组成部分，也是教育的本质属性。其次，要注重教育对象职业意识的培养。职业意识关系着他们掌握技术就业后的职业道德、职业操守和职业行为。能否将技能性教育的成果转化为更大的能力空间，取决于他们对工作的认识、评价、情感和态度。因此，在职业教育中要积极培养教育对象的创新能力、竞争能力、协同能力以及乐于奉献的精神，只有这样，才能使他们摆脱仅仅将工作作为谋生手段的功利主义意识，从而能够真正使他们通过工作积累起多样性人力资本，为个人发展能力的提升奠定基础。再者，文化知识教育不容忽视。虽然，文化知识不是职业教育的教学内容，但相关课程对于教育对象的能力发展是必要的。文化知识的学习可以深化他们对社会生活、人生发展的认识，丰富他们的精神生活，使他们在面临工作转换、人生机会时做出正确的选择，避免进入经济富有而"文化贫困"的怪圈。

## （二）尊重教育对象的差异，精准发展教育对象能力

虽然同是职业教育对象，但其构成成分非常复杂，这对职业教育的运行提出了更加精细化的要求。前面已经提及，职业教育既有来自小学、初中、高中等各个教育阶段的学生，又有来自城市的贫困人口以及农村务工劳动力。因此，职业教育机构不能利用统一的标准来制订培养计划，确定教育内容以及选择教学方式。而是要充分考虑不同教育对象之间的群体差异，做到"因材施教"。

即使是学校各个阶段毕业生，他们的年龄结构跨度也较大，心理发展、社会适应以及对学习的认知水平差异很大。针对以上差异，职业学校应当积极论证，实施差异化的培养方案，并在教学各个环节选择符合他们认知水平和心理发展水平的适当教学方式，这也属于精准扶贫的应有之义，即精准发展教育对象能力。对于小学、初中生源教育对象，要在初始阶段做好普通学校到职业教育的衔接，在加大文化基础教育的前提下，循序渐进引入职业教育内容，而对于高中生源来说，则可以短时间内熟悉职业教育方式，教学内容可侧重于对技能原理的传授及其与实际操作能力的结合。而城市失业人员以及农村外出务工人员，多有较为丰富的工作、生活经验，但相比学生生源，反应速度、知识技能的接受能力会略有不足。对于他们，职业教育应重点关注教学内容与市场需求的连接状况，尽量通过"干中学"的方式，通过多次练习强化他们对技术技能的掌握，加速他们融入社会的节奏。当然，针对以上不同群体教学方式也应采取差异化手段，比如在青年学生中运用更多的网络化、信息化教学手段，而在农民工、城市失业人口中多进行如现场演示等较为直观、具体的教学方式。

## （三）提供良好的职业教育政策环境，保障教育对象权利

根据森的观点，权利本身就是能力的一部分。贫困之所以发生，除了经济收入低下，更多的是来自权利的不足。虽然改革开放以来，市场经济的发展推动了国民财富的持续增长，但由于自然环境、经济结构调整以及社会转型等各种因素的作用，我国贫富分化现象严重，弱势群体在资源交换中的权利不足。阿马蒂亚·森早指出，市场机制对效率做出了巨大贡献的同时，并不能保证分配上的公平，不会因财富的增加而使每个人都有相同的权利机会。因此，为了维护社会公平和正义，市场机制的结果需要通过创造基本的社会机会进行补充。"一个人实际上确实拥有的（而不是仅仅在理论上拥有的）可行能力取决于社会安排的性质，

这对个人自由是至关重要的。国家和社会不能逃避责任。"[13]

新中国成立以来，党和国家致力于解决贫困问题，经过多年的扶贫实践和探索，提出了精准扶贫的治理策略，这也是从关注绝对贫困转向关注个人权利的重要标志。

教育扶贫是国家精准扶贫战略实施的重要手段。近些年来，国家对职业教育的投资不断加大，并通过免收学费等政策措施鼓励农村初高中毕业生进入职业学院（校）学习。但是应当看到，职业学校对于学生的吸引力还有待加强。

加强职业教育发展，必须要加大宣传，增强职业教育对于学生以及其他需要群体的吸引力。职业教育所接纳生源一般都是初、高中学习成绩不佳的后进生，造成有些社会成员对职业教育不能形成正确的认识。因此，要在全社会达成共识：社会发展既需要知识性人才，也需要技能性人才。尤其是在农村贫困落后地区，要通过各种方式进行学生的入学动员，充分发挥通过职业教育培养的优秀学员的榜样作用，宣传职业教育对于个人发展的重要意义。

对于贫困家庭学生，现在国家已经建立了涵盖"奖、助、贷、勤、补、免"六位一体的资助体系，但对高职生的资助还有待加强。由于中职生生源多来自初中毕业，还不属于成年劳动力，加上职业教育资助政策，家庭可能会倾向选择在职业学校进一步学习。而高中毕业生已经完全具备了外出打工的条件，要吸引他们进入职业学校，就要进一步增加资助体系的覆盖面，减轻贫困家庭教育成本。此外，还应考虑职业学校毕业生的将来发展，这主要包括两个方面：一是构建职业教育与普通高等教育的交流渠道，鼓励普通高等教育设立应用型专业，引导职业院校向纵深发展，在承担技术能力培养的同时，为培养技术精英创造条件；二是对于实时就业学生，政府应尽可能为他们创新创业提供条件，比如建立职业学生创业孵化器，为学生创业提供资金支持等。

# 参考文献

[1] 余祖光. 终身教育背景下职业教育的扶贫助困功能[J]. 北京大学教育评论，2007，5（3）：23-27.

[2] 王大江，孙雯雯，闫志利. 职业教育精准扶贫：理论基础、实践效能与推进措施[J]. 职业技术教育，2016，37（34）：47-51.

[3] 陈平路，毛家兵，李蒙. 职业教育专项扶贫机制的政策效果评估——基于四省雨露计划的调查[J]. 教育与经济，2016（4）：56-63.

[4] 郝红军，葛志杰.阜城县开展万名农民大培训促进精准扶贫[EB/OL].[2017-01-08].http://district.ce.cn/zt/hs/zhzx/201607/01/t20160701_13353805.shtml.

[5] 游明伦，侯长林. 职业教育扶贫机制：设计框架与发展思考[J]. 职教论坛，2013（30）：61-62.

[6] 唐智彬，刘青. "精准扶贫"与发展定向农村职业教育——基于湖南武陵山片区的思考[J]. 教育发展研究，2016（7）：79-84.

[7] 都永浩，丁岚峰，左岫仙. 职业教育服务少数民族和民族地区精准扶贫精准脱贫研究——以黑龙江省为例[J]. 黑龙江民族丛刊，2017（1）：50-57.

[8] 侯利文，张宝锋. 论精准扶贫战略的整合性建构[J]. 中州学刊，2017（3）：65-70.

[9] Sen A. Commodities and capabilities[M]. London：Oxford University Press，1999：161.

[10] 朱爱国，李宁. 职业教育精准扶贫策略探究[J]. 职教论坛，2016（1）：16-20.

[11] 袁方，史清华，卓建伟. 农民工回流行为的一个新解释：基于森的可行能力理论[J]. 中国人力资源开发，2015（1）：87-96.

[12] 阿马蒂亚·森. 以自由看待发展（Development as Freedom）[M]. 任赜，于真，译. 北京：中国人民大学出版社，2013：288.

# 第十五章　乡村振兴人才的职业教育培养

人民日益增长的美好生活需要和不平衡不充分的发展之间的矛盾已经成为新时期我国社会的主要矛盾。当前我国不平衡不充分的发展主要表现为城乡之间的发展不平衡和乡村发展的不充分。在党的十九大报告中，习近平总书记提出要坚定实施乡村振兴战略，这是对农村发展短板的补齐，对国家整体发展也具有战略意义。

职业教育的发展必须服从国家经济社会发展的需要。乡村振兴战略的提出，对职业教育提出了新的要求，也为职业教育自身发展提供了新的机遇，因此，培养乡村振兴人才是职业教育面临的新使命。但由于乡村振兴战略提出历时不久，职业教育应该为乡村振兴培养什么样的人才？如何培养乡村振兴人才？这些都是需要学界思考和回答的问题。

## 一、职业教育应该为乡村振兴培养什么样的人才

党的十九大报告明确提出乡村振兴战略，其内涵极其丰富。首先，将"三农"问题上升为关系国计民生的根本性问题；其次，提出了包含"产业兴旺、生态宜居、乡风文明、治理有效、生活富裕"的乡村振兴总要求。由此可见，乡村振兴包含了经济、生态、社会价值观、社会关系以及社会治理等多重维度内容，乡村振兴对人才的需求也从单一的技术熟练人才转变为多维人才体系。根据乡村经济社会发展需要，职业教育应当为乡村振兴培养以下人才。

## （一）培养新型职业化农民

第一产业即农业是乡村发展的基础产业，也是国家粮食安全的重要保障。但 20 世纪 80 年代开始，农村劳动力不断向城市转移，新生代农民工由于受教育水平高于老生代农民工，以及对城市生活方式的追求，他们会更愿意留在城市，[1]导致当前从事农业生产劳动的主力军多为留守老人和留守妇女，从而影响了农业生产水平。[2]

这种农业生产虚化的状况影响了农业生产效率和现代化进程，甚至有研究认为，农业生产劳动力不足会带来更多的负效应。比如为节约劳动力造成更多化肥的使用，造成对农业生态的破坏。[3]要重振农业生产的繁荣，培养新型职业农民是行之有效的方法。自 2012 年后，中央一号文件多次指出要培养新型职业农民，2017 年农业部编制了《"十三五"全国新型职业农民培育发展规划》，提出到 2020 年，新型职业农民要达到 2000 万人。新型职业农民不再将农业视为生计手段，更重要的是作为产业来经营和获得个人发展，必须具备和农业产业相关的科学素养、经营和管理能力。[4]从规划数量、时间和素质要求来看，职业教育各种方式的培训可以发挥重大作用。

## （二）培养符合三产融合要求的二、三产业人才

单纯靠农业发展来实现乡村振兴显然不够，党的十九大报告中明确将产业兴旺作为乡村振兴的第一要求。就是要建设现代农业产业体系，促进农村三次产业的融合发展。[5]十多年来，第一产业增加值对国民经济的贡献率持续下降，乡村整体经济的发展需要依靠二、三产业的拉动。目前我国乡村产业结构多数仍集中于第一产业，二、三产业有待发展，即使第二产业，经济规模也不是很大。[6]以第一产业为基础，拉长产业链，丰富产业结构，是乡村经济振兴的重点所在。因此，培养二、三产

业的涉农人才，是乡村经济发展的有力保障。当前不少地区正在兴起的观光农业，既具备了农业生产功能，又具备了旅游业的产业形态，由此还推动了农产品的加工、流通，乃至乡村住宿、餐饮等产业链的纵深发展，实现三次产业协同发展。当然，这也对乡村振兴人才提出了更丰富的要求，即单一性的农业技术人才难以支撑起三产的融合，要真正实现乡村经济的振兴，必须形成包括农业技术、旅游、营销、管理、物流乃至计算机网络技术等各类人才的人力资源体系。

## （三）培养服务乡村的治理人才和文化教育人才

党中央提出治理有效是乡村振兴的目标之一，意味着乡村社会建设应当由对农村社会的管理向治理进行转变。所谓治理有效，指在发展乡村经济的基础上，鼓励个人、企业、社会组织通过各种方式参与到乡村社会建设之中，提供社会服务与公共服务，以最大限度满足农民需求。其中，既要保障党和国家对乡村社会的整合要求，又要注重调动参与乡村建设各主体的积极性，激发社会内在活力。要达到此目标，基层党组织、基层政府、基层群众性自治组织、社会组织等基层管理和服务人员要提高服务意识，提升服务能力。首先，基层管理和服务人员应具备地域性知识，熟悉区域发展禀赋；其次，应具有较强的协调能力，既能理顺乡村内社会关系，又能外联各种社会力量，争取各种社会资源；再次，要有开放性的心态，接受、容纳更多的主体参与到社会服务之中。

20世纪末以来，随着撤乡并镇的开展，农村中小学也大量被撤并，使以村为单位的文化生态发生了变化。乡村学校不仅承担着义务教育的功能，也是乡村传统文化传承载体，它作为重要的文化生活平台，是教育孩子、传播尊老爱幼、尊卑有序、和睦互助等传统农村价值观念的重要力量。学校撤并后，优秀传统价值观的传播亟须加强，具备良好人文素养、乐于从事乡村教育与文化传播的人才不可或缺。

### （四）培养具有乡村情怀的人才

此外，虽然乡村振兴需要多种形态人才以满足产业、文化、公共服务等需求，但要真正地让他们在乡村振兴中发挥作用，仅具备一定的生产、开发以及服务技能还远远不够，因为乡村振兴是一个涵盖了从物质到精神、从自然到人文的多向度社会建设工程。联系当前乡村发展实际，乡村振兴人才还要具备浓厚的乡村情怀，这主要表现在：第一，具有乡村自然生态保护意识。乡村生态包括乡村自然生态与乡村社会生态，前者属于"看得见山，望得见水"，要有敬畏自然、顺应自然和保护自然的生态意识，尤其是在乡村经济开发项目的实施，参与主体不能因为只顾自身利益而忽视对乡村生态资源的保护。第二，具有乡村社会生态保护意识。乡村社会生态是千百年来所形成的乡村社会关系结构，也是在初级群体的基础上衍生出的家国同构、亲亲尊尊等传统伦理价值观的存在状态，包含了诚信爱国、邻里互助、尊老爱幼等社会表征。当前，传统农村生活方式的转变、城市化的发展对乡村社会生态带来了一定的冲击，但乡村社会生态也在通过自身的力量吸纳、排斥、调试新的社会环境。[7]尊重乡村社会生态，就是要吸取传统乡村文化中的精华，将有益元素整合于中国特色社会主义乡村文化体系中。第三，具有对乡村的深厚感情。当前乡村振兴处于起步阶段，对于各类人才来说，可能会产生各种困难，主要表现在：乡村产业空间与服务平台有限，对乡村生产特点和人际关系特点的认识不够深入，他们个人事业的开展面临一些障碍；乡村振兴初级阶段，短时期内人们收入提升有限。虽然以上困难随乡村振兴的发展会逐渐得到解决，但仍然需要产业人才和社会服务人才在长期的工作中保持坚强的意志，而这种意志的产生部分来自对乡村深厚的感情。

## 二、职业教育乡村振兴人才培养的问题

### （一）职业教育对服务乡村的人才缺乏针对性的培养

职业教育在促进社会现代化、推动产业升级中起着重要作用。中华人民共和国成立以来，我国对职业教育高度重视。21世纪以来，国务院、教育部多次发布关于职业教育发展的指导意见与规划。2014年，《国务院关于加快发展现代职业教育的决定》明确提出，职业教育要着力培养数以亿计的高素质劳动者和技术技能人才。由于我国农业生产方式现代化程度不足，加之国家对制造业和第三产业的重视，近些年来职业教育的定位多为产业工人，服务对象主要针对企业。2006年起，教育部开始强调工学结合、校企合作后，全国职业教育涌现出订单式培养、顶岗学习、工学交替等相应模式。[8]"分级办学、属地管理"的教育管理体制造成职业教育要以户籍和生源地进行招生培养，相对农村地区，城市职业教育发展质量更佳，而城市职业教育主要目标为培养本地区内产业工人，即使处在乡村的职业教育机构，培养目标也是将本地学生按照产业需求进行培养。虽然培养对象是农村学生，但客观上，所培养的学生也流向了二、三产业较为发达的城市。而在国家的农民工职业教育工作中，所重视的也是农民工的职业培训工作，比如"全国贫困农民培训转移雨露计划"以培养"外输型"技术工人为主。

可以看出，专门针对农村经济、文化发展的职业学校、培训机构较为缺乏。在乡村振兴战略背景下，职业教育应为乡村发展服务，树立服务乡村意识。

虽然职业教育对服务乡村的人才缺乏针对性的培养，但由于党和国家对农村工作尤其贫困问题的重视，职业教育在帮扶农村脱贫以及农民培训中发挥了积极作用，这对于乡村振兴也产生了一定的"溢出效应"。

## （二）缺乏对各类乡村振兴人才的针对性培养

### 1. 产业人才培养

上文已经提及，职业教育对农村人才的培养多为"外输型"，而服务于乡村的产业人才培养还比较缺乏。从国家统计局 2017 年公布数据（见表 15-1）来看，接受过技能培训的农民工占到 32.9%，其中有 30.7%接受了非农职业技能培训，接受农业技能培训的只有 8.7%，而本地农民工接受过技能培训的占到 30.4%，外出农民工接受过技能培训的为 20.4%。这些技能培训大多由职业教育承担。可见，职业教育对农民工对农业技能培训还远远不够，即使是其他类型技能培训，也不到农民工总体的一半。[9]

表 15-1　农民工接受技能培训情况　　　　单位：%

| 项目 | 接受农业技能培训 | | 接受非农职业技能培训 | | 接受技能培训 | |
|---|---|---|---|---|---|---|
| | 2015 年 | 2016 年 | 2015 年 | 2016 年 | 2015 年 | 2016 年 |
| 合计 | 8.7 | 8.7 | 30.7 | 30.7 | 33.1 | 32.9 |
| 本地农民工 | 10.2 | 10.0 | 27.7 | 27.8 | 30.8 | 30.4 |
| 外出农民工 | 7.2 | 7.4 | 33.8 | 33.8 | 35.4 | 35.6 |

掌握农业技能是乡村第一产业人才的基本要求，但接受过农业技能培训的农民工却只有 8.7%。而受过二、三产业技能培训的比例在农民工中也不到三分之一。即使这样，这些技能培训也基本都是为培养乡村外企业、服务业所需的外输人才。而真正能够服务于乡村的少之又少。

### 2. 乡村治理、文化教育人才的培养

相比产业人才的培养，职业教育对乡村治理人才与文化教育人才培养更加缺乏。由于就业导向影响，职业教育在专业设置中通常会追求热点专业，乡村治理和社会服务等专业在职业院校中设置比例较小。2017

年北京市高职院校专业设置中，设置率最高的专业依次为：计算机网络技术、会计、电子商务、旅游管理和艺术设计，而社会服务类专业设置明显不足。[11]经济发展相对薄弱、城市化率也相对较低的广西地区，2016年全区两百多所中职学校中，专业布点数在前五位的也为计算机应用、汽车运用与维修、电子电器应用维修、电子商务和学前教育。[12]武汉市的专业布点情况也大致相同。而武汉市中职学校中公共管理与服务专业开设仅占到全部专业的 2.2%，教育类专业为 1.1%。[13]通过对高职院校的专业设置进行分析，发现高职院校教育类专业主要为学前教育，而文化服务类专业也多为培养文化产业人才。对乡村所需的乡村治理人才、文化教育人才培养明显滞后。

## （三）人文教育不足，不利于培养具有乡村情怀的人才

技术培养的专业性和实用性是职业教育的根本特征，[14]职业教育中强调对产业发展与个人谋生能力的培养，因此，实用功利主义指导下的技术理性不可避免地成为职业教育的又一特征。技术理性过于相信技术教育对社会和个人的重要性，在一定程度上忽视了人文教育，导致所培养人才具有"工具人"特征而非全面发展的"个人"，从而导致个人更高精神追求的缺失，难以把个人需要同社会进步、国家富强结合起来。人文教育的本质特征不仅在于塑造完全发展的个人，更蕴含了无私大爱的思想境界、坚定的社会使命感和责任感，[15]这也是乡村振兴人才的必备素质。

但是，当前个别职业教育表现出一定的功利主义倾向：培养人才是为了应企业需要，因此以企业标准来衡量学生的知识、技能水平；为提高就业率，过分强调技术培训的重要性；为对接市场对人才的需求，对学生进行单方面的技能培训，忽视了多维技能人才的培养。[16]

从职业学校专业培养目标来看，大多强调了掌握某一市场所需技能，

核心课程的设置也很难看到人文教育相关课程。职业教育中人文教育的不足，使所培养出的人才难以对乡村产生热爱之情，无法树立献身于乡村振兴的远大理想，也就难以承担起振兴乡村这一历史使命。

## 三、职业教育如何培养乡村振兴人才

### （一）发挥职业教育优势，树立服务乡村意识

当前我国经济社会发展中最大的不平衡就是城乡发展的差距。党中央将乡村振兴战略作为未来解决农业农村问题、推动乡村发展的国家战略。因此，职业教育应当将乡村作为重要的人才培养着力点。首先，要扭转将培养目标仅聚焦于高素质技术人才的教育观念，要进一步提升办学理念，充分认识到职业教育的发展必须适应经济发展的需要，整体上与国家发展战略紧密联系，才能培养出符合国家发展需要的人才，尤其是在乡村振兴中，更要认识到这是职业教育应当承担的历史使命，也是职业教育进一步发展的重大机遇。其次，应认识到自身在乡村振兴中所具有的独特优势。就新型职业农民来看，到 2020 年，新型职业农民总量要超过 2000 万人，其中涵盖了现代青年农场主、实用人才带头人以及农业经营主体带头人等不同类别人才。显然，仅靠普通高等教育是满足不了这一需求的，相比普通高等教育，职业教育跨越了学校和企业、教育与产业，甚至跨越了工作与学习的界限，属于真正的跨界教育，[19] 职业教育这种办学灵活、产教融合的特点更加适应新型职业农民的培养。再次，职业教育具有较强的地域性，而乡村振兴的过程中不同地区之间也存在差异，职业教育具备了与服务地区的空间互动条件，也更能感知到地域内人才需求的结构性特点，从而可以及时调整培养计划、教学内容，具有针对性地开展人才培养服务。

因此，职业教育要主动走进乡村，构建与农村社会互动合作机制，

并根据乡村发展需要布局教学点、选择合理教学方式、优化专业设置，以更好地契合乡村振兴战略的实施。

### （二）把握人才需求特点，培养符合乡村振兴战略实施的各类人才

从目前乡村振兴发展来看，产业人才、治理人才与文化教育人才较为缺乏。职业教育应发挥自身优势，采取正规教学、长期和短期培训等相结合的多种培养方式，切实提高不同教育对象的职业素养，促进他们尽快成长为乡村振兴人才。

产业人才是乡村经济振兴的基础条件，对于第一产业来说，职业教育应具备前瞻性规划，首先应将教育重点放在返乡农民工群体上。一般认为，当城市化率达到 70%左右的时候，城市化速度放缓，人口开始由大城市向小城市甚至农村回流。[20]2016 年，我国城市化水平已达到57.35%，有 10 个省份已达 60%以上，其中东部地区城镇人口比重为65.94%，甚至京津沪地区已经超过 80%，根据目前城市化速度测算，在未来几年里，会有更多地区城市化水平达到 70%，人口向农村的流动开始出现。

虽然农民工在城市中积累了一定的人力资本，但来源于城市的经验并不能直接在乡村振兴中发挥作用。乡村振兴还处于起步阶段，我国农村、农业的市场化发展程度不足，年轻劳动力不断流入城市等使得他们对农村、农业的了解程度以及发展趋向并不完全清楚，因此，返乡农民工成为职业教育所要面临的重要培训群体，应对他们实施包括技能培训、农村发展特征的各种培训，促进他们个人创业需求与乡村整体发展高度融入。

对二、三产业人才培养要注入乡村振兴元素。当前职业教育在对接企业、产业发展需求中积累了丰富的经验，国家也通过各种职业人才项

目推动了职业教育、产业、企业之间的相互融合。但与乡村发展的对接明显欠缺。随着乡村产业体系的不断丰富和完善，对二、三产业人才的需求会大幅增加。职业教育可在原有专业培养基础上，因势利导，创设"乡村振兴+"课程，在诸如市场营销、计算机技术等各种可在乡村振兴中发挥重要作用的专业课程中引入乡村发展内容，比如农产品营销、农业信息的吸收与推广等，使专业更加符合乡村发展实际。当前乡村旅游在农村发展中的作用日益凸显，可以进一步融合包括乡村历史风貌、文化传统等乡村元素，以适应乡村发展需要。

对于文化教育人才的培养，要充分估计未来乡村发展趋势。随着二胎政策的全面放开和农民工的返乡回流，职业教育中的学前教育、文化服务等专业会面临更大的市场空间。当前，普通高等学校培养的人才还不能满足乡村尤其是落后地区教育所需，职业院校应在与当地政府、社区充分沟通的基础上，招收来乡村的优秀学生就读。文化服务人才培养可以采取两种方式：一是设置文化产业和服务相关专业，直接培养优秀毕业生；二是对乡村原有文化服务人才进行培训，通过培训进行服务整合，鼓励他们创作更多贴近乡村生活、符合主流价值观和弘扬社会正气的作品。

## （三）加强人文通识教育，培养具有乡村情怀人才

职业教育虽然重视教育对象职业技术的获得，但其教育属性仍然是培养具有健全人格的个人。人文教育是职业教育的根本和灵魂，[22] 正如从事其他专业技术工作需要有职业道德、职业情感、职业价值观一样，对乡村振兴人才对培养更要加强人文教育，以回应乡村振兴对人才的要求。乡村振兴战略摆脱了将解决农村问题局限于作为地理学意义的行政区域划分窠臼，赋予了农村发展中更多的文化价值与情感价值。当前发展较为迅速的特色小镇、美丽乡村等乡村振兴的具体形式，都充分体现

了乡村建设所富含的人文意义与情感美学意义。这都需要与乡村振兴人才产生情感上的共鸣，从而转化为他们服务乡村的信念和动力。

要重视马克思主义理论、中国特色社会主义理论等传统人文课程对人才养成的作用。只有用正确、科学的理论为学生提供人生导向，才能帮助他们树立坚定的职业信念。在此基础上，要对学生进行乡村发展意义的教育，让他们深刻理解乡村振兴在国家经济社会发展、建设社会主义现代化强国这一历史坐标中所处的重要地位，深刻理解个人职业生涯与国家命运的统一性关系。可以通过设置专门课程来达到这一目的，比如根据不同专业门类，开设农村社会学、发展社会学、农村经济学、农村社会发展史等课程。此外，更为重要的是，要加强职业教育和教学与乡村的空间互动，采取在乡村设立教学实践基地的方式，让学生走近乡村、了解乡村，只有置身于情景中，才能让他们获得更多的人生体验与乡村情感，以坚定他们未来在乡村发展中的信念。

总之，乡村振兴战略是一个包含产业、生态、社会、文化建设的立体型发展战略，对人才的要求既要具备专业技能，又要具备综合性、协调性能力。职业教育应该及时与国家发展战略对接，建立综合性的人才培养观念。在教育对象的确定上，要从过去单纯培养企业、产业工人扩展为包括农民工在内的所有参与乡村发展人员。在培养目标上，也要由单一技术人才向多元产业人才、高人文素养人才转变。2013年，习近平总书记提出的"实事求是、因地制宜、分类指导、精准扶贫"十六字方针同样适用于职业教育，作为职业教育在培养乡村振兴人才的指导思想。只有这样，职业教育和乡村振兴才能出现和谐共生、并进发展的良好局面。

## 参考文献

[1] 钱文荣，李宝值. 初衷达成度、公平感知度对农民工留城意愿的影响及其代际差异——基于长江三角洲 16 城市的调研数据[J]. 管理世界，2013（9）：89-101.

[2] 张艳华. 农村劳动力转移的关联效应与有效治理[J]. 改革，2016（8）：54-63.

[3] 张舰，亚伯拉罕·艾宾斯坦，玛格丽特·麦克米伦，等. 农村劳动力转移、化肥过度使用与环境污染[J]. 经济社会体制比较，2017（3）：149-160.

[4] 马建富. 新型职业农民培育的职业教育责任及行动策略[J]. 教育发展研究，2015（13）：73-79.

[5] 韩长赋. 党的十九大报告辅导读本[M]. 北京：人民出版社，2017年：209-215.

[6] 李国祥. 实现乡村产业兴旺必须正确认识和处理的若干重大关系[J]. 中州学刊，2018（1）：32-38.

[7] 赵旭东，孙笑非. 中国乡村文化的再生产——基于一种文化转型观念的再思考[J]. 南京农业大学学报（社会科学版），2017（1）：119-127.

[8] 王哲，董衍美. 十八大以来中国特色现代职业教育人才培养质量工作报告[J]. 职业技术教育，2017（24）：53-59.

[9] 马建富，吕莉敏. 返乡农民工创业资本积累的职业教育支持策略选择[J]. 教育发展研究，2017（21）：67-74.

[10] 刘晓巍，朱克岚. 西部民族地区特色职业教育体系构建路径探析[J]. 民族教育研究，2017（4）：141-144.

[11] 和震，祝成林. 新时代职业教育专业结构优化策略——基于北京市"双需求"导向分析[J]. 河北师范大学学报（教育科学版），2018（2）.

[12] 武博，罗秋兰. 区域中等职业教育专业结构优化的问题与对策[J]. 教育与职业，2018（2）.

[13] 黄正轴，徐谷，熊秀芳，等.中等职业教育专业设置与区域产业对接实证研究——以武汉市 48 所中等职业学校为例[J].中国职业技术教育，2018（11）：35-39.

[14] 招耿春. 论技术理性与现代职业教育的人文回归[J]. 教育与职

业，2016（24）．

[15] 黄芳. 职业教育实践教学中人文教育的渗透研究[J]. 职教论坛，2012（15）：56-59.

[16] 陈颜红，杨志强. "人文主义+"职业教育：中国现代职业教育之本的缺失与重拾——基于《反思教育：向"全球共同利益"的理念转变？》的分析[J]. 中国职业技术教育，2017（27）：5-9.

[17] 郝天聪，石伟平. "互联网+"下的职业教育服务新态：内涵、目标与转向[J]. 现代教育管理，2017（6）：81-85.

[18] 陈衍，徐梦佳，郭珊，等. 面向 2030 年我国农村人口发展与职业教育现代化刍议[J]. 河北师范大学学报：教育科学版，2017（5）：20-25.

[19] 夏晋祥. 人文教育：高等职业教育的根和魂[J]. 教育理论与实践，2008（24）：15-17.

# 第十六章　农民收入增长空间关联及影响因素研究
## ——以重庆市为例

## 一、引　言

实现农民收入的可持续增长是乡村振兴的应有之义，也是释放内需的重要路径[1]。从整个社会经济发展链条的角度来看，农村地区既是重要的生产端，也是主要的消费端，让农民获得更多收入增长的机会，在农村地区形成有效的收入增长网络，会促进地区社会经济的高质量发展，从而促进乡村振兴的实现。2018 年，习近平总书记在山东视察时指出农业农村工作的关键是"增加农民收入"，要"不断缩小城乡居民收入差距，让广大农民尽快富裕起来"。

现阶段，对农民收入增长差异性的研究多从工业化、城市化等城乡结构层面讨论农民一些"发展问题"[2]。但农民收入并不仅仅受自身所处城乡发展水平环境的影响，很大程度上还要受相邻地区之间经济社会关系水平的制约，即空间关系也是影响农民收入的重要变量。比如农民收入增长速度较快的地区，其相邻地区农户收入增长也会同样受益，这可能来自劳动力资源和土地资源等生产要素的交换，也可能来自农业产业的溢出。由此，本章尝试从区域关系探讨农户收入增长机制，以观察不同地区间农户增收的空间效应，从理论上和实践上为农民增收和乡村振兴提供参考依据。

国外较早发现工业化和城市化所产生的农户收入具有空间聚集特征和空间溢出效应，当然，随着城乡经济差距和工、农业产出效率的差异，这种空间效应所带来的农户收入增长速度会逐渐放缓。

　　我国针对农户收入增长的空间差异多基于城乡二元结构、土地制度、城市化发展水平、财政转移支付等相关因素进行讨论。早期研究多采用时间序列数据，后期研究则多采用不同行政区域的面板数据，以分析不同地区农户收入的空间依存关系。比如：赵文亮等从空间差异角度分析了河南省农民收入时空演变规律，得出区域政策、地理环境、产业结构等是引致农民收入产生显著性地区差异的主要原因[3]。刘秉镰等[4]认为我国省域农民收入具有很强的空间异质性。郇红艳等[5]借助空间杜宾模型，证实工业化与农民收入有较强的空间相关性，并因为产业的集聚产生收入的空间聚集。王建[6]利用空间面板数据，研究证实地区非农化对距离城市较近的农户增收有着明显的积极作用，而家庭非农化的影响则表现出逆向差序的特征。庄天慧等[7]发现财政支农支出对农民收入存在明显的空间集聚特征，农业发展对带动农民收入增加有积极作用。

　　但上述关于农民收入的空间聚集研究多以线性模型为主，忽略了对农户增收过程的非线性影响的分析。而复杂网络分析方法能更好地从整体性角度对农户收入空间溢出影响进行识别，一些研究者尝试利用空间网络分析法分析农民收入增长的社会网络关系和空间关联关系[8]。这拓展了对农户收入空间格局的认识，但仍不能解释各种收入空间网络之间的交互关系和网络外溢效应的形成机制，包括非地理相邻的区域如何影响其他地区农户收入变化的微观机制。

　　近年来，多角度考虑内外部因素对网络的外溢效应和关联效应的指数随机图模型（Exponential Random Graph Models，ERGM）得到研究者的关注[17]。ERGM 更强调网络的空间关联性和依赖性，通过一条关系出现的概率判断其他关系出现的可能性，可以检验局部过程的汇集是否可以产生全局网络特征属性，优质的模型可以通过模拟技术实现微观到宏观的跨越[9]。而农户收入的全局增长网络正是由多个地区的微观农户收入变化行为所构成。因此，采用 ERGM 模型分析农户收入增长的空间关联性和溢出性可以更好地识别农户收入增长的空间特征的复杂机制。

鉴于此，本章以重庆市为例，尝试运用社会网络分析方法（SNA），用中心性指标识别农户收入的空间关联关系及其结构形态。在此基础上，借助指数随机图模型（ERGM），分析农户收入空间关联的微观特征以及收入的主要空间连通模式及其影响因素，从理论和实证上为乡村振兴战略实现农户收入增长提供依据。

## 二、数据来源及研究方法

### （一）数据来源

选取重庆市 37 个区县（不含渝中区）作为网络节点，分析 2010—2017 年重庆农村常住人口可支配收入平均增长率的空间关联性。其中分区县的收入样本数据来自相应年份的《重庆统计年鉴》（2010—2017）。由于对数据进行对数处理不会改变数据原有特征，且因为减少异方差性而降低估计偏误，故所有数据均采用对数形式进入模型分析，并以 2000 年为基本年进行平减。

### （二）研究方法

#### 1. 空间网络构建

在区域均衡发展战略的持续推进下，我国各地区农户收入增长之间的各类经济活动随着交通、信息和政策的融通交流更为频繁迅速，形成了相互依赖和相互影响的复杂收入增长空间网络，且这些相互影响常常表现出非线性演进过程。因此，本章对于农户收入空间关联的认知和分析基于收入增长的非线性趋势。

根据复杂网络的分析方法，利用网络分析方法计算不同地区农户收入空间关联矩阵：其中 $V_i = [v_i](i = 1, 2, \cdots, n)$ 表示农户收入增长影响溢出地区，$V_i = [v_i](j01, 2, \cdots, n)$ 表示农户收入增长受益地区；邻接矩阵 $A = [a_{i,j}](i = 1, 2, \cdots, n; j = 1, 2, \cdots, n)$ 表示两地之间的相互影响关系，若 $i$ 地区对 $j$ 地区的收入影响大于零时，$a_{i,j} = 1$，否则 $a_{i,j} = 0$；用权重矩阵 $W = [W_{i,j}](i = 1, 2, \cdots, n; j = 1, 2, \cdots, n)$ 表示 $V_i$ 地区对 $V_j$ 地区收入增长外溢影响程度；$V_i$，$V_j$，$A$，$W$ 共同组成了研究区农户收入增长网络，记作 $G = (V_i, V_j, A, W)$。

2. 空间网络结构宏观与微观特征分析

为了全面分析农户收入增长空间网络，本章将从宏观和微观角度分析关联网络的空间特征。宏观分析中，借助社会网络分析方法（SNA），社会网络是由多个点（地区间农户收入增长率）与各点之间的连线（地区农户收入增长率之间的关系）组成的集合[10]。

网络密度可以较好地刻画农户收入增长空间网络的密切程度，其值越大，空间关联性越强，对收入增长的空间影响也越显著。网络关联度能较好地判断不同节点在农户收入增长空间关联网络的传递性和控制程度。如果某样本区农户收入可以促使更多的地区农户收入增长，说明该节点能发出更多的影响线程，该样本区在整个网络中处于核心节点作用。网络等级度说明样本区在整个收入增长网络中的等级结构，其值越高，表明整个研究区内部收入增长的区域非均衡效应和极化效应越明显。

出度中心性/入度中心性（Out Degree Centrality/In Degree Centrality，ODC/IDC）分别指网络中节点指向/接收其他节点的边数与该节点最大可能指向/接收其他节点边数的比值，分别反映了该节点的发出/接收能力[11]。入度中心性越高，说明研究区在农户收入增长网络中的吸引力越高，其他相关研究区易于与其形成紧密的空间联系。而出度中心性越高，表明研究区网络中的控制力越强。其计算公式为

$$ODC_i = \sum_j a_{ij} / (N - 1) \qquad (16.1)$$

$$IDC_i = \sum_j a_{ji} / (N-1) \qquad (16.2)$$

式中：$ODC_i$ 表征节点 $i$ 的出度中心性；$IDC_i$ 表示节点 $i$ 的入度中心性；$\sum_j a_{ij}$ 和 $\sum_j a_{ji}$ 分别表示节点指向和接受其他节点的边数。

网络中心度表示中心节点控制其他节点的能力。某节点中心度最高，意味着通过该节点的最短路径的数量与最多可能通过该节点的最短路径的数量的比值最大[12]，对其他地区存在极强的权力，可以控制周边地区农户收入增长方向及程度。其计算公式为

$$C_{ABi} = \sum_j \sum_k b_{jk}(i), j \neq k \neq i \qquad (16.3)$$

式中：$b_{jk}(i)$ 为第三个点 $i$ 能控制 $j$ 点和 $k$ 点的能力，且 $j < k$。

在宏观分析的基础上，进一步厘清收入增长空间网络中的微观关联模式，采用网络模体分析方法（Motifs）进一步探究网络中出现的局部结构。模体显示了网络中各节点之间的基本连接模式，被称为构成网络的"基元"，能够将网络微观结构与其整体特征联系起来[13]，具体分析中多用模体频率、模体随机网络出现的次数超过真实网络出现次数的概率 $p$ 值、模体 $M_i$ 的归一化 $Z$ 值。$p$ 值和 $Z$ 值越大，该模体在网络中越重要。式（16.4）和式（16.5）能较好地测度网络密度和网络的交互性。其计算公式为

$$den(G) = \frac{|E_G|}{|V_G|(|V_G|-1)} \qquad (16.4)$$

$$cl_T(G) = \frac{3\tau_\Delta(G)}{\tau_3(G)} \qquad (16.5)$$

$$SP_i = \frac{Zi}{\sqrt{\sum_i Z_i^2}}, \text{ 其中 } Z_i = \frac{N_{real}^i - <N_{rand}^i>}{\sigma_{rand}^i} \qquad (16.6)$$

式（16.4）是归一化指数 $Z$ 的计算公式。$N_{real}^i$ 和 $N_{rand}^i$ 分别为模体 $M_i$ 在真实网络中和随机网络中出现的次数，$<N_{rand}^i>$ 为 $N_{rand}^i$ 均值，$\sigma_{rand}^i$ 为其标准差。

此外，若度数高的节点与其他度数高的节点连接紧密，称为同类混合。参考 Newman[16] 对无向加权图的同配性的计算方式：

$$R_W^M = \frac{(W_M)^{-1}\sum_m s_i s_j - [(W_M)^{-1}\sum_m \frac{1}{2}(s_i+s_j)]^2}{(W_M)^{-1}\sum_m \frac{1}{2}(s_i^2+s_j^2) - [(W_M)^{-1}\sum_m \frac{1}{2}(s_i+s_j)]^2} \qquad （16.7）$$

式中：$M$ 为网络总边数；$W_M$ 为网络边权之和；$s_i$ 和 $s_j$ 为第 $m$ 条边两端节点强度（加权度），$m=1,2,3,\cdots,M$。

### 3. 指数随机图模型

指数随机图模型（ERGM）是伴随图论和矩阵代数等的发展而逐渐形成的，以网络结构为中心的社会统计模型，具体包括 p1 模型、p2 模型和 p*模型。较之单一网络结构的分析方法，指数随机图模型考虑了多个层次的网络结构变量，能实现从微观到宏观的跨越，从而更全面揭示网络结构形成的社会化过程。

给定真实网络 $G=(V,E)$，$V=(1,2,3,\cdots,n)$ 表示网络中节点。$J=\{(i,j):i\in V,i\neq j\}$ 表征网络各节点之间所有可能存在的关系。$E$ 为网络存在的边，事实上，$E$ 只是 $J$ 的子集，即网络中各个节点存在的某种可能集合关系。通过建立一个随机变量 $Y$ 表示 $J$ 中的元素，若 $(i,j)\in E$，则 $y_{i,j}=1$，代表一条行动者 $i$ 到行动者 $j$ 的网络关系。$y_{i,j}=0$ 则代表不存在这种网络关系。在此基础上形成随机相邻矩阵 $y=[y_{i,j}]$，定义为 $Y_{i,j}$ 的观测值，$Y$ 为所有相邻关系的矩阵，$Y$ 可以是无向的或有向的。指数随机图模型的一般形式为

$$\Pr(Y = y|\theta) = \frac{1}{k}\exp\{\sum_H \theta_H^{\mathrm{T}} g_H(y)\} \tag{16.8}$$

式中：$\Pr(Y = y|\theta)$ 表示在条件 $\theta$ 下 $y$ 在矩阵 $Y$ 中出现的概率。模型总数超过结构类型 $H$，不同系列的结构表示不同的模型。$g_H(y)$ 为与结构模型 $H$ 有关的网络统计量，$\theta_H$ 为网络统计参数。$k$ 为归一化常数，$k = k(\theta) = \sum_m \exp\{\sum_H \theta_H g_H(y)\}$。

随机量 $y_{i,j}$ 从 0 趋向 1 时，式（16.8）以逻辑回归的形式解释观测网络中关联关系是来自其自身属性特征还是来自外来因素影响。$y^c$ 为不包括 $y_{i,j}$ 的所有网络，$\Delta(g(y))_{i,j}$ 为网络的变动值。

$$\log it\left(\frac{\Pr(y_{i,j} = 1|y^c)}{\Pr(y_{i,j} = 0|y^c)}\right) = \sum_H \theta_H^{\mathrm{T}} \Delta(g(y))_{i,j} \tag{16.9}$$

$H$ 一般包括网络内生影响因素 $\alpha$、属性值 $\beta$ 和与网络相关的外在网络影响因素 $\gamma$，且 $\alpha, \beta, \gamma \in H$。公式（16.8）可以改写为

$$\Pr(Y = y|\theta) = \frac{1}{k}\exp\{\theta_\alpha^{\mathrm{T}} g_\alpha(y) + \theta_\beta^{\mathrm{T}} g_\beta(y, x) + \theta_\gamma^{\mathrm{T}} g_\gamma(y, \overline{g})\} \tag{16.10}$$

根据不同的网络统计参数 $\theta_H$ 和统计 $g_H(y)$，ERGM 模型有多种形态和扩展，如交互的 k-星（alternating k-stars）、交互的 k-三角（alternating k-triangles）和交互的 k-2-路径（alternating k-two-paths）等，这些不同模型可以较好地检验影响网络形成的主要因素。Morris 等（2008）认为，影响网络形成的因素主要包括网络内生结构效应、网络个体属性特征和外生网络效应等。目前多利用马尔科夫链蒙特卡罗极大似然估计法对模型进行估计检验，通过仿真、对比和模拟改进等程序，不断修正模型参数使得仿真的网络结构特征逐步逼近真实网络。具体可采用 R 语言中的 ERGM 程序包完成。此外，由于收入增长的影响并不限于地理相邻关系，

为了分析相互依赖的不同节点间的空间距离，可以将空间交互作用模型（如修正的空间引力模型）等纳入 ERGM 模型，以考量不同节点间经济地理距离对收入增长空间网络关系形成的影响[14]。

$$Income_{i,j} = g_{ij} \frac{Income_i \, Income_j}{\left( \dfrac{d_{ij}}{I_i - I_j} \right)^2} \qquad (16.11)$$

式中：$i$ 和 $j$ 分别代表不同研究区；$Income_{i,j}$ 为不同研究区农户收入增长间的引力；$g_{ij}$ 表示 $i$ 地区与 $j$ 地区之间收入增长联系中的交互性；$\dfrac{d_{ij}}{I_i - I_j}$ 为研究区间地理距离（$d_{ij}$）与收入增长距离 $(I_i - I_j)$ 的对比值；$d_{ij}$ 为用 ARGIS10.2 计算的研究区间直线距离；$(I_i - I_j)$ 为 $i$ 地区和 $j$ 地区农户人均收入差值。式（16.11）可以较好地获知地区之间农户收入增长的引力矩阵。取引力矩阵各行平均值为临界值，引力大于临界值，赋值为 1，即该行地区对该列地区的农户收入增长存在显著的空间相依性；反之则不存在。

# 三、农户收入增长空间关联的整体结构与微观特征

## （一）网络整体结构分析

利用收入空间网络矩阵和收入引力模型，计算研究区农户收入增长空间网络关联①。可知，农户收入增长在整个样本地区间都存在关联性，可能因为经济活动的扩散性和资本流动的趋利性，即使地理位置相隔较

---

① 限于篇幅，本处未报告网络密度、网络关联度和网络等级度的计算过程和结果，备索。

远的地区也存在收入增长的空间联动性。这种农户收入增长的空间关联性为重新审视农户收入增长的区域空间特征提供了条件。从空间关联性角度看，农户收入增长空间范围的扩大可能是多种因素共同促进的结果，一些地区农户收入增长会因为空间关联网络的作用而产生整体性溢出效应，进而增加了其他地区农户增收的空间联动密切性。另外，从空间等级度结果可知，样本地区农户增收空间关联地区分布极不平衡。而根据式（16.1）~式（16.3），中心性指标描述性统计结果（见表 16-1）①，位于重庆一小时经济圈的样本城市，其入度中心性和出度中心性均高于0.5，表明网络中心性较高的地区主要集中在少数关键节点样本区，网络整体存在较为明显的等级化结构特征。三峡库区生态经济区和渝东南少数民族聚居区则多处于网络边缘地区和被控制地区②。

根据表 16-1 可知，南岸区、九龙坡区和江北区的网络中心度最高，且相差并不明显，为网络最核心节点，说明这三个区农户增收的外溢影响最为广泛。从出度中心性和入度中心性结果可知，渝北区、九龙坡区和江北区三个区出度中心性较高，在重庆地区农户收入增长网络中起着较强的控制作用。江津区、合川区和开州区入度中心性较高，在整个收入增长空间网络具有极大引力，最易于与其他地区建立联系，对其他区县农户收入增长起着"桥梁"和"枢纽"作用。永川区和巴南区等在各

---

① 限于篇幅，此处未全部报告中心性指标计算和排序结果，备索。

② 重庆一小时经济圈，指重庆市以渝中区、大渡口区、江北区、沙坪坝区、九龙坡区、南岸区、北碚区、渝北区、巴南区等主城 9 区为核心，一小时交通范围内所覆盖的 21 个区县（潼南、合川、铜梁、大足、荣昌、永川、双桥、璧山、江津、綦江、万盛、南川、涪陵、长寿等）。"都市经济发达圈"包括渝中区、大渡口区、江北区、沙坪坝区、九龙坡区、南岸区、北碚区、渝北区、巴南区，即主城九区；"渝西经济走廊"包括江津区、合川区、永川区、南川区、綦江区、大足区、璧山区、铜梁区、潼南区和荣昌区；"三峡库区生态经济区"包括除都市经济发达圈和渝西经济走廊以外的 19 个区县。渝东南地区主要指石柱土家族自治县、秀山土家族苗族自治县、酉阳七家族苗族自治县、彭水苗族土家族自治县、城口县等少数民族地区和国家级贫困地区。

中心性指标中也有一定序列存在，说明这两个地区在整个网络有一定影响力，但并未处于网络核心地位。渝东南地区在中心性排名中多处于末端，在农户收入增长网络中处于边缘地位。上述地区的各中心性指标排名分别与重庆地区农户可支配收入增长率、地区生产总值增长水平和人均农业生产总值较为一致。可能是由于高收入增长地区对相关地区有极强的带动作用和示范效应，农户收入增长也会更多地受到地区生产总值的影响，高生产总值能显著增加农户获得非农收入的机会和农产品销售机会。而农业生产总值较高的地区能吸引更多的农户参与农业生产，从而对其他地区农户收入增长产生极强的吸引效应，最终使得各样本地区网络中权力和影响力存在十分显著的空间异质性。

表 16-1　基于收入增长的地区间网络中心性排名

| 排名 | 中心度 | | 出度中心性 | | 入度中心性 | |
|---|---|---|---|---|---|---|
| | 地区 | 得分 | 地区 | 得分 | 地区 | 得分 |
| 1 | 南岸区 | 1.000 | 渝北区 | 1.000 | 江津区 | 1.000 |
| 2 | 九龙坡区 | 0.998 | 九龙坡区 | 1.000 | 合川区 | 0.987 |
| 3 | 江北区 | 0.998 | 江北区 | 0.979 | 开州区 | 0.983 |
| 4 | 大渡口区 | 0.971 | 南岸区 | 0.921 | 永川区 | 0.919 |
| 5 | 北碚区 | 0.924 | 綦江区 | 0.834 | 北碚区 | 0.875 |
| 6 | 沙坪坝区 | 0.912 | 江北区 | 0.801 | 沙坪坝区 | 0.864 |
| 7 | 璧山区 | 0.876 | 巴南区 | 0.764 | 巴南区 | 0.826 |
| 8 | 永川区 | 0.864 | 南岸区 | 0.675 | 江津区 | 0.793 |
| 9 | 巴南区 | 0.831 | 潼南区 | 0.626 | 永川区 | 0.747 |
| 10 | 江津区 | 0.809 | 荣昌区 | 0.591 | 万州区 | 0.701 |

注：为便于比较，以上指标在运用 R 软件计算过程中均对数据进行了归一化处理。

上述三个中心性结果中样本区排名的差异说明，对于存在非地理相邻农户收入增长空间关联的样本区而言（即通过中介 $g$，样本区 $i$ 的农户收入增长对样本区 $j$ 产生外溢效应：$i \rightarrow \cdots \rightarrow g \rightarrow \cdots \rightarrow j$），受益于经济要素、资本要素、劳动力要素和政策要素等的流动，少数样本区难以控制所有中介节点，从而在不同的样本区间形成多样化的收入增长溢出通道。从网络中心性和传递性以及交互性分析结果可知，农户收入增长空间网络关联性与等级度的形成和网络的自组织个体属性特征有关。在整个样本期农户增收空间网络的传递性和交互性的上升，会引致其他空间网络复杂相依关系的形成，进而增加整体网络密度。上述结果可知，农户增收效应已经超过了二元地理相邻区域（即区域节点对），而非地理相邻位置的收入增长传递性和网络密度空间特征，意味着网络中各节点样区的空间关系存在交互性和相依性。

为了更精确地分析农户增收空间网络相依性的动态变化特征，将全部样本分割成多季度数据，随后分季度采用非线性 Granger 因果检验并构建农户增收空间关联网络，最后从时间变动角度测量样本地区的空间网络密度、传递性和交互性等。具体结果如图 16-1 所示。由图 16-1 可知，整个样本期重庆地区农户增收空间网络密度现上升趋势，例如 2010 年第一季度为 0.14，2012 年第二季度为 0.26，2014 年第三季度为 0.32，2017 年第四季度为 0.34，但同一年度样本期内仍存在一定程度的起伏波动。整个样本期网络溢出关系数变动与网络密度变化趋势接近，表征交互特征的网络关联度与网络密度变化呈同向增长形态，且水平仍然较高，但一定时期会有所下降。重庆地区农户收入增长网络密度的上升在相当程度上应归因于农户增收传递性的增强，空间关系数由 2010 年的 175 个增至 2017 年的 264 个。这种较为显著的增幅，应主要受益于重庆地区近年来在国家乡村振兴和农业人口回流的大背景下，持续性推进农业产业化和农业人口就地就业工程。而近年来土地流转带来的土地规模化经营则加速了这一过程。江津区、合川区、长寿区和潼南区等农业产业化基地的规模化扩张以及南岸区、九龙坡区和渝北区等都市农业的集中分块式发展都对其他地区农业发展和农户增收产生了显著的空间溢出效应。

图 16-1　农户增收空间关联网络的动态变化特征

从农户收入增长空间关联网络中样本区节点度数与2010—2017年农户人均增收率回归分析（见图 16-2）可以发现，网络密度越高的样区节点度数，其农户增收率越高（对于有向网络，节点的度数即该节点与其直接相连的点数，通常为点出度与点入度之和）。而由样本区节点度数与其相邻地区农户收入平均增长率相关关系结果（见图 16-3）可知，整个样本期二者均呈正相关关系，说明任何样本区节点的农户增收率会同时影响其自身和相邻地区，这些关联性关系同时会受到关系接受者和关系发出者的影响，且农户增收率越高的样本区节点空间外溢性越高。进一步利用同配性系数分析农户增收空间关联网络是否存在同类混合。利用MATLAB 计算可得不同年度的同配性系数，2010 年为 0.021 9，2014 年为 0.030 1，2017 年则为 0.031 4，整个样本期 $R > 0$，说明网络具有同配性（非趋同性）。产生上述结果的可能原因在于，重庆地区农户增收空间网络形成过程中，线程发出者的农户增收水平影响更为显著，同时接受者的农户增收水平的影响也相对增大。

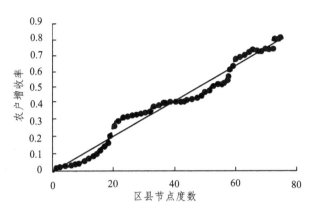

图 16-2　2010—2017 年节点度与农户增收关联关系

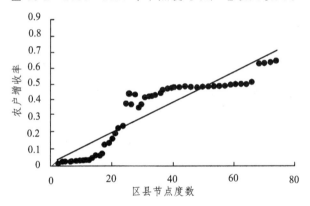

图 16-3　2010—2017 年节点度与邻居农户增收关联关系

## （二）网络微观模式分析

为进一步探究重庆各区县之间的微观农户增收关联模式，借助
Mavisto 软件对农户增收空间关联网络中反复出现的局部结构（即模体）
进行识别，通过对比真实网络中某种反复出现的小型连通子图出现的频
次与模拟网络中该模体出现的频率，判断哪些模体在农户增收关联网络
中发挥了显著作用（$p=1$ 为不显著；$p=0$ 为显著）。

根据表 16-2 统计结果可知，模体 F7F、F8R、GCR 在重庆地区农户增收空间关联网络中并不显著（$p=1$），产生上述结果的可能原因在于这三种模体都并未包含交互关系或传递三角形，而交互性和传递性是各样本区普遍存在的农户空间关联网络增收模式。但需要注意的是，F7F、F8R和 GCR 这三种模体出现的频率最高，分别为 562 次、597 次和 589 次。这三种模体体现了重庆地区内部不平衡的农户增收状态，即一个样本区与另外两个样本区只有溢出关系或者接收关系（F7F 和 GCR），或一个样本区只从其他两个样本区中的一个样本区产生接收关系，并只向另一个样本区产生溢出效应（F8R），即重庆地区内部农户增收水平差异较大，部分地区仅是收入增长空间网络中的被控制者。FKX、F8X 和 GOX 等三种模体的 $p$ 值为 0，频率均超过了 500。K4F 和 GQX 等两种模体的 $p$ 值仍为显著，但出现频次最低，分别出现了 126 次和 141 次，这两种模体表明重庆地区内部区县间农户增收空间不存在高度集中化特征，不同地区之间没有两两互为接受者和发出者的行为。

从具体区县参与频率（见表 16-2）看，南岸区、江北区和九龙坡区在 F8R 等三类模体中出现最为频密，都较少与其他区县产生双向的交互影响。且南岸区、江北区和九龙坡区 F8X、FKX 两种模体与其他区县相比，出现频率也较高，这种模体都包含了两条出边（上顶点通常视为观测对象），这三个区中心度也为最高。综合来看，这三个地区在重庆地区农户收入增长空间网络主要表现为强控制效应，即对其他地区主要产生溢出影响，为关系的发出者。石柱县、城口区、秀山县和酉阳县等四个区县 F8R、GCR 和 F7F 等三种模体出现频率也较高，且其中心度、出度中心性和入度中心性皆在末尾，即这四个区县处于收入增长空间网络的边缘地位，其收入增长也与外界缺乏交互性，为空间网络关系的接受者。江津区和合川区的 FMF、GCR 及 GCX 三种模体出现频率也较高，其中 GCR 反映了不平衡的增长模式，且江津区和合川区入度中心性指标靠前。综合分析可知，尽管这两个区收入增长能对其他地区产生吸引力，但其收入增长模式与其他地区 "互惠性"不足，这可能是江津区和合川区特有的农业产出模式难以和其他地区形成高度集团化特征，会引致收入增长难以产生集中化趋势。

表 16-2 农户增收空间关联网络模体分析

| 代码 | 模体 | 频次 | $p$ 值 | 前五位区县 |
| --- | --- | --- | --- | --- |
| F7F | | 562 | 1 | 南岸区，江北区，九龙坡区、石柱县、城口县 |
| F8R | | 597 | 1 | 江北区，九龙坡区，南岸区、石柱县、酉阳县 |
| GCR | | 589 | 1 | 江北区，九龙坡区，南岸区、秀山县、酉阳县 |
| FKX | | 505 | 0 | 万州区、涪陵区、江津区、合川区、綦江区 |
| F8X | | 504 | 0 | 涪陵区、万州区、潼南区、荣昌区、綦江区 |
| GOX | | 501 | 0 | 涪陵区、潼南区、荣昌区、永川区、梁平区 |
| JQF | | 464 | 0 | 万州区、涪陵区、九龙坡区、巴南区、渝北区 |
| FMF | | 389 | 0 | 涪陵区、万州区、江津区、合川区、永川区 |
| GDF | | 374 | 0 | 涪陵区、垫江县、万州区、开州区、铜梁区 |
| IMF | | 321 | 0 | 万州区、江津区、潼南区、巫溪县、彭水县 |
| GQX | | 126 | 0 | 大渡口区、北碚区、南川区、武隆区、城口县 |
| K4F | | 141 | 0 | 大渡口区、武隆区、北碚区、南岸区、巴南区 |

## 四、农户增收空间关联的影响因素分析——基于 ERGM 方法

### （一）ERGM 变量选择

1. 网络内生结构变量

ERMC 可以将多种网络内生结构变量纳入模型中，网络内生结构变

量主要包括网络的边和几何权重维度，涉及网络交互性、扩张性、聚敛性、传递性和边数等。交互性主要分析网络节点间发生双向关系的概率。聚敛性和扩张性主要考察某一节点对其他节点的发出或接受效应。传递性和交互 k-三角讨论的则是网络的传递关系。上述统计变量多角度阐释空间网络的相互依存性，揭示其在网络形成过程中的作用。

根据表 16-3，本章主要选择边数（edges）、交互性（交互 k-三角，Alternating k-stringles；交互 k-2-路径，Alternating k-two-paths）、互惠性（Mutual）等四个变量。上述变量考量网络间的空间相依关系，使得 ERGM 模型能阐释网络 M 中存在的特定的依赖关系如何促使空间网络的形成。根据 Nowicki（2001）和 Handcock（2008）的分析，若空间网络具有较强的聚集性，则在 ERGM 估计结果中考虑三角结构变量，会引致部分研究区域节点的发出者效应和接受者效应无法纳入模型中，且可能面临近似退化和参数不收敛的问题。根据实验结果也发现，传递性、交互 k-三角和交互 k-2-路径纳入模型中，其估计结果不够理想。同时考虑到篇幅，最终只考虑了边数和互惠性的估计结果。

表 16-3　ERGM 模型主要变量含义及其假设检验

| 变量 | 含义 | 构局 | 统计量 | 假设检验 |
|---|---|---|---|---|
| Edegs | 边数 | ○—○ | | 网络紧密度趋势 |
| Mutual | 互惠性 | ●—○ | | 是否各区县倾向存在交互的收入增长关系？ |
| Alternating k-stringles | 交互 k-三角 | | $ATK_i(y)$ | 是否各区县间倾向具有收入增长集聚和传递性？ |
| Homophily（δ） | 同配性 | ●—● | | 是否具有相同属性的区县间更易形成网络关系？ |

续表

| 变量 | 含义 | 构局 | 统计量 | 假设检验 |
|---|---|---|---|---|
| NCov（g-net） | 网络协变量 | ○—○ | | 是否在其他网络中存在关系的区县更易于实现收入增长？ |
| DCov（δ） | 点协变量 | ○—● | 或 | 某一属性强的区县是否更易于与其他区县形成关系？ |

2. 行为者属性效应

为检验农户增收效应越高的区县是否越容易与其他区农户增收产生空间关联（主效应），本章将重庆市各区县年均农户人均可支配收入的对数值分为高、中、低三类，其中 37 个区县中收入排在前 25%的设为 IncoHigh，前 25%～75%的定为 IncoMid，后 25%的归为 IncoLow。同时在同配性方面，本章还将检验同一收入水平的地区是否更易产生收入增长的空间关联（趋同效应）。

在节点协变量（Node Cov，Dcov）方面，鉴于地区经济因素和资源环境要素等都会对农户增收空间关联网络的形成产生重要影响，将人均GDP（GDP）、农业发展水平（农业总产值/地区生产总值，Gagr.）、人均农业商品产值（Cagr.Output）、人均经济作物商品产值（Eco.crops）、人均粮食作物商品产值（Food.crops）、乡村从业人员（Pop）、人均有效灌溉面积（Irri）等变量引入 ERGM 模型，分析上述变量对农户增收空间关联网络中产生的效应。与农户收入指标类似，上述变量也同样分为高、中、低三类。以上数据均来自《重庆市统计年鉴（2010—2017）》，以自然对数值表示。

3. 网络协变量（Net Cov，Ncov）

ERGM 模型因其能将网络变量纳入方程中，可以较好地检验不同类型的空间二元关系的相互依存特征和趋势。因此，为了检验不同空间网

络对重庆地区农户增收的综合影响，ERGM 对经济空间网络、地理空间
网络、主要农作物种植空间网络等作为网络协变量纳入 ERGM 模型中进
行回归估计。其中，经济空间网络采用修正的引力模型计算区际间经济
发展的相互空间影响。主要农作物种植空间网络计算方法如下：根据《重
庆市统计年鉴》，将重庆市种植主要的农作物进行分类（粮食=1，豆类=2，
油料作物=3，水果及蔬菜=4，其他=5），采用引力模型测度不同区县间种
植结构的空间关联矩阵（以播种面积的对数值表征），分析该地区农作物
种植结构是否与其他地区存在显著的空间关联性。

## （二）ERGM 模型估计结果

一般情况下，为了能得到最佳的估计值，通常采用逐步添加变量的
方式，测度不同变量组合的 ERGM 估计值。

首先分析只包括网络内生结构变量和节点协变量的基准模型。表
16-4 的 ERGM 回归结果表明，无论考虑哪种效应，互惠性估计系数都为
正向显著，表明重庆地区各区县之间农户增收空间网络显示出较为显著
的互惠性和双向关系，许多区县之间农户增收水平互相影响，这也与上
文模体分析结果一致，即 F7F、F8R 和 GCR 这三种未包含互惠关系的模
体在整个农户增收网络中并不显著。农户增收的主效应和同配性（趋同
效应）在 1%水平下显著，说明农户收入越高的地区越容易与其他地区产
生农户增收空间关联效应，对比农户低收入地区，高收入地区形成高增
长空间关联网络的概率提高约 34%。而趋同性统计结果说明，农户收入
水平相近的地区也会提高空间网络形成的可能性，若两个地区均为高收
入地区，则形成空间网络的概率较之低收入地区高约 24%。较之主效应
估计结果，同配性的 AIC 和 BIC 较低，其拟合效果更好，在后续分析中，
主要考虑趋同效应进行模型估计。

表 16-4　ERGM 模型估计结果

| 变量 | | 基准模型 | 节点协变量 | | 内生结构变量 | 协变量网络 | | 复合模型 |
| --- | --- | --- | --- | --- | --- | --- | --- | --- |
| | | （1） | （2） | （3） | （4） | （5） | （6） | （7） |
| 内生结构变量 | Edges | -1.137 4*** | -1.003 6*** | -1.179 4*** | -1.002*** | -1.134 5*** | -1.173 1*** | -1.202 1*** |
| | | （0.332 9） | （0.301 2） | （0.333 5） | （0.303 2） | （0.331 3） | （0.398 7） | （0.400 7） |
| | Mutual | 1.962 2*** | 2.012 4*** | 1.981 5*** | 1.781 6*** | 1.796 4*** | 1.802 6*** | 1.872 3*** |
| | | （0.654 1） | （0.700 8） | （0.606 5） | （0.560 5） | （0.585 1） | （0.600 7） | （0.624 1） |
| 行为者属性 | IncoHigh | 0.396 7*** | 0.496 9*** | 0.509 1*** | 0.511 2*** | 0.502 0*** | 0.522 2*** | 0.452 0*** |
| | | （0.122 3） | （0.165 3） | （0.147 9） | （0.170 4） | （0.167 1） | （0.176 4） | （0.089 2） |
| | IncoMid | 0.191 1*** | 0.082 4*** | 0.090 3*** | 0.102 4*** | 0.112 9*** | 0.102 9*** | 0.084 5*** |
| | | （0.063 4） | （0.014 1） | （0.010 0） | （0.034 1） | （0.037 3） | （0.040 4） | （0.068 7） |
| | IncoLow | 0.102 4*** | 0.115 6*** | 0.109 9*** | 0.089 7*** | 0.090 2*** | 0.091 1*** | 0.094 1*** |
| | | （0.030 8） | （0.038 5） | （0.092 8） | （0.033 2） | （0.030 0） | （0.031 2） | （0.077 6） |
| | GdpHigh | | | 0.145 3*** | 0.145 9*** | 0.136 3*** | 0.140 2*** | 0.124 4*** |
| | | | | （0.033 6） | （0.050 3） | （0.045 7） | （0.031 1） | （0.021 7） |

续表

| 变量 | 基准模型 | 节点协变量 | | 协变量网络 | | | 复合模型 |
| --- | --- | --- | --- | --- | --- | --- | --- |
| | （1） | （2） | （3） | （4） | （5） | （6） | （7） |
| GdpMid | | | -0.081 8** | -0.077 3** | -0.078 5** | -0.074 3** | -0.063 9** |
| | | | （0.015 1） | （0.023 1） | （0.026 4） | （0.035 8） | （0.010 7） |
| GdpLow | | | 0.099 7*** | 0.100 2*** | 0.111 3*** | 0.110 7*** | 0.091 3*** |
| | | | （0.017 2） | （0.035 6） | （0.034 2） | （0.033 4） | （0.024 7） |
| Gagr.High | | | 0.104 1*** | 0.087 4*** | 0.089 5*** | 0.091 0*** | 0.095 0*** |
| | | | （0.051 2） | （0.029 9） | （0.034 1） | （0.042 8） | （0.030 2） |
| Gagr.Mid | | | 0.100 1 | 0.111 4 | 0.112 1 | 0.100 9 | 0.093 7 |
| | | | （0.025 7） | （0.047 1） | （0.054 5） | （0.041 1） | （0.025 3） |
| Gagr.Low | | | -0.137 9*** | -0.123 7*** | -0.121 1*** | -0.122 5*** | -0.116 9*** |
| | | | （0.056 2） | （0.041 9） | （0.042 2） | （0.132 7） | （0.052 3） |
| Cagr.OutputHigh | | | 0.153 5*** | 0.176 4*** | 0.179 1*** | 0.180 2*** | 0.168 3*** |
| | | | （0.036 8） | （0.112 1） | （0.098 3） | （0.454 1） | （0.030 1） |
| Cagr.OutputMid | | | 0.086 9 | 0.093 2*** | 0.091 9*** | 0.094 5*** | 0.080 7*** |
| | | | （0.285 2） | （0.042 7） | （0.030 6） | （0.362 4） | （0.142 2） |
| Cagr.OutputLow | | | -0.280 3*** | -0.312 3*** | -0.321 4*** | -0.332 9*** | -0.289 3*** |
| | | | （0.065 9） | （0.124 6） | （0.345 6） | （0.110 7） | （0.062 2） |

续表

| 变量 | 基准模型 | 节点协变量 | | 协变量网络 | | | 复合模型 |
|---|---|---|---|---|---|---|---|
| | (1) | (2) | (3) | (4) | (5) | (6) | (7) |
| Eco.cropsHigh | | | 0.171 3*** | 0.179 6*** | 0.183 2*** | 0.182 6*** | 0.181 2*** |
| | | | （0.065 8） | （0.056 2） | （0.034 5） | （0.239 0） | （0.018 7） |
| Eco.cropsMid | | | 0.066 | −0.018 7 | −0.018 9 | −0.019 9 | −0.020 |
| | | | （−1.266） | （0.042 6） | （0.341） | （0.021 3） | （1.341） |
| Eco.cropsLow | | | −0.070 3*** | −0.072 3*** | −0.072 1*** | −0.073 4*** | −0.075 1*** |
| | | | （0.036 7） | （0.023 4） | （0.114 5） | （0.067 8） | （−0.010 2） |
| Food.cropsHigh | | | 0.100 9*** | 0.099 8*** | 0.100 6*** | 0.097 7*** | 0.100 3*** |
| | | | （0.013 8） | （0.043 2） | （0.112 3） | （0.032 9） | （0.091 2） |
| Food.cropsMid | | | 0.001 4* | 0.000 9* | 0.001 2* | 0.001 4* | 0.001 7* |
| | | | （0.000 7） | （0.027 8） | （0.043 1） | （0.056 9） | （0.001 3） |
| Food.cropsLow | | | −0.112 1** | −0.120 1** | −0.120 6** | −0.121 1** | −0.116 1** |
| | | | （0.077 2） | （0.047 8） | （0.129 8） | （0.137 9） | （0.076 2） |
| PopHigh | | | 0.073 8 | 0.074 6 | 0.075 9 | 0.076 1 | 0.072 0 |
| | | | （0.021 8） | （0.025 4） | （0.001 9） | （0.032 1） | （0.030 2） |
| PopLow | | | 0.062 3 | 0.070 1 | 0.067 3 | 0.069 2 | 0.062 9 |
| | | | （0.018 5） | （0.034 3） | （0.022 6） | （0.003 7） | （0.005 6） |

续表

| 变量 | 基准模型 | 节点协变量 | | 协变量网络 | 协变量网络 | | 复合模型 |
| --- | --- | --- | --- | --- | --- | --- | --- |
| | （1） | （2） | （3） | （4） | （5） | （6） | （7） |
| IrriHigh | | | 0.091 6 | 0.083 2 | 0.084 4 | 0.085 6 | 0.097 4 |
| | | | （0.003 1） | （0.011 2） | （0.022 2） | （0.102 3） | （0.028 7） |
| IrriLow | | | -0.048 2 | -0.040 1 | -0.041 2 | -0.004 09 | -0.038 5 |
| | | | （0.041 3） | （0.022 4） | （0.022 9） | （0.030 5） | （0.011 8） |
| Eco.spaceNet | | | | 0.910 4*** | | | 0.900 2*** |
| | | | | （0.395 1） | | | （0.965 1） |
| Geo.spaceNet | | | | | 0.033 9* | | 0.020 8* |
| | | | | | （0.047 6） | | （0.000 1 2） |
| Pla.spaceNet | | | | | | 0.149 8*** | 0.187 6*** |
| | | | | | | （0.065 7） | （0.092 2） |
| AIC | 3 987 | 3 702 | 3 702 | 3 694 | 3 698 | 3 698 | 3 273 |
| BIC | 4 123 | 3 932 | 4 009 | 4 012 | 4 008 | 4 001 | 3 613 |

注：*，**及***分别表示在 10%、5%及 1%的水平上显著。

　　根据节点协变量估计结果，Homphily（GdpHigh）、Homphily（GdpMid）和 Homphily（GdpLow）在 1%水平上正向显著，说明具有相近经济水平的区县其形成空间关联网络的概率相对较高。Homphily（Gagr.High）和 Homphily（Gagr.Low）在 1%水平上显著，Homphily（Gagr.Mid）则在 5%水平上显著为负，该结果意味着高、低两种农业 GDP 占比地区更倾向形成空间增收网络，进而对农户增收网络的形成有正向促进作用，而中等农业发展水平的区县其农户增收对其他地区空间影响为负。产生上述现象的可能原因是农业 GDP 较高的地区，多为重庆地区传统的农业区县，尽管与农业相关的产业发展并不十分发达，但农户增收的渠道仍多来自农业生产，而农业 GDP 占比相对较低的地区，主要为农业产业化发达地区，农产品商品化程度和规模化种植程度相对较高，农业从业人员从中获益较多。Homphily（Cagr.OutputHigh）在 1%水平上正向显著，而 Homphily（Cagr.OutputLow）在 1%水平上显著为负，意味着人均农业商品产值越高，越能显著提高农户增收空间网络形成概率，而低农业商品化产值地区间更难以形成农户增收网络空间。分析主效应可知，高人均农业商品产值区县的农户增收空间网络发生概率分别是中低区县的 1.03 倍和 1.44 倍。Homphily（Eco.cropsHigh）在 1%水平上正向显著，而 Homphily（Eco.cropsLow）则为负向显著，意味着人均经济作物产值较高的区县更易于形成农户增收空间网络，而人均经济作物产值较低的地区则缺乏与其他地区形成增收网络的能力。中等水平的粮食作物商品化率 Homphily（Food.cropsMid）在 10%水平上正向显著，但系数较小，对农户增收空间网络的形成作用有限。而高人均粮食作物商品化率 Homphily（Food.cropsHigh）在 1%水平上正向显著，说明只有粮食作物商品化率较高时才能促进农户增收，并对其他地区农户增收产生外溢影响，即农户增收主要发生在农业 GDP 水平较高或较低，且以经济作物为主，同时农业商品产值较高的地区。乡村从业人员和人均有效灌溉面积两个变量均未通过显著性检验，无法对农户增收的空间网络形成产生影响。

接下来在模型（1）的基础上，增加经济空间网络、地理空间网络和种植结构空间网络等网络协变量，考察重庆市 37 个区县所嵌入的各种空间变量对于农户增收的影响。根据估计结果可知，经济空间网络变量和地理空间网络变量均在 1%水平上正向显著，这意味着农户增收空间网络和经济空间网络、种植结构的空间布局具有明显的空间重叠，即地区间经济联系越紧密，以及种植结构空间布局越接近的地区，更易于形成农户增收的空间关联网络。地理空间网络模型虽然在 10%水平上正向显著，但系数较小，说明地理空间网络对农户增收网络形成的正向促进作用有限。这与近年来国家、重庆市出台的乡村发展战略和土地流转的集约化发展模式有关，整体的政策推进使得农户收入增速与地区经济发展特征高度相关。近年来农村地区交通基础设施改善有关系，降低了地理距离对农户增收的贡献率。区域间的各类经济要素，通过产品、人员和技术及资金的流动等却在逐年增强，这种经济空间网络的拓展，有效地提高了农户增收网络形成的概率。相类似的种植结构容易形成规模化的产能，形成某类农产品的供给基地，从而在农户增收网络的形成中具有一定的吸引力。但种植结构的系数较经济空间网络为小，这可能与部分区县农业种植结构散乱和规模化程度较低有关，初级和分散种植的农产品供给模式，其风险承载力通常较低，更易受到农产品价格变动的影响，由此对农户增收空间网络形成和扩展的贡献也会不足。因此，从提高农户增收的角度出发，仍需促进农业规模化种植和产业化发展，通过借助经济要素的快速流动结果，从全市整体角度促进农户增收空间网络的形成，构建多产业、多结构的农户增收渠道[15]。

模型（6）考虑了所有变量进行估计，与前面分析结果对比，AIC 和 BIC 大多相对较小，表明模型拟合度更好。内生结构变量和行为者属性

（节点变量）与前面估计结果基本一致。网络协变量中，经济空间变量的影响最为显著，地理空间网络和种植结构空间网络的影响同样较为显著。

此外，我们还对 2010 年、2015 年的数据采用 ERGM 模型进行了估计[①]，并与 2017 年回归结果进行对比分析发现，农业商品产值和人均经济作物商品产值对农户增收的正向影响逐步增强。协变量网络中，经济空间网络和种植结构空间网络对农户增收的促进作用显著增强，地理空间网络对农户增收的影响趋弱，且整个研究年度衰减的较为显著。

## 五、研究结论与政策启示

### （一）研究结论

本章借助网络分析法和指数随机图模型（ERGM）进行回归分析，阐释了重庆地区农户增收空间关联网络结构及形成的主要影响因素。主要研究结论如下：

（1）整体而言，重庆地区农户增收空间网络密度呈现持续增强态势。其中，南岸区、九龙坡区和江北区的网络中心性指标为最高，在农户增收的空间关联网络中集聚和扩散作用最大。三峡库区生态经济区和渝东南少数民族聚居区仍处于农户增收空间网络的边缘。

（2）从趋势上看，农户增收空间关联网络日益紧密，但仍存在不平衡发展态势。

（3）农户增收网络体现了互惠性特征，但非均衡的非互惠关系仍然存在。样本期内农户增收传递性的增强推动了各区县间农户增收空间溢出效应的产生和形成。

（4）从 ERGM 回归结果可知，较高的农业 GDP 占比、人均经济作物

---

① 限于篇幅，备索。

商品产值和农业商品产值等能对农户增收空间网络形成有促进作用。只有粮食作物商品化率较高时，才能促进农户增收产生空间外溢。

（5）协变量网络中，经济空间网络对农户增收影响最强，地理空间网络的影响逐渐式微。

## （二）政策建议

从网络中心性指标分布看，要整体提高重庆市农户收入，均衡区域间农户收入水平，就需要提升三峡库区、渝东南地区等边缘地区与南岸区、九龙坡区等地区之间的利益交流和产业合作，重点加强与邻近高农户增收区县的合作，构建利益合作体系。对于起着"桥梁"和"枢纽"作用的区县，政府可以加强对其"关键中间人角色"的培养，承担利益联系者和沟通者的作用，促使边缘地区与核心地区间形成更多合作机会，且自身也可以从中获益。

从网络内生结构变量的影响结果看，要想促进农户增收，就需要进一步加强空间网络的信息传递、资金和技术融通，优化不同地区农户增收空间关联结构，以提升农户增收网络传递的效率。

从节点协变量的影响结果看，应提高农户收入较低地区经济作物种植比例，提高农产品商品化率。在以农业为主的区县培养一批农业产业化种植基地，而农业产业化程度较高地区和农产品高度需求地区，可以通过技术、资金和土地资源等的投资和流动为这些地区提供各种支持。在重庆市内部，各区县地方政府应该主动破除行政藩篱，通过土地流转、大户培养等方式，主动加强与相邻区县的合作，共同提高重庆市农户收入。

从三个网络协变量对农户增收网络关联性形成的影响趋势看，首先，继续加强收入增长核心区县与边缘区县的经济合作，优化区域间农户增收空间格局；其次，必须正视区县间经济发展现状和资源环境禀赋差异，以经济要素流动积极提高边缘区县的农业产出和农户收入；最后，产业结构的调整需借助大数据系统，以信息流通促进种植结构的重新布局、综合、规模化、产业化和商品化。最终实现农户增收和地区农业产业发展，实现乡村振兴。

# 参考文献

[1] 刘彦随. 中国新时代城乡融合与乡村振兴[J]. 地理学报，2018，73（4）：637-650.

[2] 张兆曙. 中国城乡关系的"中间地带"及其"双重扩差机制"——一种"空间—过程"的分析策略[J]. 兰州大学学报（社会科学版），2016（5）：1-12.

[3] 赵文亮，陈文峰，孟德友. 中原经济区经济发展水平综合评价及时空格局演变[J]. 经济地理，2011，31（10）：1585-1591.

[4] 刘秉镰，赵晶晶. 我国省域农民收入影响因素的空间计量分析[J]. 当代经济科学，2010，32（5）：32-37.

[5] 郇红艳，谭清美，孙君. 基于空间计量模型的安徽城镇化发展与农民增收实证分析[J]. 农业现代化研究，2014，35（2）：151-157.

[6] 王建. 城乡关系、空间差序与农户增收——基于中国综合社会调查的数据分析[J]. 社会学研究，2017（4）：46-69.

[7] 庄天慧，王欢. 基于空间计量模型的四川省财政支农支出与农民增收关系的实证研究[J]. 中国农业大学学报，2016（9）：198-205.

[8] 谭灵芝，王国友. 气候变化对干旱区家庭生计脆弱性影响的空间分析——以新疆于田绿洲为例[J]. 中国人口科学，2012（2）：67-77.

[9] 任义科，李树茁，杜海峰，等. 农民工的社会网络结构分析[J]. 西安交通大学学报（社会科学版），2008，28（5）：44-51.

[10] 赵蓉英，王静. 社会网络分析（SNA）研究热点与前沿的可视化分析[J]. 图书情报知识，2011（1）：88-94.

[11] 汪小帆，李翔，陈关荣. 网络科学导论[M]. 北京：高等教育出版社，2012.

[12] 许和连，孙天阳，成丽红. "一带一路"高端制造业贸易格局及影响因素研究——基于复杂网络的指数随机图分析[J]. 财贸经济，2015，36（12）：74-88.

[13] 刘华军，杜广杰. 中国雾霾污染的空间关联研究[J]. 统计研究，2018，35（4）：3-15.

[14] 谭灵芝，马长发，孙奎立. 东中西部土地要素产出弹性与土地资源配置策略研究[J]. 干旱区资源与环境，2017，31（5）：88-93.

[15] 赵伟，林振德，刘菲菲，陈胜云. 农村基础设施投资公平性的趋势及其成因[J]. 农业技术经济，2017（2）：93-101.

[16] Newman M E J. The Structure and Function of Complex Networks[J]. SIAM Review, 2003, 45(2): 167-256.

[17] Bliss C A, Frank M R, Danforth C M, et al. An evolutionary algorithm approach to link prediction in dynamic social networks[J]. Journal of Computational Science, 2014, 5(5): 750-764.

# 附录 1

## 农村外出务工人员文化适应状况调查问卷

尊敬的外出打工的朋友：

为了解您的生活状态，TS 医学院医药管理学院相关课题组邀请您参与本次调查，问卷不用署名，仅做学术研究之用，不会对您造成任何不利影响。

第一部分：调查对象的一般社会人口学特征，与附录 2 第一部分相同。

第二部分：请勾选以下 1 至 5 之中的一个数字，表明您对所描述状况的真实感受。1 代表"非常符合"，……，5 代表"极不符合"。

| 进城务工动机 | 非常符合 | 符合 | 不确定 | 不符合 | 极不符合 |
|---|---|---|---|---|---|
| 1. 城里有更多的赚钱机会 | 1 | 2 | 3 | 4 | 5 |
| 2. 能取得比农村更高的收入 | | | | | |
| 3. 喜欢城市的工作方式 | | | | | |
| 4. 喜欢城市生活方式 | | | | | |
| 5. 喜欢城里交通、娱乐等设施比农村好 | | | | | |
| 6. 在城里工作比在老家工作有更好的声望 | | | | | |
| 7. 在城里才能实现自己的人生价值 | | | | | |
| 8. 想最终变成"城里人" | | | | | |

| 文化接受 | | | | | |
|---|---|---|---|---|---|
| 9. 感觉城市生活方式比农村好 | | | | | |
| 10. 不想过像祖父母、父母那一代的生活 | | | | | |
| 11. 非常不喜欢农村的生活方式 | | | | | |
| 12. 城市生活方式和农村生活方式都能接受 | | | | | |
| 适应行为 | | | | | |
| 13. 与本地人打交道时我尽量使用普通话 | | | | | |
| 14. 与本地人打交道时我尽量使用当地话 | | | | | |
| 15. 与本地人打交道时我尽量使用和他们一致的手势、动作与表情 | | | | | |
| 16. 与本地人打交道时我会注意自己的穿着 | | | | | |
| 17. 在与本地人一起做事时我会遵从他们的意见 | | | | | |
| 18. 在产生分歧时，通常会服从当地人 | | | | | |
| 19. 在产生分歧时，会坚持自己的意见 | | | | | |
| 20. 在产生分歧时，会通过协商，找到合适的方式解决 | | | | | |
| 21. 在产生分歧时，直接不理会本地人的意见 | | | | | |
| 22. 在产生分歧时，经常会和本地人产生冲突 | | | | | |
| 适应途径 | | | | | |
| 23. 没有进程的时候我就了解了城市生活方式 | | | | | |
| 24. 我是到城里后才逐渐了解城市生活方式的 | | | | | |
| 25. 经常和城里人因为工作关系打交道 | | | | | |
| 26. 经常和城里人在日常生活中打交道 | | | | | |
| 27. 喜欢交城市的朋友 | | | | | |
| 28. 因为在生活中和城里人打交道给工作带来了方便 | | | | | |

| | | | | |
|---|---|---|---|---|
| 29. 因为在工作中和城里人打交道给生活带来了方便 | | | | |
| 30. 因为和城里人住得较近，所以逐渐熟悉 | | | | |
| 31. 在社区活动中结识了城里人 | | | | |
| 适应结果 | | | | |
| 32. 我很在乎城市人对我的看法 | | | | |
| 33. 我回家感觉生活很不习惯 | | | | |
| 34. 我感觉城市人看不起我们 | | | | |
| 35. 生活中感觉他们很好打交道 | | | | |
| 36. 我感觉城里人对我的生活方式是认可的 | | | | |
| 37. 我感觉城里人对我的人品是认可的 | | | | |
| 38. 我感觉城里人对我的工作是认可的 | | | | |
| 39. 和城里人在一起，感觉不到有隔阂 | | | | |
| 40. 总体上我感觉已经和城里人没有太大区别 | | | | |
| 适应心理 | | | | |
| 41. 感觉在城市社会保障和城里人有很大区别 | | | | |
| 42. 感觉在城市生活经济上面临很大困难 | | | | |
| 43. 感觉在城市生活将来孩子上学比较麻烦 | | | | |
| 44. 时常感觉到在城市在用工方面受到了不公平的待遇 | | | | |

# 附录 2

### 新生代外出务工群体的社会心态分析的调查问卷

尊敬的女士/先生：

您好！非常感谢您参加此次的问卷调查活动。我是 TS 医学院社会工作专业的学生，正在进行一项关于农民工群体社会心态分析的问卷调查。本次调查的目的是了解农民工群体对自身生活状态、问题以及社会心态的认知情况，以此来分析社会工作介入的可能性和必要性。我将对您的个人信息进行保密，请您根据实际情况放心如实填写。感谢您的支持和合作！除特别注明的题目外，其他题目都是单项选择题。请在合适的选项上打"√"或在横线上填写。

第一部分：基本信息调查

1. 您的户籍所在地：

   A. 农村          B. 城镇

2. 您的婚姻状况：

   A. 未婚          B. 已婚

3. 您的年龄＿＿＿＿＿＿

4. 您的性别：

   A. 男            B. 女

5. 您外出务工的时间：

   A. 5 年以下       B. 6～10 年

   C. 11～15 年      D. 15 年以上

6. 您所从事的职业：

    A. 建筑业        B. 制造业        C. 餐饮业

    D. 服务业        E. 个体经营     F. 其他_____

7. 您的文化程度：

    A. 小学及以下    B. 初中       C. 高中、职高、中专

    C. 大专         D. 本科以上

8. 您的月收入水平：

    A. 1 000 元及 1 000 元以下      B. 1 001 ~ 1 500 元

    C. 1 501 ~ 2 000 元           D. 2 001 ~ 2 500 元

    E. 2 501 ~ 3 000 元           F. 3 000 元以上

9. 您认为现在的收入与您的自身素质技能是否相符？

    A. 是         B. 否

第二部分：感受和社会认知调查

10. 您是否认为自己是城里人？

    A. 是         B. 否

11. 您是否反感被称为农民工？

    A. 是         B. 否

12. 您觉得城里人对自己的态度？

    A. 非常友好      B. 友好       C. 一般

    D. 不友好       E. 非常不友好

14. 您觉得在哪一个方面感到压力？

    A. 物价上涨      B. 住房（房贷或租赁费用）

    C. 子女教育费用    D. 医疗费用    E. 其他_____

15. 面对这种生活压力，您觉得自己_____。

    A. 完全不能承受    B. 能承受     C. 一般

    D. 基本能承受    E. 完全不能承受

16. 您认为最没有安全感的是（最多选三项）_____。

    A. 食品            B. 医疗            C. 劳动报酬

    D. 财产            E. 个人信息和隐私     F. 人身安全

    G. 其他_____

17. 您参加过以下哪种保险？

    A. 医疗保险       B. 养老保险       C. 工伤保险

    D. 人身意外保险    E. 没有保险       F. 其他保险

18. 您认为当前的社会保障制度_____。

    A. 非常公平       B. 公平          C. 一般

    D. 不公平        E. 非常不公平

19. 您觉得自己的生活幸福程度是_____。

    A. 非常幸福       B. 幸福          C. 一般

    D. 不幸福        E. 非常不幸福

20. 您觉得自身有尊严程度_____。

    A. 非常有尊严     B. 有尊严       C. 一般

    D. 没有尊严     E. 非常没有尊严

21. 您自己认为所属的社会阶层是_____。

    A. 社会底层       B. 社会中底层     C. 社会中层

    D. 社会中上层    E. 社会上层

23. 您是否关注新闻、社会事件？

    A. 是            B. 否

24. 您是否参加城市社区居民的活动？

    A. 是            B. 否

25. 您是否想参加社区社区活动？

    A. 是            B. 否

26. 如果您不想参加社区活动，您认为是_____。

    A. 与自己无关     B. 怕城里人笑话

第三部分：个体和社会行为倾向

27. 您是否遇到不公平的情况？

    A. 是　　　　　　　　　B. 否

28. 您遇到的不公平的表现有（可多选）_____。

    A. 无法得到相应的社会福利　　　　　B. 同工不同酬

    C. 工作机会不平等　　　　　　　　　D. 拖欠工资

    E. 工作种类不平等　　　　　　　　　F. 其他_____

29. 您认为这些不公平主要由于_____。

    A. 自身原因　　　　B. 社会原因　　　C. 两者共同原因

30. 当您遇到类似不公平待遇时，你通常采取的措施是_____。

    A. 发牢骚抱怨　　　B. 向他人倾诉　　C. 通过互联网发泄不满

    D. 采取极端方式　　E. 其他_____

31. 您遇到矛盾冲突时的应对措施是_____。

    A. 无可奈何，忍一下　　B. 没有任何办法　　C. 与他理论

    D. 武力解决　　　　　　E. 其他_____

32. 您通常使用哪些人际交流工具？

    A. QQ　　　　　B. MSN　　　　C. 微信　　　D. 微博

    E. 人人网　　　F. 陌陌　　　　G. 比邻　　　K. 其他_____

33. 您是否满意您的人际关系？

    A. 非常满意　　B. 满意　　　C. 一般

    D. 不满意　　　E. 非常不满意

34. 您是否满意您现在的工作？

    A. 非常满意　　B. 满意　　　C. 一般

    D. 不满意　　　E. 非常不满意

35. 您是否满意您现在的生活环境？

    A. 非常满意　　B. 满意　　　C. 一般

D. 不满意　　　　E. 非常不满意

36. 当您的正当利益受到侵害时，您会＿＿＿＿。

A. 告上法庭，通过法律路途经解决

B. 忍了算了，息事宁人

C. 自己找关系解决

37. 您认为我国总体上的社会风气和道德状况如何？

A. 非常好　　　　B. 好　　　　C. 一般

D. 不好　　　　E. 非常不好

38. 假如发生特大洪涝灾害，情况严重，政府组织捐款，您会＿＿＿＿。

A. 主动捐款　　　B. 不会捐款，认为自己不容易　　　C. 不理会

39. 当人生病时，应该相信

A. 医生　　　　B. 神婆　　　C. 偏方

40. 假如您中了彩票，得到一万元，您会＿＿＿＿。

A. 买奢侈品　　　　　　　　B. 买家庭用品

C. 为孩子买生活用品　　　　D. 存起来

41. 您认同"知识改变命运，教育成就人生"的说法吗？

A. 认同　　　　B. 不认同

42. 您认同"中国是一个人情社会，办事需要跑关系送礼"吗？

A. 认同　　　　B. 不认同

43. 您认同当今社会的富人是"为富不仁"吗？

A. 认同　　　　B. 不认同

44. 您认同，在当今的市场关系下，"金钱至上""没有钱是万万不行"的说法吗？

A. 认同　　　　B. 不认同

45. 您认为自己受到城里人排斥吗？

A. 是　　　　B. 否

46. 您希望谁能帮您解决问题，用什么方式？